Georg Landau
Die hessischen Ritterburgen und ihre Besitzer

Vierter Band

Hrsg. von Dieter Carl
Vellmar 2000

Dieter Carl (Hrsg.):
Die hessischen Ritterburgen und ihre Besitzer
von
Georg Landau
Vierter Band
Faksimile-Nachdruck der Ausgabe von 1839
Verlag: Historische Edition Dieter Carl GbR
Vellmar 2000
Alle Rechte vorbehalten
Herstellung: Druckwerkstatt Bräuning + Rudert, Espenau
Printed in Germany
ISBN 3-9806580-5-8

Die hessischen Ritterburgen
und ihre Besitzer,
von
G. LANDAU.

4ͬ Band.

Mit 3 lithographirten Ansichten.

Hermannstein.

CASSEL,
Verlag von J. J. Bohné.
1839.

Lith. v. G. Francke in Cassel.

Inhalts-Verzeichniss.

I.	Die Burgen Eisenbach und Wartenberg. (Fortsetzung und Schluß. S. das Ende des dritten Bandes)	Seite	1
II^a.	Hermannstein mit einer Ansicht. S. d. Titelvignette	—	81
II^b.	Altenburg bei Alsfeld	—	91
III.	Narberg	—	99
IV.	Ludwigseck mit einer Ansicht	—	103
V.	Ulrichstein	—	109
VI.	Hatzfeld mit einer Ansicht u. einer Geschlechtstafel	—	123
VII.	Melnau mit einer Ansicht	—	171
VIII.	Gudensberg	—	179
IX.	Holzhausen	—	197
X.	Ludwigstein	—	201
XI.	Schöneberg	—	210
XII.	Die beiden Gudenburgen, mit 3 Geschlechtstafeln	—	233
XIII.	Rodersen	—	285
XIV.	Schwarzenfels	—	291
XV.	Ziegenberg, mit einer Geschlechtstafel . . .	—	299
XVI.	Fürsteneck	—	323
XVII.	Staden	—	331
XVIII.	Homberg in Niederhessen	—	339
XIX.	Burggemünden	—	357
XX.	Grebenstein	—	365
XXI.	Morsberg	—	375

I.

Die Burgen
Eisenbach und Wartenberg.
(Fortsetzung und Schluß. Siehe das Ende des dritten Bandes.)

Die Riedesel zu Eisenbach.

Einleitung.

Während der ersten Zeiten des urkundlichen Auftretens der Riedesel liefert deren Geschichte nicht viel mehr, als ein bloßes Namensregister, welches um so dürrer da steht, als es bis jetzt noch nicht gelungen ist, demselben eine durchweg sichere genealogische Gliederung und dadurch mehr Leben zu geben. Die Ursachen dieser Zerrissenheit liegen eben so sehr in dem Mangel an Nachrichten, als in dem Umstande, daß die Familie sich schon frühe, und zwar ohne einen gemeinschaftlichen Stammsitz zu behalten, in verschiedene Stämme trennte, und alsbald nicht nur über ihr ursprüngliches Vaterland, sondern auch über dessen Grenzen hinaus bis zu den Ufern des Rheines und bis nach Thüringen hin zerstreut wurde. Man findet die Riedesel zu=

erst in Hessen, namentlich in dem nördlichen Theile Ober=
Hessens und in der Graffschaft Ziegenhain, und es ist des=
halb kein Grund vorhanden, sie, wie es geschehen ist, als
fremde Einwanderer zu betrachten [1]). Ditmar ist der
erste Riedesel, welcher sich urkundlich nachweisen läßt;
man findet ihn 1226 zu Marburg [2]). Im Anfange des
14ten Jahrhunderts lebten zufolge der Urkunden mehrere,
welche den Namen Johann führten, von denen einer die uns
bekannte älteste hessische Chronik [3]) schrieb, und ein anderer,
oder auch wohl derselbe, zwischen den Jahren 1334 und
1341 als Hofmeister des Grafen Johann von Ziegenhain
mit Empfehlungsschreiben des Landgrafen Ludwig an den
Pabst Benedikt **XII.** nach Rom reiste [4]). Von jenen aus
den Urkunden uns bekannten schenkte im Jahr 1304 der
Ritter Johann mit seiner Hausfrau Hedwig dem Klo=
ster St. Georgenberg bei Frankenberg, das Dorf Münch=
hausen bei Amöneburg, und nennt sich 1309 **Scultetus**
(wahrscheinlich Amtmann) in Frankenberg. Er lebte noch
1330, wo er in Gemeinschaft mit seiner zweiten Hausfrau
Meckele im Kloster Wirberg für seine Familie und nament=
lich für seine erste Hausfrau Seelenmessen stiftete. Die hier=
über ausgestellte Urkunde untersiegelte sein Sohn Johann,
Probst zu Goslar [5]). Sollte dieser letztere etwa jener
Chronist und zugleich auch der ziegenhainische Hofmeister
seyn? Sowohl sein geistlicher Stand, als die uns aufbe=
wahrte Nachricht, daß des Hofmeisters Vater während jener
Reise noch gelebt habe, scheinen dafür zu sprechen.

Wie bereits oben bemerkt worden ist, theilten sich die

Riedesel schon frühe in verschiedene Stämme, und zwar in den zu Josbach (unfern Rauschenberg), der 1543 ausstarb, in den zu Kamberg (im Nassauischen), aus dem Philipp im Jahr 1598 als Großmeister des Johanniter-Ordens zu Heidversheim starb; in den zu Bellersheim, aus dem Volpert von 1508—1513 den Abtsstuhl von Hersfeld inne hatte, in den zu Neumark in Thüringen, und endlich in den zu Melsungen, welcher in dem eisenbachischen fortlebt. Nur die Geschichte des letzteren wird hier erzählt werden.

Die Riedesel zu Melsungen.

Der erweisliche Aelteste der melsunger Linie ist der Ritter Johann, welcher 1303 seine Lehngüter zu Brunslar, Ritte und Baune dem Landgrafen Heinrich I. gegen die Gerichte Bernshausen und Frundershausen, sowie Güter zu Felsberg vertauschte, dann 1306 mit seinem Sohne Wigand 3 Höfe zu Seigertshausen (zwischen Schwarzenborn und Ziegenhain) verkaufte und kurz nachher verstarb. Während jener Wigand hierauf im Jahr 1309 in Gemeinschaft mit seiner Hausfrau Adelheid und seinen Söhnen Johann und Hermann seinen ganzen Antheil der Güter an dem genannten Orte für 40 Mark dem Kloster Kappel verkaufte, geschah dasselbe auch mit dem anderen Theile von Ritter Johann Riedesel für eine gleiche Summe. In welchem verwandtschaftlichen Verhältnisse diese zu einander gestanden, läßt sich nicht ersehen. Der letztere, welcher eine Wohnung zu Kassel hatte, findet sich von 1290 bis 1295 als hessischer Landvogt [6]), und erhielt 1298 mit seiner Gattin Kunigunde 3 Mansen in Niederzwehren vom Kloster Kaufungen zu lebenslänglichem Lehne; sein Sohn war Johannes. Jener Wigand, den man im Jahr 1332 wieder findet, wo er mit seinen beiden Söhnen eine zu Melsungen ausgestellte Urkunde bezeugte, scheint kurz nach 1339 gestorben zu seyn. Ob er der erste Erwerber der melsungischen Güter war, läßt sich wegen der Dürftigkeit der Nachrichten nicht beantworten. Nachdem auch sein Sohn Johann gestorben, stiftete der andere, Hermann, für denselben mit Gütern aus Heßlar ein Seelgeräthe im Kloster Merxhausen, und verkaufte 1348 alle seine Güter zu Malsfeld dem Kloster Heida. Bei dieser Gelegenheit lernen wir Hermann's Hausfrau Elisabeth und seine Kinder Wigand, Johann, Jutta, Adelheid, Margarethe, Gisla, Gertrud und Agnes kennen. Auch wird sowohl in dieser, als der vorerwähnten Urkunde ein Johannes Riedesel als Zeuge genannt, wahrscheinlich der schon oben genannte Sohn des Landvogts. Hermann findet sich 1352 zum letzten Male und sein Sohn Johann scheint schon vor ihm gestorben zu seyn, denn seit dem wird Wigand nur noch allein genannt. In einem alten Register werden die von seinem Vater ererbten und ihm vom Landgrafen Heinrich II. erneuerten Lehen folgendermaßen aufgeführt: „villam et iurisdictionem in Bernshusin cum suis iuribus, item iurisdictionem in Frundirdehusen, item II mansos sitos ante oppidum Milsungia, item IIII lib. denar. in Felsberg." Im Jahr 1367 entschädigte ihn der Landgraf für zwei Hengste, welche er im landgräflichen Dienste verloren hatte; in der hierüber ausgestellten Urkunde führt er den Beinamen **Ryd**. Im Jahr 1378 gab er und seine Hausfrau Agnes zu ihrem und ihrer Eltern Seelentheile einen Garten zu Melsungen an die dortige Pfarrei, und im Jahr 1379 dotirte er gemeinschaftlich mit einem fritzlarschen Geistlichen den Marienaltar in der Kirche St. George zu Melsungen mit Gütern zu Melsungen, Ostheim, Beisheim, Beissefört und Kirchdorf. Wigand hatte vom Herzoge Otto den Quaden von Braunschweig die Hälfte des Schlosses Brackenburg, zwischen Göttingen und Münden, unterpfandlich verschrieben erhalten. Wann er starb, ist nicht bekannt, man findet ihn jedoch nach 1388 nicht mehr. Seine Söhne waren Henne und Hermann; auch hatte er eine Tochter Elisabeth, die mit Herman Luglin verehlicht wurde.

Henne und Hermann findet man seit dem J. 1407, wo sie eine Mutschirung ihrer Einkünfte aus der Gegend von Melsungen trafen. Die Brackenburg war an den älteren Bruder übergegangen, der dieselbe in Gemeinschaft mit den von Rüsteberg besaß. Um jene Zeit aber kam Henne mit dem Grafen von Waldeck in Streitigkeiten, und dieser klagte ihn auf den Grund des beschworenen Landfriedens des Straßenraubes an; Henne wurde deshalb verlandfriedet, und Herzog Otto der Einäugige von Braunschweig zog 1408 mit Heeresmacht aus und belagerte die Brackenburg, welche jedoch erst nach einem heftigen Widerstande, und nachdem die Burg großen Schaden erlitten hatte, von dem Herzoge erobert wurde. Henne zog sich hierauf nach Melsungen zurück und erhielt

gemeinschaftlich mit seinem Bruder 1413 die Amtmann=
schaft über die hessische Feste Heiligenberg, bei Felsberg, in
deren Besitze beide sich noch 1415 befanden. In diesem
Jahre erscheint Hermann auch als landgräflicher Amtmann
zu Romrod, und focht als solcher in mehreren Fehden.
Während er in dieser Zeit mehreren Zügen vor Burghaune
beiwohnte, ritt er im Juli 1416 mit 30 Pferden zu den
Herzögen Bernhard und Heinrich von Braunschweig, und
half ihnen die Feste Eberstein belagern, so wie er auch
noch in demselben Jahre mit dem Landgrafen gegen die
Nassauer zog, und in der siegreichen Schlacht an der Sip=
bach sich auszeichnete. Noch 1417 war er Amtmann zu
Romrod. Mit seinem Bruder, der schon seit früher einen Sitz
auf dem Schlosse Falkenberg besaß, und seinem Schwager
erkaufte er 1416 ein falkenbergisches Gut zu Rockshausen.
Nachdem Henne's Hausfrau Katharine, Tochter Hermann's
von Kolmatsch, gestorben, trat Henne in das Karthäuser=
Kloster Eppenberg, wo man ihn 1443 als Mönch findet,
als er eine Seelengeräthe für sich stiftete. Er hatte einen
Sohn Philipp, den er jedoch überlebte.

Die von Röhrenfurt.

In dem unter Melsungen am rechten Fuldaufer liegen=
den Dorfe Röhrenfurt findet man seit dem XII. Jahrhun=
dert ein Dienstmannengeschlecht gleiches Namens angesessen,
welches hier und zu Melsungen und an beiden Ufern der
Fulda begütert war. Kaum bemerkbar unter der großen
Zahl seiner Nachbarn, erweckte sein Treiben wenig Auf=

merkſamkeit. So war es bis zum Tode des Landgrafen Hermann (1413). Damals lebten zwei Brüder Eckhard und Friedrich, Söhne Eckhard's von Röhrenfurt, welche man seit dem Jahre 1357 findet. Schon unter dem Landgrafen Herrmann hatten ſie ſich durch ihre Dienſte hervorgehoben, und Eckhard war ſchon vor 1398 zum Marſchall am landgräflichen Hofe beſtellt worden, und behielt dieſes einflußreiche Amt auch unter deſſen Nachfolger, dem Landgrafen Ludwig I., deſſen Huld beide Brüder durch Treue und Anhänglichkeit ganz zu gewinnen wußten. Ihre Dienſte würdigend, ernannte derſelbe ſie zu ſeinen Geheimen Räthen, und beſtellte Eckhard zum Landvogt (Oberamtmann) über Niederheſſen. Auch verſchrieb er ihnen im Jahr 1413 die Summe von 1000 fl., um ſie für die Verluſte zu entſchädigen, welche ſie in den Kriegszügen ſeines Vaters erlitten hatten. Schon vor dem Jahre 1407 hatten ſie von dem Grafen von Waldeck Schloß und Stadt Züſchen als Pfand erworben. Nachdem ſie auch das Gericht Rorbach erhalten, begannen ſie in demſelben gemeinſchäftlich mit ihren Verwandten den von Holzheim und zwar auf Veranlaſſung und wahrſcheinlich auch mit Hülfe des Landgrafen Ludwig auf dem Atzelſteine den Bau einer Burg, mit welcher ſie vom Landgrafen, nach deſſen Namen ſie dieſelbe Ludwigseck nannten, am 13 Oktober 1419 belehnt wurden. — Da das baldige Erlöſchen der von Eiſenbach ſich mit Sicherheit vorausſehen ließ, bewarben ſie ſich um die Anwartſchaft auf das Erbmarſchallamt und erhielten dieſelbe, nachdem der alte Rörich von Eiſenbach ſeine Einwilligung gegeben, während jenes Burgbaues im Jahre 1418. In dem landgräflichen Briefe, der hierüber ausgefertigt wurde, heißt es, daß dieses geschehen sey: „wegen der treuen und angenehmen Dienste, die sie dem Landgrafen in seiner Kindheit gethan, sonderlich, daß sie ihm Land und Leute von seinetwegen ernstlich vorgestanden und beschirmt, und stets sein Bestes gewahrt hätten." Sie sollten das Amt versehen, wenn Rörich nicht gegenwärtig sey, und nach dessen Tode dasselbe gänzlich erhalten. Sie führten von nun an den Titel als Erbmarschälle und verwalteten das Amt ohne Unterbrechung, da Rörich vom Hofe entfernt lebte.

Während Friedrich unverehlicht geblieben war, hatte Eckhard die Tochter Heinrich's des letzten Dynasten v. Schonenberg, Namens Jutta, zum Weibe genommen. Als sein Schweher 1429 starb, leistete er mit seiner Hausfrau und deren Mutter Marie auf die Reste der schonenbergischen Besitzungen, welche meistens an Hessen verpfändet waren, gegen die Summe von 3500 fl., zum Besten des Landgrafen Verzicht.

Nur eine Tochter Margarethe war die Frucht von Eckhards Ehe. Diese vermählte er an den melsungenschen Burgmann Hermann Riedesel, welchem er als Sohn und Fortpflanzer seines Hauses betrachtend, seine ganze Liebe und auch die Gunst des Landgrafen zuwandte.

Nachdem Friedrich von Röhrenfurt bereits verstorben war, folgte ihm auch sein Bruder Eckhard im Jahre 1432 [7] als der letzte männliche Sprosse seines Geschlechts. Eckhard's Wittwe Jutta ehlichte hierauf in zweiter Ehe Hermann Spiegel zum Desenberg und lebte noch 1440.

Die Riedesel zu Eisenbach.

Wir fahren hier mit der Geschichte Hermann Riedesel's fort.

Während Henne schon nach kurzem Wirken wieder vom Schauplatze verschwindet und seine letzten Jahre unbemerkt in den engen Mauern eines Klosters beschließt, entfaltet sich dagegen das Leben seines Bruders um so reicher und erlangt eine Dauer, wie sie das Schicksal nur ausnahmsweise dem menschlichen Daseyn zu verleihen pflegt. Aus einem nichts weniger als reich begüterten Hause entsprossen, schwang sich Hermann nicht nur zu einem hohen persönlichen Ansehen, sondern auch zu einem Reichthume empor, welcher ihn in die erste Reihe der hessischen Ritterschaft stellte, und der fest begründet auch seinen Nachkommen diesen Platz für Jahrhunderte versicherte.

Die erste Stufe zu Hermann's Aufschwunge war seine eheliche Verbindung mit seiner Nachbarin, wohl sogar Jugendgespielin, Margarethe, der einzigen Erbtochter des hessischen Marschalls Eckhard v. Röhrenfurt [8]. Außer der Beerbung der v. Röhrenfurt, welche ihm dadurch in Aussicht gestellt wurde, führte dieses Verhältniß — und dieses war das Wichtigere — ihn durch das Ansehen, welches sein Schweher sowohl beim Landgrafen Hermann, als nach dessen Tode, bei dessen jugendlichem Nachfolger besaß, an den landgräflichen Hof, und machte es ihm möglich, sich die Gunst des Landgrafen Ludwig in einem hohen Grade zu erwerben, eine Gunst, ohne die er niemals das Ziel erreicht haben würde, zu welchem er später gelangte.

Hermann's ältester Sohn war Johann. Nachdem dieser herangewachsen war, verehelichte er denselben im Anfange des Jahres 1428 mit der dritten Tochter des alten Erbmarschalls Rörich, durch dessen Tod noch in demselben Jahre das Erlöschen des Mannsstammes der von Eisenbach erfolgte. Das Erbmarschallamt ging dadurch völlig auf Hermann's Schwiegervater über. Da jedoch auch dieser das Ende seines Geschlechts voraussah, bemühte sich derselbe sofort, um den dereinstigen Uebergang jenes Amtes auf seinen Schwiegersohn versichert zu erhalten, was ihm in dem Verhältnisse, in welchem er zu dem Landgrafen stand, nicht schwer fallen konnte. In Folge dieser Bemühungen erhielt Hermann auch wirklich am ersten Tage des Jahres 1429 die Anwartschaft auf das Erbmarschall-Amt, und nicht nur diese, sondern zugleich auch noch die Belehnung mit denjenigen Gütern, welche durch Rörich's Tod als hessische Lehen dem Landgrafen heimgefallen waren [9]). Hermanns nächstes Bestreben war nun darauf gerichtet, auch die übrigen eisenbachischen Lehngüter zu erwerben, ein Bestreben, welches ihm vollständig glückte. Schon am 2. März 1429 erhielt er die ziegenhainischen, und bald nachher auch die pfälzischen und hersfeldischen Lehen, so daß dadurch alle Güter, welche Rörich hinterlassen hatte, in seinem Besitze wieder vereinigt wurden. Er nahm hierauf die Huldigung seiner neuen Unterthanen per-

sönlich ein. Als ihm die Einwohner des Gerichts Schlech=
tenwegen auf einem Berge bei Fischborn geschworen hatten,
entließ er sie mit den Worten: „Gehet heim, ihr Männer!
und hütet (schützet euch) vor den Wölfen, ich will (euch)
vor den Feinden hüten (schützen)."

Aber durch welches Recht gelangte Hermann zu dem
Besitze dieser Güter? Man hat den Uebergang der eisen=
bachischen Erbschaft an die Riedesel bisher stets durch Jo=
hann Riedesel's Verehelichung mit einer eisenbachischen
Erbtochter zu erklären gesucht, ohne dabei zu bedenken, daß
nicht Johann, sondern dessen Vater es war, welcher die
Belehnung mit den eisenbachischen Gütern erhielt, und daß
ohnedem auch der größte Theil derselben als Mannlehen
keiner weiblichen Erbfolge fähig war. Wie gesagt, Her=
mann war der Erwerber, und da dieser in lehnrechtlicher
Beziehung eine dem eisenbachischen Hause durchaus fremde
Person war, so konnte er auf dessen Lehngüter auch kein
Erbrecht in Anspruch nehmen und diese unter keinem an=
dern Titel erwerben, denn als neue Lehen (ex nova gratia). Und für einen solchen Erwerb sprechen auch die ihm
ertheilten Lehnbriefe [19]). Wie aber die Lehnsherren zu
einer so außerordentlichen Gnade bewogen worden seyen,
darüber gibt uns zwar keine Nachricht Aufschluß, doch ist
es sehr wahrscheinlich, daß außer Hermann's Gelde, es
ganz vorzüglich die Verwendung des Landgrafen gewesen seyn
mag, welche sie dazu vermochte. Nach allem war also die
Verwandtschaft mit Rörich wohl nur die Veranlassung
nicht aber der Grund jenes Erwerbes. Auch erhoben Rö=

rich's Töchter später noch ihre Erbansprüche und Hermann mußte jede mit 800 fl. abfinden ¹¹); ja sogar mit seiner eigenen Schwiegertochter kam er in diesen Fall. Sein Sohn Johann starb nämlich, nachdem er noch 1438 im Spitale St. George zu Melsungen durch die Uebergabe eines Zehnten zu Berterode ein Seelengeräthe gestiftet hatte, ohne Kinder zu hinterlassen, und seine Wittwe forderte, nachdem sie sich mit Konrad von Ebersberg genannt von Weihers in eine zweite Ehe begeben hatte, nunmehr gleichfalls ihre Abfindung von der väterlichen Erbschaft, weshalb sich dann auch Hermann 1446 mit ihr auf die Summe von 3570 fl. verglich.

Als im Jahre 1432 Eckhard von Röhrenfurt verschied, wurde Hermann Erbmarschall, und erbte die ganze röhrenfurtische Verlassenschaft, und zwar nicht bloß hinsichtlich der Allodien und Pfandschaften, sondern auch hinsichtlich der Lehen, welche er noch in demselben Jahre sowohl von Hessen, als Hersfeld und Waldeck empfing. Zu den Pfandschaften gehörte auch Schloß und Stadt Züschen, im Waldeck'schen, welche er jedoch schon 1438 an Johann Meisenbug käuflich überließ.

Nachdem Eckhard Riedesel das bisher von ihm verwaltete Amt eines Landvogts von Oberhessen im Jahre 1432 niedergelegt hatte, übertrug der Landgraf dasselbe an Hermann, welcher demselben bis zum Jahr 1436 vorstand.

Wir wollen nun die übrigen Erwerbungen Hermann's betrachten.

Die Abtei Fulda hatte im Jahre 1427 den größten

Theil ihrer Städte und Schlösser dem Landgrafen Ludwig von Hessen und dem Erzbischofe Konrad von Mainz, und zwar einem jeden zur Hälfte verschrieben. Von diesen erwarb Hermann die Stadt und das Schloß Lauterbach, ein Erwerb, der eine um so größere Wichtigkeit für ihn hatte, als er die Cent Lauterbach bereits als ziegenhainisches Lehen besaß. Nachdem er nämlich 1433 und 1436 in zwei Theilen den hessischen Antheil vom Landgrafen verschrieben erhalten hatte, und 1443 die Pfandsumme auf 1878 fl. festgesetzt worden war, gab ihm auch das Erzstift Mainz 1456 seine Hälfte für 1500 fl. ein, so daß er dadurch Lauterbach ganz in seine Hände erhielt.

Gleich wie Lauterbach, so erwarb Hermann 1434 auch von den übrigen fuldischen Pfandschaften die hessischen Antheile von Geisa und dem Schlosse Rockenstuhl, und von Brückenau und dem Schlosse Schildeck für 2400 fl.

Nachdem er 1435 dem Landgrafen wiederum ein Darlehen von 6200 Goldfl. vorgeschossen hatte, erhielt er dafür das alte eisenbachische Schloß Ulrichstein nebst dem dazu gehörenden Städtchen, und den Gerichten Bobenhausen und Felda als Pfandschaft verschrieben, während er schon früher das südlich an Bobenhausen sich schließende Amt Schotten mit seiner Stadt und Burg, ebenfalls vom Landgrafen und zwar für die Summe von 2566 fl. überwiesen erhalten hatte, wo er das verwüstete Dorf Rainrod wiederherstellte und 1435 bei Schotten eine Mühle und eine Eisenschmiede an der Nidda erbaute.

Schneller vorübergehend war der Besitz des Dorfes

Weckesheim (unfern Hungen), welches ihm 1436 die Grafen von Solms verpfändeten.

Das zwischen Herbstein und Kreinfeld liegende Dorf Ilbeshausen kaufte Hermann von seinen bisherigen Pfandinhabern, dem Kloster Blankenau und den von Fischborn, an sich, und erhielt es hierauf 1440 von dem Landgrafen zu Lehen.

Um dieselbe Zeit war Ruckel Engel genannt Gambach gestorben und hatte nicht unansehnliche Güter hinterlassen, welche in 15 Dörfern der Umgegend von Marburg zerstreut lagen. In welchen Verwandschaftsverhältnissen Hermann zu demselben gestanden, ist mir nicht bekannt; doch müssen diese nahe gewesen seyn, denn er erbte ein Drittel jener Güter, während er ein anderes Drittel von seinen Miterben durch Kauf an sich brachte.

Schon in der Geschichte der von Eisenbach habe ich von den Streitigkeiten gesprochen, welche über die Lehnsherrlichkeit des Schlosses Eisenbach entstanden waren (B. III. S. 396 ꝛc.). Erst 1435 kam hierüber zwischen Fulda und Ziegenhain eine Ausgleichung zu Stande, in deren Folge sich Graf Johann von Ziegenhain vom Abte mit dem Schlosse belehnen ließ, und dasselbe hierauf Hermann wieder zu Afterlehn reichte. Dieses brachte Hermann dem Abte wieder näher, und durch ansehnliche Vergünstigungen gewonnen, ließ er sich von demselben zu der Erklärung bewegen: „nachdem er Eisenbach vom Grafen von Ziegenhain zu Lehn empfangen, sey er unterrichtet worden, daß Rörich v. Eisenbach dieses Schloß von Fulda zu Lehen getragen habe, und er verspreche deshalb für den Fall, daß der Graf ohne männliche Leibeserben sterben würde, dasselbe ebenfalls wieder von Fulda zu Lehn nehmen zu wollen." Jene Vergünstigungen bestanden darin, daß ihm der Abt zur Besserung seiner Lehen das Patronatrecht über die Kirche zu Lauterbach und die Stiftsgüter in den Dörfern Ilbeshausen, Stockhausen und Landenhausen, so wie in den Gerichten Salzschlirf und Schlechtenwegen zu Lehn gab. Beides geschah am 10. Februar 1441 [13]). An demselben Tage gab ihm auch der Abt seinen Antheil an Freiensteinau in Versatz, und zwar für 500 fl., welche Hermann vom Landgrafen auf die Stadtbete von Fulda verschrieben erhalten hatte. Am 24. Juli desselben Jahres schlossen beide einen neuen Handel ab; der Abt bedurfte Geld, um das abgebrannte St. Andreaskloster wieder herstellen zu können, und verpfändete an Hermann die Burg und Stadt Herbstein, mit jährlich 60 fl. aus der Stadtbete, die Hälfte der Gerichte Kreinfeld und Burghards, nebst 2 Theilen des Zolls zu Berstadt; Hermann löste diese Güter mit 1700 fl. von den v. Merlau und v. Fischborn ein, und zahlte dem Abt noch ferner 500 fl.. Nach 10 Jahren, im Jahr 1451, wurde diese Pfandschaft wieder abgelöst. Auch der Landgraf schuldete ihm im Jahr 1442 die Summe von 4000 fl. mit jährlich 220 fl. Zinsen, wofür sich die Stadt Grünberg verbürgte.

In dem genannten Jahre verkaufte Hermann ein Haus zu Kassel (auf dem Graben), welches er von seinem Schwiegervater ererbt hatte, an den landgräflichen Kanzler Konrad

Volkhard, Pfarrer zu Melsungen, und da dasselbe Lehn war und er es frei verkaufte, so setzte er an dessen Stelle ein freies Gut zu Hademar ein. Im Jahr 1443 erkaufte er von den von Boyneburg das Dorf Heyerode, unfern Sontra, und der Erzbischof Dietrich von Mainz belehnte ihn mit einem Hause und Burgsitze zu Brückenau.

Schon 1426 hatte er gemeinschaftlich mit Henne Weise von Feuerbach fünf Sechstheile des Gerichts Oberohmen wiederkäuflich von Wilhelm Weise von Feuerbach, und 1437 noch von Henne's Antheil für 400 fl. die Bete verschrieben erhalten. Nachdem hierauf Wilhelm die Pfandschaft wieder an sich gelöst, und den beiden ersteren 1438 wiederum die Hälfte eines Drittels versetzt hatte, erwarb endlich Hermann 1450 für 1054 fl. den ganzen Antheil Wilhelms.

Im Jahr 1449 erkaufte Hermann von den von Schlüchtern deren Hörige, genannt die Molhuschen Leute, in den Gerichten Kreinfeld und Burghards, welche dieselben von den von Ertal zu Lehn gehabt, für 250. fl., sowie von den Winolden die Grieseburg auf dem Wörth vor Lauterbach.

Um diese Zeit erwarb Hermann das Schloß Krienburg an der Werra als Pfandschaft, in dessen Besitze wir ihn 1448 zuerst finden, und erkaufte 1457 von Hans Keudel Güter zu Leusel und Eudorf, unfern Alsfeld, während Abt Rheinhard von Fulda die Freiensteinauer Pfandschaft wieder von ihm zurücklöste und mit ihm die Uebereinkunft traf, Freiensteinau 10 Jahre lang gemeinschaftlich zu besitzen, so daß sich jeder des Gerichts gebrauchen sollte.

Hermann war bereits im Besitze der röhrenfurtischen Hälfte des Schlosses und des Gerichts Ludwigseck, als beide im J. 1459 ganz in seine Hände kamen, indem die v. Holzheim ihm die andere Hälfte derselben käuflich überließen.

Außer diesen seither genannten Erwerbungen, hatte Hermann auch mehrere Burgmanneslehen erhalten. Schon 1419 wurde er mit einem durch das Aussterben der v. Schlutwingsdorf erledigten Burglehn zu Melsungen belehnt; 1423 wurde er ziegenhainischer Burgmann zu Burggemünden, 1445 katzenelnbogischer Burgmann zu Driedorf 2c.

Eben so besorgt, wie sich Hermann für sein weltliches Aufkommen zeigt, war er dieses auch für das Wohl seiner Seele. Schon 1431 hatte er mit dem Landgrafen eine Wallfahrtsreise nach St. Jost in Belgien gemacht. Später, im J. 1433, ließ er sich und seine Gattin in die geistliche Brüderschaft des Klosters Haina, so wie 1436 auch in die der Johanniter zu Grebenau aufnehmen. Das letztere geschah durch die Uebertragung der Kirche zu Udenhausen, jenes durch die Sage von Attila's Schwerte bekannten Dorfes. In dem darüber am 17. Jan. 1438 ausgestellten Briefe, bestimmen Hermann und seine Gattin, daß der Orden für ihre und ihrer Eltern und aller ihrer Verwandten Seelen Vigilien und Messen lesen lassen und sie selbst in seine Erbverbrüderung aufnehmen und aller seiner guten Werke theilhaftig machen solle. Nur in dem Falle, daß Grebenau von dem Orden kommen würde, denn er besaß dasselbe nur pfandschaftlich, sollte die Kirche wieder an sie zurückfallen. Im J. 1451 verleibte Hermann mit landgräflicher Bewilligung den St. Katharinen-Altar in der Pfarrkirche zu Melsungen der Probstei St. Johannisberg bei Hersfeld, stiftete 1455 durch Güter zu Hamoldes eine Seelenmesse im Kloster Blankenau und machte noch 1462 eine Schenkung an die Mannssiechen zu Marburg.

Was sein Leben als Ritter betrifft, so ist schon oben davon Mehreres mitgetheilt worden. Auch in den spätern Fehden des Landgrafen sehen wir ihn, so lange es die Kraft seines Körpers erlaubte, stets den thätigsten Antheil nehmen. So zog er unter andern auch im Oktober 1444 gegen die Armagnaken.

Nach einer Lebensdauer, die wenigstens an 80 Jahre zählte, starb Hermann endlich am Sonntage, den 31. Juli 1463, und wurde in der ihm als Patron zustehenden schönen Liebfrauenkirche zu Schotten, neben seiner schon früher verstorbenen Gattin Margarethe, beigesetzt. Noch jetzt bezeichnet seine Ruhestätte ein einfacher Stein vor den Stufen des Hochaltars [14]).

Wenn auch Hermann Vieles einem ausgezeichneten Glücke zu verdanken hatte, so ist doch nicht in Abrede zu stellen, daß schon die Benutzung dieses Glückes einen nicht ganz gewöhnlichen Mann voraussetzen läßt. Aber weiter spricht auch für Hermann's trefflichen Charakter der Umstand, daß er häufig zu Austrägalgerichten herangezogen wurde, wozu man in der Regel nur Männer wählte, welche mit dem Rechte vertraut waren und sich eines unbescholtenen

Rufes erfreuten, so wie, daß wir ihn während seines langen Lebens niemals in eine Privatfehde verwickelt sehen, ein für jene Zeit und bei solchen Güterverhältnissen wohl einzig dastehender Fall. Es ist zwar gewagt, aus trockenen Bruchstücken auf den Charakter eines Mannes schließen zu wollen, doch will man es einmal thun, dann läßt sich der Hermann's nicht anders bezeichnen, denn als männlich, den Frieden und das Recht als das Höchste achtend, ohne deshalb unkriegerisch zu seyn, und endlich als streng haushälterisch. Nur durch diese Eigenschaften konnte es ihm möglich werden, sich die Zuneigung des eben so gerechten als friedliebenden Landgrafen zu erhalten und ein Vermögen zu erwerben, das bei seinem Tode unter anderen allein an 4 Städte, 6 Burgen und über 14 Gerichtsbezirke zählte.

Was Hermann war, das zeigt auch das im schärfsten Kontraste zu dem seinigen stehende Leben seiner Söhne und Enkel. Statt zu erwerben, vermochten diese nur zu veräußern, und thaten dieses in einem Maße, daß ihre Besitzungen dadurch bald auf das Erbe herabschmolzen.

Hermann hatte außer seinem schon früher verstorbenen Sohne Johann, noch drei andere Söhne erzeugt: Hermann II., Kaspar und Georg I., welche 1455 von dem Gesandten des Königs in Cypern, welcher damals Geld und Hülfe gegen die Türken sammelnd Deutschland durchzog, sich die Erlaubniß erkauften, für die nächsten 10 Jahre einen eignen Beichtvater zu halten. Doch nur Hermann, welcher sich als Hofmeister Landgraf Ludwig II. auszeichnete und das Erbmarschallamt erhielt, und Georg, der 1458 Burgmann zu Friedberg wurde und 1461 in der Fehde gegen Grubenhagen, und 1462 in den mainzischen Feldzügen mitfocht, erlebten ihres Vaters Tod.

Dem ruhigen und erhaltenden Walten ihres Vaters fremd, verwickelten sich diese Brüder in eine Reihe verwüstender Fehden, und dadurch in ein Schuldenlabyrinth, welches sie zu fortwährenden Veräußerungen und so zur Zersplitterung ihrer schönsten Besitzungen führte. Kaum hatte ihr Vater die Augen geschlossen, so verkauften sie schon (1463) das Schloß Kreienberg für 4000 fl. an Ritter Hermann Luglin, und darauf ihre Güter zu Reimerod, Renzendorf und Brauerschwand, zwischen Alsfeld und Lauterbach. Im folgenden Jahre begannen ihre Fehden. Am 28. September 1464 überfielen sie frühe vor Tage, wahrscheinlich von der Burg Rockenstuhl, bei Geisa, aus, das unfern Kaltenlengsfeld liegende hennebergische Dorf Wilmans, plünderten und verbrannten dasselbe, und führten einen Theil der Bewohner gefangen mit fort. Fürst Wilhelm von Henneberg beschwerte sich über diese Gewaltthat bei Landgraf Ludwig und ersuchte denselben, ihn zur Befreiung seiner Unterthanen und zum Ersatze des Schadens zu verhelfen. Nach mehreren fruchtlos gehaltenen Tageleistungen hatte der Landgraf eine neue auf den 11. Febr. 1465 nach Fulda bestimmt. Was auf dieser geschah, ist zwar nicht bekannt, als aber die Hennebergischen des folgenden Tages von dort zurück reiten wollten, wurden sie unvermuthet von den Riedeseln überfallen und bis auf Berthold von Herbelstädt, welcher entkam, sämmtlich gefangen genommen. Auf die Beschwerden der

Henneberger gaben die Riedesel sie jedoch sofort wieder frei, und zwar ohne Lösegeld von ihnen zu verlangen. Wie die Ursache, so ist auch der Ausgang dieser Streitigkeiten nicht bekannt, doch scheint es, als ob die Riedesel Forderungen an die Henneberger gehabt hätten, deren Befriedigung sie nicht erhalten konnten; man ersieht wenigstens aus dem hennebergischen Theilungs-Vertrage von 1468, daß ihnen die Grafen Otto und Friedrich von Henneberg die Summe von 1200 fl. schuldeten [15]).

In Folge der zwischen dem Landgrafen Ludwig I. von Hessen und dem letzten Grafen von Ziegenhain geschlossenen Verträge, war durch des letztern Tod (1450) die Grafschaft Ziegenhain mit allen ihren Zubehörungen an Hessen gefallen, und also der Fall eingetreten, in welchem Hermann I. sein dem Abte von Fulda 1441 gegebenes Versprechen, Eisenbach von ihm zu empfangen, zu erfüllen gehabt hätte; statt aber sich dieser Verbindlichkeit zu entledigen, hatte er das Lehen bei dem Landgrafen erneuert. Dies als eine Felonie betrachtend, hatte der Abt hierauf das Lehn für heimgefallen erklärt, und sich um andere eisenbachische Erben bemühend, solche auch in den Söhnen der Schwester des letzten v. Eisenbach, Else v. Stein, dem Ritter Sifried v. Stein und dessen Bruder, dem bambergischen Domdechanten und Probst zu St. Jakob, **Dr.** Hartnid v. Stein, gefunden, und diese 1457 mit dem Schlosse Eisenbach und allen fuldischen Lehen der v. Eisenbach belehnt. Aber der Zweck, welchen der Abt hierbei vorzüglich im Auge gehabt hatte, war dennoch vereitelt worden, indem nach einem zu Fulda gehalte=

nen Tage, auf dem ausser Ritter Hermann und seinen Söhnen auch die beiden Landgrafen von Hessen zugegen gewesen, durch die Vermittlung des Grafen Wilhelm von Henneberg die v. Stein bewogen worden waren, gegen eine Abstandssumme von 500 fl. ihre Ansprüche aufzugeben. Und wenn auch der Abt nun seine frühere Forderung, daß Hermann das Lehen von seinem Stifte empfangen sollte, um so dringender erneuerte, so hätte auch diese Sache wohl eine friedliche Beilegung gefunden, wäre nicht Hermann's Tod inzwischen erfolgt und an die Stelle seines ruhigen und doch festen Verhaltens nunmehr das Ungestüm seiner kriegerischen Söhne getreten, durch welche der Streit hartnäckiger und heftiger und endlich bis zur Erklärung der Fehde gesteigert wurde. Diese begann im Frühjahr 1467. Man stritt mit der grösten Erbitterung und wüthete dergestalt, daß der ganze, zwischen Fulda, Herbstein und Lauterbach liegende Landstrich bald nur noch einer Wüste glich, und man beiderseits die Nothwendigkeit erkannte, wenigstens diejenigen Orte für neutral zu erklären, in welchen sie gemengte Güter hatten. Dieses geschah namentlich in Bezug auf Salzschlirf, Landenhausen, Hainzell, Stockhausen, Schadges ꝛc. und das Kloster Blankenau. Im Gerichte Moos wurden sämmtliche Dörfer verwüstet, und die Bewohner dadurch genöthigt, sich in andern Orten niederzulassen. Da die Landgrafen bei diesem Streite betheiligt waren, bemühten sie sich, die Parteien auszusöhnen, und brachten endlich in einer Zusammenkunft zu Alsfeld am 22. Juni 1467 einen Vergleich zu Stande. Die Feindseligkeiten sollten hiernach aufhören und alle Gefangenen auf eine alte Urfehde entlassen werden; wegen der Lehnsherrlichkeit sollte sich der Abt nicht mit den Riedeseln, sondern mit den Landgrafen ausgleichen; mit den andern Lehen aber, so nicht eisenbachisch, sollte der Abt die Riedesel von neuem belehnen, sobald diese darum nachsuchen würden; wegen ihrer Gerechtsame an Salzschlirf sollte die Weisung der Schöpfen entscheiden; andere Irrungen sollten durch Austräge beigelegt werden [16]).

In wie weit diese Sühne zur Ausführung kam, läßt sich nicht bestimmen. Der bald heftig auflodernde Streit zwischen den landgräflichen Brüdern, verbunden mit dem Streite zwischen den buchenauischen Ganerben, riß auch die Riedesel wieder zum Kampfe. Während sich nun aber Landgraf Ludwig ihrer annahm, stand dessen Bruder Heinrich auf der Seite des Abtes, mit dem er bereits am 12. Mai 1467 ein Schutz- und Trutzbündniß geschlossen hatte. Als Abt Rheinhard am 28. Februar 1468 Herbstein an Eberhard Hr. von Eppenstein versetzte, verzichtete er auf die Oeffnung und Folge, so lange seine Fehde gegen den Landgrafen Ludwig und die Riedesel dauern würde [17]). Im Spätherbst dieses Jahres machten die Riedesel in Verbindung mit vielen andern auf Landgraf Ludwigs Seite stehenden Rittern einen verwüstenden Einfall in Oberhessen, worüber sie Landgraf Heinrich unterm 5. November des Landfriedensbruches anklagte. Um dieselbe Zeit erhob sich auch die Fehde zwischen Landgraf Ludwig und dem Abte von Fulda von Neuem. Nachdem der Landgraf am 4. November dem Abte die Fehde verkündet, rückte er am 17. Jan. 1469 ins Fuldaische ein.

Landgraf Heinrich hatte einen Theil der riedesel'schen Güter eingezogen. Als die Landgrafen sich am 13. Juni 1469 auf einem Landtage am Spieße ausglichen, wurde unter anderm auch bestimmt, daß diese Güter den Riedeseln wieder zurückgestellt werden sollten; und nach dem schiedsrichterlichen Erkenntnisse vom 17. Mai 1470 sollte wegen der Lehnsherrschaft über Eisenbach alles, wie es in dem Scheide berührt, vollzogen, etwaige Zweifel aber durch neue Schiedsrichter, für welche ein Tag bestimmt wurde, ausgeglichen werden [18]). Es machten also beide Landgrafen Anspruch auf die eisenbachische Lehnsherrlichkeit, und die Riedesel waren bemüht, diese an Landgraf Ludwig zu bringen, obgleich Eisenbach zu Folge seiner Lage zu dem Landestheile Heinrichs gehörte, zu dem der ganze hessische Theil des Vogelsbergs geschlagen war.

Erst im Jahr 1471 kam eine völlige Ausgleichung mit Fulda zu Stande, und die Riedesel empfingen von Neuem ihre fuldischen Lehngüter; die Lehnsherrlichkeit über Eisenbach blieb aber hessisch.

Selten führt der Krieg einen wahren Gewinn herbei. Damals bestand derselbe in der erkämpften Beute, dem durch Plünderung geraubten Gute und dem Lösegelde der gefangenen Feinde, ein Gewinn, der jedoch wieder dadurch gehoben wurde, daß der Gegner auf dieselbe Weise erwarb. Die verbrannten Dörfer und verwüsteten Fluren konnten dagegen beiden Theilen nur Schaden bringen. Auch die Rüstungskosten, der Sold und die Entschädigung der Genossen fanden keinen Ersatz. Deshalb waren auch die Fehden so verderblich für den Wohlstand, und der, welcher den Raub nicht als solchen, sondern nur in Folge der ehrlichen Fehde übte, wo er nicht entehrend war, vermochte sich nicht dadurch zu bereichern. Die Geschichte einer jeden Fehde liefert Belege hierfür und auch die Riedesel empfanden dieses schwer und hart. Um die Mittel zu den großen Anstrengungen zu erschwingen, zu denen sie durch jene Fehden gezwungen wurden, waren sie genöthigt zu einer Menge von Veräußerungen zu schreiten. So verkauften sie 1468 ihren Burgsitz zu Melsungen, nebst Gütern zu Melsungen, Rabenhausen, Röhrenfurt, Kirchhof, Niedermöllerich, Gudensberg und Maden für 750 fl. an Hans Keudel. Im folgenden Jahre erborgten sie eine Summe vom Stifte zu Rothenburg. Da sie aber Güter in Mündershausen (Meindorfshausen) besaßen, welche das Stift in Anspruch nahm, so benutzte dasselbe diese Gelegenheit, und stellte ihnen die Rückgabe dieser Güter als Vorbedingung, indem es zugleich ihre Gewissen, zur Erwirkung einer größern Nachgiebigkeit, mit geistlichen Ermahnungen und Drohungen bestürmen ließ. Und diese Bemühungen waren nicht vergebens. Am 23. Aug. 1469 erklärten die Riedesel, daß da gute Freunde sie an ihre Seligkeit erinnert und ihnen vorgehalten hätten, wie jene Güter zum Gottesdienst bestimmt gewesen, und wie sie von ihren Eltern her Glieder des Stiftes seyen, so wollten sie diese Güter zurückstellen und das Stift bitten, den allmächtigen Gott für sie fleißig anzuflehen. Erst hierauf erhielten sie 200 fl. auf ihre Güter zu Hergershausen geliehen.

Als 1471 zwischen dem Kurfürsten von der Pfalz, Fried=

rich dem Siegreichen, und dem Herzoge Ludwig von Vel=
benz ein Krieg ausbrach, zogen zu beiden Theilen viele des
hessischen Adels. Georg ritt mit 150 Reitern, alle in ei=
nerlei Gewand gekleidet, zu seinem Lehnsherrn dem Kurfür=
sten, und focht den ganzen Krieg hindurch, half insbeson=
dere Wachenheim belagern und wurde vor Türkheim ver=
wundet [19]). Hierauf kam er im Jahr 1472 mit dem Erz=
bischof Adolph von Mainz in Fehde, der Forderungen nicht
befriedigen wollte, welche er an ihn machte.

Mit diesen Fehden hielten ihre Veräußerungen gleichen
Schritt. Im Jahre 1473 liehen sie von dem Abte Johann
von Fulda 3250 fl. und überließen demselben dafür die ih=
nen von Hessen für die Summe von 4000 fl. auf Fulda
verschriebenen 220 fl. Renten. Diesen Renten folgte hier=
auf ein Theil der von ihrem Vater ererbten Pfandschaft an
Geisa und Rockenstuhl, welchen sie für 1000 fl. an Seba=
stian von Wildungen verkauften [20]). Andere 1200 fl., welche
ihnen auf das Stift Fulda verschrieben waren, verkauften sie
1474 an die von Rückershausen, sowie Güter zu Alt= und Neu=
morschen, Heidelbach, Wichte und Beisheim an das Kloster Heida.

Um's Jahr 1473 wurden die beiden Brüder Riedesel
Feinde des Grafen Heinrich des ältern von Schwarzburg,
dessen Sohn Heinrich der jüngere mainzischer Oberamtmann
des Eichsfeldes war, und bekriegten denselben im Bunde
mit Werner von Hanstein. So überfielen sie 1473 Heili=
genstadt und raubten dieser Stadt ihre Heerden. Hierauf
traten sie auch als Feinde des Erzstifts Mainz auf, wenn
dieses nicht vielmehr noch eine Fortsetzung der Fehde ist,

welche sie demselben 1472 verkündet hatten. Im Jahr 1475 fingen sie einige Leute des Grafen Heinrich d. ä. auf freier Straße, nahmen ihnen die Pferde und zwangen ihnen ein ansehnliches Lösegeld ab. Der Oberamtmann führte hierüber beim Landgrafen Beschwerde und schlug den Herzog Wilhelm von Sachsen zum Schiedsrichter vor, im Falle sie Forderungen zu haben glaubten. Aber die Riedesel erklärten am 29. Juli, daß der Ober=Amtmann wohl wisse, daß sie um rechtlicher Schuld, welche sie in Güte nicht erlangen könnten, des Erzstifts Feinde geworden seyen. Dann habe aber auch der ältere Graf Heinrich im Anfange der mainzischen Fehde (1460?) ohne Fehdebrief und sonder Ursache von seinem Hause aus Raubzüge in das Hessische gestattet, wodurch auch sie beraubt und gebrannt worden seyen; deshalb wären sie genöthigt worden, sich an den Schwarzburgern zu rächen und zu entschädigen. Wenn Graf Heinrich, weil er zuerst angegriffen habe, zu Kehr und Wandel erbötig sey, wollten sie sich dem Spruche des Herzogs unterwerfen. Die Sache kam nun auch vor demselben zur Verhandlung, da aber der Graf die Beschuldigung des ersten Angriffs zurückwies, führte dieselbe zu keinem Ziele. Der Graf wendete sich nun nochmals an den Landgrafen und bat denselben sich ins Mittel zu legen und die Riedesel zur Ruhe und dahin zu bewegen, das Geraubte zurück zu stellen; dann möge der Landgraf über ihre Ansprüche entscheiden. Dieser setzte auch einen Tag auf den 9. Okt. nach Allendorf an der Werra an, der aber verschoben wurde [21]). Hiermit enden die Nachrichten von diesem Streite. Erst im folgenden Jahre scheint derselbe beigelegt worden zu seyn. Erzbischof Adolph von Mainz erklärte den Riedeseln 10,000 fl. zu schulden und versprach dieselben in Fristen zu zahlen. Dieses Geld mochte die Ursache der Fehde gewesen seyn. Aber jene Stückzahlungen unterblieben und der Erzbischof Berthold sah sich genöthigt, den Riedeseln den dadurch zugefügten Schaden zu ersetzen. Dieser wurde zu 1000 fl. angeschlagen, welche 1485 dem lauterbachischen Pfandschillinge zugelegt wurden.

Im Jahr 1476 versetzten sie ihre Güter zu Salzschlirf für 300 fl. an Ebert v. Lüder; nur ihre beiden Salzsoden behielten sie sich aus; als sie aber 1484 den Pfandvertrag erneuerten, wurde die Mittelsode hinzugefügt und die Pfandsumme auf 400 fl. erhöht. Weiter verkauften sie auch ihren letzten Antheil an Geisa und Rockenstuhl für 1500 fl., so wie 1477 eine Verschreibung über 4000 fl. an den Abt von Fulda. In demselben Jahre trat Georg in die Dienste des Erzbischofs Dietrich von Mainz, dem er mit 10 reisigen Pferden zu dienen gelobte; der Erzbischof versprach ihm dagegen 100 fl. Dienstgeld und im Dienst Kost, Futter und Hufschlag, so wie den Ersatz reisigen Schadens. Der Dienstbrief sprach zwar nur für das folgende Jahr; er wurde jedoch erneuert, denn noch 1479 beauftragte der Erzbischof neben seinem Bruder Johann v. Isenburg, Herrn zu Büdingen, auch Georg zur Empfangnahme der Huldigung in den fuldischen Pfandschaften des Erzstifts.

Im Jahr 1481 versetzten sie einen Hof zu Angersbach für 230 fl. dem Spital zu Herbstein, und Ludwigseck, sowohl ihren, als den Holzheim'schen Antheil, für 1237 fl. an Hermann Luglin; mit einem Theile dieser Summe lösten sie versetzte Güter ein, welche zu Ludwigseck gehörten.

Nur allmählig waren die Dörfer im Gerichte Moos wieder angebaut worden, das Gericht aber seither noch unbesetzt geblieben; erst 1482 erfolgte dessen Wiederherstellung und zwar mit Hülfe der Schöpfen der Gerichte Schlechtenwegen, Stockhausen und Freiensteinau.

Nachdem die Riedesel in demselben Jahre ihren Theil am Gericht Freiensteinau an Fulda für 1200 fl. versetzt hatten, lösten sie 1483 ihre niederhessischen Güter zu Melsungen, Röhrenfurt ꝛc. von den v. Holzheim, und gaben dieselben für 1030 fl. an Philipp v. Hundelshausen.

Hermann Luglin veräußerte 1483 das Schloß Ludwigseck weiter an die Landgräfin Mathilde von Hessen. Die Dienste, welche die Riedesel dem Landgrafen Ludwig II. geleistet, die Verluste, die sie in dessen Kriegen erlitten und die baaren Darleihen, welche sie demselben gemacht hatten, schlugen sie zu der großen Summe von 14,000 fl. an. Nachdem nun Georg 1484 ohne Söhne gestorben, verglich sich sein Bruder mit den Landgrafen Wilhelm I. und II. noch in demselben Jahre. In diesem Vergleiche wurde jedoch jene Summe auf 6000 fl. reduzirt, und die Bestimmung getroffen, daß davon 1500 fl. auf Ludwigseck stehen bleiben, die Landgräfin noch 300 fl. am Schlosse verbauen, und dasselbe nach ihrem Tode wieder frei an die Riedesel zurückfallen sollte. Die Zahlung der 4500 fl. erfolgte in den folgenden Jahren stückweise, und als die Landgräfin 1495 starb, kam Ludwigseck wieder in riedeselische Hände, worüber Hermann eine besondere Urkunde an Landgraf Wilhelm II. gab.

Georg, verehelicht mit Anne Schenk zu Schweinsberg, hatte nur Töchter hinterlassen, über welche Hermann Vormund wurde. Bereits 1484 verehelichte derselbe Elisabeth an Jakob v. Hutten und verschrieb ihr die Mitsteuer von 750 fl. auf Freiensteinau. Die andere Tochter gab er an Ludwig v. Boyneburg.

Im Jahr 1486 erhob sich zwischen dem Bischof von Würzburg und den v. Rosenberg eine Fehde, an der auch Hermann Riedesel auf der letztern Seite Theil nahm. An demselben Tage, an welchem sie dem Bischofe ihre Fehdebriefe schickten, am 15. Oktober, brachen sie, 600 Reiter stark, in das Hochstift. Der Bischof klagte hierüber beim Kaiser und am 27. November sprach dieser zu Andernach über die ganze rosenbergische Partei, zusammen 130 Personen, zu denen auch Hermann gehörte, die Reichsacht aus [22]).

Hermann versetzte in demselben Jahre Salzschlirf mit den Salzsoden und allen Zubehörungen für 500 fl. an Fulda, und verglich sich mit den v. Jhringshausen wegen einer Verschreibung von 1000 fl. über das Gericht Oberohmen und einer andern über 1200 fl., welche auf das Stift Fulda sprach. Im Jahr 1488 verpfändete er an Landgraf Wilhelm von Hessen die Gerichte Oberohmen, Engelrod und Freiensteinau, so wie 1489 dem Abte Johann von Fulda das Gericht und Dorf Stockhausen, nebst der Waldschmiede, den Schmieden zu Schadges und Landenhausen und das

Dorf Rixfeld für 1200 fl., welche 1491 noch mit 350 fl. erhöht wurden; desgleichen 1490 ein Viertel von Lauterbach mit seinen Zubehörungen, namentlich Angersbach, Maare, Wallenrode ꝛc. dem Landgrafen Wilhelm von Hessen. Nachdem er von diesem 1494 das Gericht Oberohmen wieder gelöst hatte, versetzte er dasselbe für 2000 fl. an Hans und Wilhelm v. Dörnberg und Johann Schenk zu Schweinsberg; mit Lauterbach that er ein Gleiches und verpfändete hierauf den ganzen hessischen Pfandtheil an Hans v. Dörnberg. Später versetzte er auch seinen Antheil am Gericht Freiensteinau für 1300 fl. dem Abte Johann von Fulda; als aber der Pfalzgraf als Lehnsherr seine Einwilligung dazu versagte, sah er sich genöthigt, da er das bereits empfangene Geld nicht wieder zurückzuzahlen vermochte, dem Abte im Jahr 1500 seinen mainzischen Pfandschaftsbrief zu versetzen. Er starb im Jahre 1501 mit Schulden belastet. Zu spät erkannte er seine üble Wirthschaft, und Niemand hätte ihn schwerer verspotten können, als er es selbst that, indem er seinen Enkel Johann vor sein Sterbelager rief und diesem sein Schwert mit den Worten reichte: „Hänschen! nimm hin mein Schwert und erwirb so viel damit, als ich verloren."

Mit seiner Gattin Katharine v. Hatzfeld hatte er 3 Söhne erzeugt: Hermann III., der ihm im Erbmarschallamte folgte, Georg II. und Theodor, von denen Georg schon frühe starb.

Theodor ehelichte Anne v. Schlitz, deren Witthum er 1505 mit 980 fl. auf Salzschlirf anwies. Nachdem er 1506 mit seinem Bruder Hermann Oberohmen eingelöst, verpfändeten beide dasselbe wieder für 2000 fl. an Ludwig v. Boyneburg und Philipp Wolf, worauf Ludwig 1507 auch die dörnbergische und löwensteinische Pfandschaft auf Lauterbach an sich kaufte. — Die westliche Grenze der Cent Lauterbach berührte das kleine Gericht Storndorf, bestehend aus dem Schlosse und Dorfe Storndorf und einigen Wüstungen. Dieses erwarb Hermann 1510 auf Wiederkauf.

Die Streitigkeiten, in welche beide Brüder um diese Zeit mit Fulda verwickelt wurden, und die sich durch mehr als anderthalb Jahrhunderte hinzogen, werden des bessern Zusammenhanges halber später in einem besondern Abschnitte erzählt werden.

In den Streitigkeiten der Landgräfin Anne mit der hessischen Regentschaft, stand Hermann auf der Seite der erstern. Als Anne im April 1514 in Kassel einzog, war Hermann in ihrem Gefolge, und nachdem ihre Sache gesiegt, nahm er für sie die Huldigung in Niederhessen ein. Als er mit seinen 400 Reitern zu Kassel aufsaß, setzte das große Getöse die anwesenden Herzoge von Sachsen in solche Besorgniß, da sie wähnten, es gelte ihnen, daß sie alsbald abzogen.

In demselben Jahre kam Hermann mit seinem Bruder über den Gebrauch ihrer Güter in Zwiespalt, der, nach mehreren vergeblichen Vergleichsversuchen, 1515 durch Schiedsrichter beigelegt wurde.

Im Jahr 1515 hatten beide Brüder einige Irrungen wegen ihrer von den v. Schlüchtern erkauften Güter im Gerichte Kreienfeld, namentlich wegen der eigenen Leute, welche die

„Mullischen" genannt wurden. Als Hermann deshalb mit einigen hessischen Beamten zu Kreienfeld zusammengekommen war, und mit diesen eifernd, von der Linde sich entfernte, stieß er auf einen Mann von Grebenhain, den er alsobald für leibeigen und „mullisch" erklärte. Dieser aber antwortete ihm: „er habe einen Leib, den habe er von Vater und Mutter, und er habe eine Seele, die habe er von Gott, so bekenne er ihm auch nicht ein Huhn für den Erbschutz, welches er ihm pflichtig sey." [23]

Im Jahr 1518 half Hermann die Stadt Darmstadt gegen Franz v. Sickingen vertheidigen und war Mitunterzeichner des mit diesem geschlossenen Vertrags. Hierauf bestellte ihn Landgraf Philipp zum Statthalter von Oberhessen. [24]

Nachdem 1521 das Gericht Oberohmen wieder eingelöst worden, versetzte Theodor 1523 seinen Antheil an Freiensteinau für 450 Gfl. dem Abte von Fulda, wozu er schon 1521 den lehnsherrlichen Konsens erhalten hatte. Erst 1543 geschah die Ablösung.

Auch im Vogelsberge schlossen sich die Bauern dem großen Aufstande ihrer Genossen an und versuchten es, die schwere, zu Boden drückende Last der Dienstbarkeit von den Schultern zu schütteln; aber wie anderwärts, so auch hier erlagen sie der geregelteren Macht ihrer Gegner. Nicht ohne Gewalt und einschüchternde Strenge beruhigten auch die Riedesel ihre Gerichte wieder. So nur ein Beispiel. Ein erst jüngst durch Anrodung entstandener Ort, Neuenrode, lag zufolge der riedeselischen Behauptung im Gerichte Freien=

steinau, aber die Bauern weigerten sich das dortige Gericht zu besuchen und errichteten ein eigenes. Dem widersetzte sich Hermann Riedesel, und als jene sich hierauf dem Aufruhre anschlossen, und sie ihm die deshalb auferlegte Strafe verweigerten, überfiel er das Dörfchen, nahm das Vieh und brannte die Häuser nieder. Neuenrode blieb seitdem eine Wüstung.

Theodor erhielt 1525 von Fulda die Genehmigung zur Wiederherstellung der baufälligen Ringmauer (hier Zarch genannt) zu Lauterbach 300 fl. zu verwenden, und diese zur Pfandschaftssumme zu schlagen; Fulda behielt sich hierbei ausdrücklich die Eröffnung an dem Thore, das feldwärts gebaut werden sollte, so wie der aller übrigen Thore der Mauern vor. Auch Eisenbach baute Theodor zum großen Theil von Neuem. Während jedoch sein Bruder die Reformation mit der hessischen Kirchenordnung in ihre Besitzungen einführte, hing Theodor noch so warm am alten Glauben, daß er mit demselben darüber zerfiel.

Im Jahre 1528 lieh Hermann dem Landgrafen Philipp 6000 fl., wogegen ihm dieser Schloß und Stadt Ulrichstein nebst den Gerichten Bobenhausen und Felda verpfändete. Doch noch vor der Ueberlieferung starb Hermann am 24. Mai (Montag nach Pfingsten) 1529 zu Marburg wo er als Statthalter seinen Sitz hatte. Sein Bruder folgte ihm im Erbmarschallamte, obgleich er die Belehnung damit nie empfangen hat. Dieser hatte nur zwei Kinder, Anne, an Ludwig v. Hutten zu Stolzenberg, und Jutta an Georg v. Boyneburg verehlicht, und starb 1531 zu Eisenbach und wurde zu Lauterbach beerdigt.

Hermann, der mit Agnes v. Hopfgarten verehelicht gewesen, hatte dagegen 4 Söhne hinterlassen: Johann II., der fünfte Erbmarschall, Hermann IV., Volpert I. und Konrad I., von denen der letztere, welcher 1530 den Landgrafen Philipp auf den Reichstag nach Augsburg begleitete, im Dezember 1540 ohne Nachkommen starb, die übrigen aber die Stifter von 3 Linien wurden. Da diese Linien eine Gemeinschaft der Güter beibehielten, so läßt sich die allgemeine Geschichte der Familie nicht wohl mit der besondern einer jeden Abtheilung ohne große Wiederholungen verbinden, und es erscheint deshalb zweckmäßig, diese zu trennen.

Erster Stamm. Hermannsburger Linie. Johann II. [25], Hermann des III. ältester Sohn, folgte seinem Vater im Erbmarschallamt. Er findet sich zuerst von 1516 — 1520 als Amtmann zu Gernsheim am Rheine, sowie 1540 als hessischer Amtmann zu Dietz, und baute den größten Theil der Burg zu Lauterbach. Er starb 1550 und hatte außer 2 Töchtern, nur 1 Sohn: Hermann V., der, mit Margarethe von der Malsburg verehelicht, bei seinem 1560 am 3. Mai erfolgten Tode 3 Söhne hinterließ: Hermann, genannt der Schwarze, der am 17. Juni 1569 zu Limoges als französischer Rittmeister starb; Johann III., seit 1589 Erbmarschall, welcher Spangenberg bei der Herausgabe seines Adelsspiegels unterstützte, die Burg zu Lauterbach ausbaute, unter der Sakristei der dasigen Kirche ein Erbbegräbniß anlegte, und 1609 starb; und Volpert II., der zehnte Erbmarschall, welcher der einzige von seinen Brüdern war, der sich verehelicht hatte. Auf ihn ging Stockhausen mit der Hermannsburg über. Als er 1610 starb, hinterließ er 4 Söhne: Hermann VIII., Volpert IV., Georg VI. und Johann V. Von diesen pflanzte nur Georg, der 1632 das Erbmarschallamt erhielt und am 12. Jan. 1640 starb, den Stamm fort, der mit seines Sohnes Hermann's Urenkel, Hermann Ludwig, am 3. April 1756 zu Feroglio bei Rom erlosch.

Zweiter Stamm. Hermann IV., der 1524 Anne, Adolph Rau's v. Holzhausen Tochter, ehelichte, starb schon 1532 am 24. Juni, und zwar mit Hinterlassung zweier Söhne: Adolph Hermann und Georg III. Als der letztere 1554 sich mit einem Andern seiner Familie in die Dienste des Markgrafen Albrecht von Brandenburg begab, und dieses Landgraf Philipp erfuhr, schrieb dieser an Georg's Oheim, Volpert Riedesel: „Es wundere ihn sehr, daß beide sich in eine solche Gefahr begäben, und er hätte ihnen die Erlaubniß dazu verweigern sollen. Gegen den Markgrafen sey ein sehr schweres kaiserliches Mandat ergangen und er könne nichts anderes glauben, als daß sie, die Riedesel, gern ihre Häuser und Güter los seyn wollten. Er möge bedenken, daß wenn es die Kaiserlichen oder der Herzog Heinrich von Braunschweig erfahren sollten, diese kraft der ausgesprochenen Acht sicher zu ihren Gütern greifen würden."

Aber es half nichts, und Georg ging sogar später, ungeachtet eines landgräflichen Verbots, nach Frankreich; er stieg hier bis zum Obersten und blieb 1558 unverehelicht zu Hohenlangers. Sein Bruder Adolph Hermann, seit 1563 siebenter Erbmarschall, wird in Spangenbergs Adelsspiegel hoch gerühmt. Nachdem er zu Marburg, Tübingen und Löwen, hernach auch zu Padua, studirt, brach er, erst 18 Jahre alt, seine Studien ab und zog mit Karl V. gegen Frankreich, stand aber im schmalkaldischen Kriege gegen denselben. Er war begeistert für die Reformation, und weihte den Wissenschaften jede freie Stunde, so daß er sogar die Zeit des Speisens nicht unbenutzt verstreichen ließ, und stets ein Buch neben seinem Teller liegen hatte. Um so mehr mußten ihm die in dem nachbarlichen Fulda eingezogenen Jesuiten verhaßt seyn, mit denen er auch bald in theologische Streitigkeiten verwickelt wurde (1573). Den wackeren Kämpfer für Licht und Wahrheit, M. Flacius Illiricus, den Herausgeber Ottfrieds, unterstützte er nicht blos durch Geldbeiträge, sondern nahm ihn auch einige Zeit in seine Wohnung auf, und beförderte dessen Werk der **Centuriarum Eccles. histor.** auf das Thätigste, indem er unter andern das fuldische Kapitel durch seine Bürgschaft vermochte, seltene Werke der Bibliothek zu Fulda dem Verfasser mitzutheilen. Es wurde ihm deshalb auch die zehnte Centurie geweiht. — Er war mehreremale Gesandter, und ging namentlich 1556 als solcher für Pfalz nach England.

Mit seiner Familie lebte A. Hermann jedoch in langem Hader, indem die Liebe, die er zu seinem einzigen

Kinde Anne Ruffine hatte, ihn für das Wohl seines Geschlechtes völlig entfremdete. Die Geschichte dieses für die Gestaltung der Familien=Verfassung wichtigen Streites wird weiter unten mitgetheilt werden. A. Hermann war sehr reich und erbaute sich zu Stockhausen die Hermansburg, nicht ohne Widerspruch Fulda's und seiner Vettern. Nachdem er im Anfange des Jahres 1582 von einem Tage zu Mainz nach Haus zurückgekehrt war, verfiel er in eine schwere Krankheit, die nach einem halbjährigen Lager am 15. Juli 1582 sein 54 Jahre zählendes Leben beendete. Außer einer zahlreichen Bibliothek hinterließ er auch eine geldschwere Tochter, welche Sebastian v. Rothenhan heimführte, die aber, nur kurze Zeit ihren Vater überlebend, schon 1588 im 30. Lebensjahre starb.

Dritter Stamm. Volpert I., Hermann des III. im Jahre 1500 geborener Sohn, ein Mann von ansehnlicher Körpergröße, ist der Stammvater aller jetzt noch vorhandenen Glieder der eisenbachischen Riedesel. Im J. 1533 findet man ihn als hessischen Amtmann zu Dietz und später als Oberamtmann der Niedergraffschaft Katzenelnbogen. Er lieh damals dem Landgrafen Philipp 8000 Gfl., wofür ihm dieser Schloß, Stadt und Amt Braubach als Pfand einsetzte. Im nächsten Jahre ging durch seines Bruders Tod das Erbmarschallamt auf ihn über. Sein Tod erfolgte am 14. Februar 1563. Von seinen Söhnen starben Hermann VI. 1563 im dänischen und Hans Volpert 1569 im französischen Kriegsdienste; Georg VI., der 1582 Erb=

marschall wurde, hatte in 2 kinderlosen Ehen gelebt, und als er 1589 starb, hinterließ er seine noch junge Gattin Margarethe geb. v. Boyneburg-Hohenstein, die später in Folge eines leicht verzeihlichen Fehltritts, die traurigsten Geschicke zu erdulden hatte. Nur Volperts jüngster Sohn Konrad († 12. März 1593) setzte den Stamm fort und stiftete durch seine Söhne: Volpert III., Georg V. und Johann IV. drei neue Linien.

1) Volpert III. († 9. März 1632) Stifter der Linie zu Ludwigseck, elfter Erbmarschall, hessischer Hofmarschall, geh. Rath und Oberst der Festungen Kassel u. Ziegenhain, hinterließ aus 2 Ehen 2 Söhne, Kurt († 27. Mai 1665) und Wilhelm Georg († 1667), deren Nachkommen sich in die ältere und jüngere Linie zu Ludwigseck trennten, von welchen die erstere noch jetzt lebt, die letztere aber 1803 mit Christian Friedrich Wilhelm Hermann erlosch. Jener Stifter der jüngeren Linie Wilhelm Georg hatte, während sich die Brüder Paul außer Landes befanden, deren väterlichen Häuschen zu Gerterode abbrechen und zu Ludwigseck wieder aufschlagen lassen. Als jene zurückkehrten sprachen sie ihn um Entschädigung an, wurden aber mit unbestimmten Vertröstungen hingehalten. Es war am 30. Mai 1654, als Wilhelm Georg von Niederthalhausen, wo er sich trunken gezecht, nach Ludwigseck reitend, von jenen Brüdern wieder angehalten wurde. Es kam zu einem heftigen Wortwechsel, der Wilh. Georg's Zorn zu einer solchen Höhe steigerte, daß, als der Jäger seinem Befehle, die Brüder niederzuschießen, nicht folgen wollte, er selbst auf den einen der Brüder Adam Paul ein-

sprengte und ihm mit dem Degen mehrere Hiebe über den Rücken und Kopf und einen Stich in die Seite versetzte, an deren Folgen derselbe alsbald verschied. Schon am folgenden Tage entfloh Wilh. Georg nach Lauterbach. Das peinliche Gericht zu Rotenburg nahm sich der Sache an. Während es aber ein Ladungsmandat erließ, bat die Familie Riedesel in Kassel mit Beziehung auf den zwischen den beiden hessischen Hauptlinien am 14. Dezember 1627 zu Marburg geschlossenen und am 19. Februar 1650 erneuerten Vergleich, um ein **judicium honoratum**. Unter der Bedingung genügender Bürgschaft wurde dieses auch am 18. Aug. 1654 bewilligt. Dem aber widersprachen die Landgrafen von Hessen=Rotenburg, weil die Einsetzung eines solchen Gerichts nur ihnen, als Besitzern der Peinlichkeit in der Quart, zustehe. Indem sich nun der übele Umstand ereignete, daß beide Gerichte in ihren Verfahren fortschritten, und während das Gericht zu Kassel dem Angeklagten sicher Geleit zum Verhöre bewilligte, das peinliche Gericht zu Rotenburg Maßregeln traf, den Angeklagten, sobald er die Quart betrete, verhaften zu lassen, stritten sich beide fürstliche Linien um ihre Gerechtsame. Bitter beklagten sich die Rotenburger über die mancherlei Eingriffe, die Kassel sich gegen sie erlaube, sowie über den Adel der Quart, der ihr abhold sey und jede Gelegenheit ergreife, sich ihrer Botmäßigkeit zu entziehen. Die Universitäten Leipzig, Marburg und Jena zu Gutachten aufgefordert, sprachen sich zu Gunsten der Rotenburger aus. Hessen=Darmstadt sogar kam in Bewegung und nahm sich der Sache Hessen=Kassel's an. Letzteres behauptete, ein **judicium honoratum** könne nur von den beiden regierenden Fürsten zu Kassel und Darmstadt bewilligt werden, wie dieses die Verträge von 1627 und 1650 auswiesen. Rotenburg aber setzte entgegen, daß, da es keinen Antheil an diesen Verträgen genommen, dieselben auch keinen Einfluß auf seine Rechte haben könnten. Erst nach einem weitläufigen Schriftenwechsel kam durch die beiderseitigen Räthe am 14. Juli zu Kassel ein Vergleich zu Stande, der später, am 29. Oktober, die fürstliche Bestätigung erhielt. Hiernach sollte in dem Falle, wenn eine adelige oder sonst honorirte Person wegen eines in der Quart begangenen peinlichen Verbrechens angeklagt werde und ein **judicium honoratum** begehre, dieses von beiden Häusern zugleich besetzt und in beider Namen gehegt werden, und im Falle eine Geldstrafe erkannt werde, diese dem Hause Rotenburg zufallen. Erst nach dem Abschlusse dieses Vertrags konnte das Gericht seine Thätigkeit entfalten. Nachdem die Verhandlungen zu Ende des Jahres 1657 geschlossen worden, wurden die Akten an einige Universitäten geschickt und 1658 erfolgte endlich der Spruch, der den Angeklagten von der Anklage des Todtschlages freisprach, wegen des begangenen Excesses aber in eine Strafe von 400 fl. und zur Erstattung der Gerichtskosten verurtheilte. Wilh. Georg, der ein strengeres Urtheil gefürchtet, hatte es inzwischen für rathsam gefunden, in französische Dienste zu gehen; als er jedoch das Urtheil zu Chalons erfuhr, nahm er seinen Abschied und kehrte wieder nach Ludwigseck zurück.

2) **Georg**, der am 1. Nov. 1580 zu Ludwigseck ge-

borene Sohn Konrad's wurde der Stifter der Linie zu Altenburg. Nachdem er 5 Schulen und Universitäten besucht, trat er anfänglich in pfälzische, dann in hessen=darmstädtische Dienste, und wurde 1617 Hofmarschall, geh. Rath und Amtmann zu Rüsselsheim, sowie 1628 Statt=halter zu Marburg. Als er daselbst am 28. März 1631 starb, hinterließ er 3 Söhne, von denen die Nachkommen Johann's († 30. Nov. 1676), des 14. Erbmarschalls, noch jetzt leben, und die Volpert's († 1654) am 26. Jan. 1751 mit Hermann, dem 22. Erbmarschall, erloschen.

3) Konrad's dritter Sohn Johann († 1632) stiftete die Linie zu Lauterbach. Er wohnte zu Eisenbach und hinterließ 4 Söhne. Von diesen wurde der Aelteste, Johann, der 15. Erbmarschall, hessen=darmstädtischer Ober=amtmann der Grafschaft Katzenelnbogen; nachdem er dieser Stelle entsagt, 1666 Obervorsteher der adelichen Stifter in Hessen; dann geh. Rath und Oberstlieutenant, und 1679 Hauptmann der Reichsritterschaft des Orts Rhön und Werra. Er starb 1691 am 21. September zu Lauterbach. Von seinen 3 Söhnen überlebte ihn nur Georg, der 18. Erb=marschall, welcher am 30. März 1724 kinderlos starb, wo=gegen nur sein jüngster Sohn: Hans Volpert († 2. Jan. 1687), der zu Lauterbach und dem benachbarten Hofe Sicken=dorf wohnte, den Stamm fortsetzte. Dessen Sohn, der 20. Erbmarschall, Adolph Hermann (n. 1685 † 1734) hatte Sophie Juliane v. Reckrod zur Gattin. Als 1721 mit deren Bruder Adolph Ludwig das reckrodische Ge=schlecht erlosch, ererbte dieselbe einen Theil von dessen fuldischen

Lehngütern zu Salmannshausen, Heringen, Leimbach ꝛc., sowie ein Viertel von Neuenhof, welches letztere hersfeldisches Lehn war, und dessen übrige Theile ihre Nachkommen noch durch Ankauf erwarben, wodurch dieser Ort, der sich durch seine romantische Lage an der Werra auszeichnet, zu einem neuen riedeselschen Sitze geworden ist.

Allgemeine Familiengeschichte der Riedesel zu Eisenbach seit 1529.

Nach Hermann III. Tode nahmen seine Söhne von Ulrichstein Besitz; auch war Storndorf auf sie übergegangen, dessen Ablösung jedoch schon 1532 erfolgte. Ueber die Zubehörungen des letztern, namentlich die Wüstung Hetzelshausen, welche die Riedesel als nicht zur Pfandschaft, sondern zu ihren Erbbesitzungen gehörend, ansprachen, entstand 1554 ein weitläuftiger Prozeß, welcher, nachdem er für die v. Storndorf nachtheilig entschieden worden, und diese nach Speier appellirt hatten, endlich am 4. Jan. 1572 zu Lauterbach durch einen Vergleich beigelegt wurde, in welchem die v. Storndorf auf ihre Ansprüche verzichteten.

Am 28. April 1542 wurde ein Grenzvertrag zwischen dem landgräflichen Gerichte Kreienfeld und dem riedeselischen Gerichte Moos geschlossen, der am 23. Nov. 1585 berichtigt wurde.

Im Jahre 1543 erkauften sie von den v. Sachsen den Zehnten in Helfershain.

In demselben Jahre am 6. Febr. errichteten die Brüder, der Erbmarschall Johann und der Oberamtmann Volprecht, in Folge des Absterbens ihres Vaters Hermann III. und ihres Bruders Herrmann IV., mit des letztern Wittwe und Kindern eine Mutschirung, d. h. sie theilten sich in die Einkünfte ihrer Güter; hiernach erhielten Johann und die hermann'schen Kinder: das Gericht Lauterbach mit Maar, Wallenrod, Angersbach und Brauerschwend nebst allen Zubehörungen; ferner Landenhausen, Stockhausen, Mues und Eichenau, die Gerichte Salzschlirf, Moos und Freiensteinau, sowie die Gerechtsame zu Kreienfeld und Grebenhain; dagegen erhielt Volprecht das Gericht Engelrod und die Güter zu Melsungen, Ludwigseck und Ulrichstein.

Nachdem sie die Pfandsumme, für welche sie Ulrichstein besaßen, 1551 noch mit 5564 fl. erhöht und an 436 fl. verbaut hatten, wurde dieses Schloß 1557 von dem Landgrafen wieder eingelöst.

Das Gericht Schwarz, zwischen Lauterbach und Alsfeld, bestehend aus Schwarz, Reimerod, Renzendorf und Brauerschwend, besaßen im 16. Jahrhundert die Finke zu einer und die v. Merlau und v. Lieberbach zur anderen Hälfte. Aus der eisenbachischen Erbschaft waren den Riedeseln verschiedene darin, namentlich zu Brauerschwend und Reimerod, gelegene Lehnstücke zugefallen, welche von einer Anzahl Hofleuten (früher die eisenbachischen, dann die riedeselischen Männer genannt) bebaut wurden, deren Zahl im 17. Jahrhundert 20 betrug. Jene Güter genossen besondere Freiheiten, mit denen uns ein Weisthum von 1449 genauer bekannt macht: "Keiner der Hofleute könne in dem Gericht höher verbüßt werden, als mit 3 Hellern oder einem unge=

löcherten Hufeisen, das derselbe in das Gericht zu werfen habe, ehe dasselbe aufstehe; wenn einer der Hofleute im Gerichte Holz haue und habe es geladen, und sey soweit fortgefahren, daß das hinterste Rad dahin zu stehen gekommen, wo das vordere gestanden, dann sey er nicht mehr zu pfänden, und der Holzförster habe ihm vielmehr schieben zu helfen, wenn dieses nöthig sey." Die Hofleute waren zugleich dienstfrei, und genossen gleich den übrigen Einsassen Wald, Wasser und Weide. — Als nun die oben genannten Gerichtsherren diese Freiheiten schmälern wollten, klagten die Riedesel 1552 bei dem Hofgerichte zu Marburg, von dem am 20. Dezember 1569 ein Urtheil erfolgte. Hiernach sollten die Hofleute ihr nothdürftig Ur= und Weißholz zum Brennen aus den Gehölzen des Gerichts beziehen; ihre Bußen und Brüche nicht höher, denn zu 3 frankfurter Kreuzpfennigen oder einem ungelöcherten Hufeisen veranschlagt, und sie mit Geboten und Diensten nicht härter, als die übrigen Ackerleute beschwert werden, nämlich den Gerichtsherren einen halben Tag zu ackern und der einläufige Mann einen halben Tag zu schneiden oder zu mähen; ihre Aecker sollten zehntfrei bleiben 2c.

Während die Riedesel am 6. Oktober 1558 wegen Herchenrod (zwischen Licherod, Radmühl, Moos und Salz) mit Isenburg=Büdingen geschieden wurden, und mit Hessen am 27. Oktober desselben Jahres sich wegen der Grenzen des Gerichts Ludwigseck verglichen, klagte Hanau gegen sie bei dem Reichs=Kammer=Gericht zu Speier wegen 60 Kühen, die sie dem Centgrafen zu Steinau (an der Straße) gepfändet hatten; die Ursache war ein Grenzstreit zwischen dem riedeselischen Freiensteinau und den hanauischen Orten Hintersteinau und Reinhards; im Jahre 1561 wurde sich darüber verglichen. — Am 13. Mai 1567 vertrugen sie sich mit der Dorfschaft Maar; diese gab die Messung ihrer Länderei unter der Bedingung zu, daß der Zins nicht erhöht werde, und versprach einen Rodzins, wogegen die Riedesel den Zehnten von der 10. auf die 11. Garbe ermäßigten, und auf 50 Schafe einen Trifthammel bestimmten; Maar hatte seither ungemessene Dienste, von nun an sollte es aber mit den übrigen Dörfern der Cent Lauterbach gleich gehalten werden, und die für frühere Widersetzlichkeit aufgelegte Strafe von 300 Thlr. niedergeschlagen seyn. — Hinsichtlich des Dorfes Reichlos kamen die Riedesel wegen der Gerichtsbarkeit mit den Schleifras in Streit. Als diese einen widerspenstigen Hintersassen in's Gefängniß warfen, boten jene ihren Schultheißen zu Freiensteinau nebst 100 Mann auf und ließen den Gefangenen gewaltsam nach Eisenbach führen. Man kam darüber anfänglich zu Tagsatzungen; als nun aber die Riedesel die Reichloser nach Moos entboten und eine Schatzung von ihnen erhoben, klagten die Schleifras beim Reichs=Kammer=Gericht. Erst nach langen Verhandlungen kam ein Vergleich zu Stande, worin die Schleifras das Dorf von den Riedeseln zu Lehn nahmen. So blieb es bis zum Jahre 1694, wo der letzte der Schleifras, Joh. Ludwig, das Dorf an die Riedesel verkaufte.

Das Dorf Wernges gehörte zu einzelnen Theilen Konrad Winold, Lorenz v. Fischborn und Kaspar Schutzpar gen. Milchling. Von diesen erkauften dasselbe die Riedesel in den Jahren 1578, 1583, 1584 und 1589 und schlugen es zu dem Gerichte Lauterbach. Auch erwarben sie ebenfalls durch Kauf 1584 Güter zu Fischborn, und 1585 von Georg von Bischofrode einen Hof zu Oberellenbach.

Auf das Betreiben Adolph Hermann's und seines Bruders George vereinigte man sich am 6. Juni 1558 zu einer erblichen Theilung der Stammhäuser der Familie, welche damals schon durch Herrmann III. Söhne in drei Stämme getheilt war. Dieser Theilung zufolge erhielt Ad. Hermann und sein Bruder, sowie Hermann V. die Burg Eisenbach, und ihr Oheim Volpert I. Lauterbach und Ludwigseck; alle Gerichte und Lehen sollten jedoch ungetheilt und gemeinschaftlich bleiben, und im Falle, daß ein Stamm aussterbe, die weiblichen Erben desselben mit 7000 Thlr. abgefunden werden. Dieser Vertrag sollte vorerst 10 Jahre bestehen. Doch kaum war derselbe unterzeichnet, so bereute Adolph Hermann auch schon dessen Abschluß, und kündigte unter dem 18. Nov. desselben Jahres ihn wieder auf, weil mehrere bis zu Martini ausgesetzte Punkte noch nicht erledigt worden seyen; wogegen jedoch die übrigen Stämme protestirten. Unterdessen benutzte A. Hermann seinen Theil, kaufte Güter in Stockhausen an und baute daselbst ein Schloß, die Hermannsburg. Er erkannte also den Vertrag faktisch an, obgleich er rechtlich denselben durchaus nicht gelten lassen wollte. Vergeblich waren Vergleichsunterhandlungen, welche 1561 zu Lauterbach und 1562 zu Fulda gepflogen wurden, und die 10 Jahre, auf welche die Dauer des Vertrags festgesetzt worden, gingen vorüber, ohne daß eine Aenderung erreicht worden wäre.

Im März 1569 kam man zu Lauterbach zusammen, um den Vertrag von 1558 zu erneuern Nach langen Verhandlungen konnte man jedoch nur eine Mutschirung auf 3 Jahre zu Stande bringen. A. Herrmann verweigerte auf das Hartnäckigste eine jede Einlassung auf den Vertrag von 1558, wenn seine Tochter nicht auf den Fall seines Todes bedacht würde; denn der Sorge für diese, welche sein einziges Kind war, opferte er freudig jedes Familien=Interesse. Nach langen und heftigen Streiten brachte er es endlich dahin, daß für den Fall, wenn er ohne Söhne sterben sollte, jener als Abfindung 35,000 fl. zugesagt wurden. Der hierüber errichtete, am 21. März 1569 unterzeichnete, Vertrag lief 1571 ab und es sollte nun ein neuer vermittelt werden. Wenn A. Hermann auch früher schon Schwierigkeiten gemacht hatte, so erreichten diese doch jetzt erst ihren Höhepunkt. Er wollte, wie er sagte, aus dem Vertrage, und wenn derselbe von Diamant oder Stahl sey. Seine Forderung ging nunmehr auf eine völlige Tottheilung. Vergebens waren alle Bemühungen seiner Vettern seinen Sinn zu beugen und sie erlangten nach viertägigem Herumstreiten nichts weiter von ihm, als wieder eine Verlängerung (Lauterbach 4. Jan. 1572), indem er jede bestimmte Erklärung verweigerte. Seine Vettern wendeten sich deshalb an die Landgrafen Wilhelm und Ludwig zu Kassel und Marburg; aber auch deren Vorstellungen blieben fruchtlos, obgleich diese ihm die Gefahren zeigten, welche eine Tottheilung für seine Familie herbeiführen würde, und ihm riethen, an den 35000 fl. ein Genüge zu haben, da kaum so viel eine hessische und sächsische Prinzessin erhalte (Oktb. 1572). Statt hierdurch nachgiebiger zu werden, klagte er nun beim Reichs= Kammer=Gericht zu Speier auf Theilung. Als die Land= grafen Nachricht hiervon erhielten, wurden sie darüber auf das Höchste aufgebracht, denn da sie ihn nur als hessischen Landsassen betrachteten, konnten sie diese Umgehung ihrer Gerichtsbarkeit nur als eine Widersetzlichkeit gegen ihre lan= deshoheitlichen Rechte ansehen, und befahlen deshalb seinen Vettern, sich auf die Klage nicht einzulassen (8. Nov. 1572.).

Am 16. Jan. 1573 war A. Hermann bei Landgraf Wilhelm zum Frühstücke. Nach der Mahlzeit kam die Un= terhaltung auf seine Streitsache und auf seine Klage beim Reichs=Kammer=Gericht. A. Hermann sagte, er habe letzteres nur gethan, um continentiam causae zu erhalten, und als ihn der Landgraf an seinen und seines Bruders Brief erinnerte, erwiderte er, daß dieser so gestellt gewesen wäre, als ob ihn der Advokat seinen Vettern geschrieben habe. Der Landgraf hielt ihm nun vor, wie die Riedesel ihr Auf= kommen nur dem hessischen Fürstenhause zu danken hätten, und als ihm A. Hermann darauf entgegnete, daß das, was sie in Hessen hätten, nur in Ludwigseck bestehe, und daß darüber der Landgraf allerdings Landesherr sey, daß aber Eisenbach, obgleich hessisches Lehn, unter des Reiches Obrigkeit liege, entflammte die ganze Heftigkeit des Land= grafen. Er erinnerte ihn an seine Eide, beschuldigte ihn des höchsten Undankes, und zeigte, wie seine Vorfahren stets nicht nur zu Eisenbach, sondern sogar auch in den pfälzischen und fuldischen Lehngütern die hessische Gerichtsbarkeit anerkannt hätten 2c. In Folge dieses Sturmes lenkte A. Hermann ein und begann wieder von dem Vertrage zu sprechen; seine Vettern hätten ihn übervortheilt und hofften noch mehr von ihm zu erzwingen, denn er sollte sich verbindlich machen, den Vertrag nicht zu widerrufen, nichts zu veräußern, die Wälder nicht zu verhauen 2c. Was dieses betreffe, entgegnete der Landgraf, so sey er über seine minderjährigen Jahre; nicht allein er, sondern auch seine Freunde seyen bei dem Abschlusse des Vertrags zugegen gewesen; schon sage man ihm nach, er werde von seiner Frau geleitet; er möge sich als Mann zeigen und nicht von einer — regieren lassen 2c. Als später die Rede wieder auf die landgräfliche Gerichtsbarkeit kam, sagte der Landgraf, daß ihm (Riedesel) das Recht nicht geweigert werde, er solle seine Verschreibung halten, wie es seine Pflicht sey, und wenn er etwa sagen wolle, er sey nicht verständig genug gewesen, so möge er sich hüten, daß man ihn nicht wie den Grafen Christoph (v. Dietz) an einen Ort setze, wo er verständig würde. Hierauf meinte dann A. Hermann endlich, daß, wenn es nicht anders seyn könne, er seine Vettern zu Marburg zu Recht vernehmen wolle.

A. Hermann ließ nun auch wirklich seine Klage bei dem Reichs=Kammer=Gerichte fallen und es wurde ein Vergleichstag nach Marburg angesetzt. Mit welchem Widerwillen er sich aber diesem fügte, sieht man daraus, daß er den Abt von Fulda zu einem Schreiben an den Landgrafen

veranlaßte, worin derselbe verlangte, daß die Dörfer Stock=
hausen und Landenhausen, das Gericht Schlechtenwegen ꝛc.,
weil dieselben fuldisches Lehn seyen, und das Stift die hohen
Regalien daselbst habe, aus den Vergleichsunterhandlungen
ausgeschlossen würden (5. April 1573).

Die Verhandlungen begannen am 22. Juni und am 26. Juni
1573 wurde ein Vergleich unterzeichnet. Hiernach sollte der
Vertrag von 1569 in seiner Kraft bleiben und nur auf
folgende Weise erläutert werden. Wenn einer der 3 Stämme
aussterbe, so sollten die etwa vorhandenen weiblichen Erben
von der Erbschaft der liegenden Güter ausgeschlossen seyn,
und diese den übrigen Stämmen zufallen. Wenn dieses sich
mit A. Hermann's Stamm ereigne, so sollten dessen
Allodialerben 35000 Thlr., seine Wittwe zum Wittwensitz
die Hermannsburg, zu ihrer und ihrer Tochter Unterhal=
tung, so lange diese unverehlicht bleibe, Stockhausen, Schadges,
Schlechtenwegen, der Hof zu Rüblos (Rudolfes) und jährlich
1000 fl. erhalten. Eheliche die Tochter noch bei der Mutter
Leben, so sollten die beiden übrigen Stämme jener ein Hei=
rathsgut verabreichen, das Hermann noch bei seinem Leben
bestimmen möge, das jedoch die Summe von 20000 fl.
nicht übersteigen sollte; dagegen sollten dann aber 5 pCt.
der Mitgiftssumme jährlich von den 1000 fl. Renten abge=
zogen werden. Sobald das Witthum aufhöre und die übri=
gen Stämme zu den Gütern gelangten, sollten der Tochter
35,000 fl. gezahlt und das vergütet werden, was ihr Va=
ter seit 1569 beweislich angekauft oder verbaut habe. Im
Falle die Tochter aber unverehelicht sterbe, sollten ihre nächste

Erben an ihre Stelle treten. — Im Falle ein anderer Stamm im Mannsstamme erlösche, sollten die Töchter, wenn noch keine neuen Gebäude erbaut worden, 20,000 fl. und die Vergütung aller Ankäufe und Neubauten erhalten. — Da sie noch in ungetheilter Gütergemeinschaft säßen, sollte baldmöglichst eine Theilung getroffen werden, und darin Ad. Hermann Stockhausen, ausgenommen die Gerichtsbarkeit, zum Voraus versichert seyn; er sollte ferner bei der daselbst erkauften Schenkstätte bleiben und seine Vettern die von ihnen daselbst erkauften Güter ihm vertauschen :c.

Nachdem Ad. Hermann am 15. Juli 1582 gestorben, wurde am 5. Okt. d. J. zu Alsfeld mit seiner Wittwe und Tochter ein Vergleich getroffen, und durch einen andern vom 1. Okt. 1584 mehrere sich erhobene Anstände beseitigt.

Alle diese Unannehmlichkeiten hatten die Nothwendigkeit gezeigt, die Verhältnisse der Familie für die Zukunft zu sichern. Man trat zu diesem Zwecke 1586 zu Eisenbach zusammen und brachte am 12. Aug. einen allgemeinen Familien-Vertrag zu Stande. Hierdurch wurden sämmtliche riedeselischen Besitzungen für ein Familien-Fideicommiß erklärt und die seither bei der Familie wie überhaupt beim hessischen Adel althergebrachte Gewohnheit, die Töchter abzufinden, bestätigt. Wenn einer ohne Söhne sterbe und nur Töchter hinterlasse, so sollten diese in dem Verhältniß abgefunden werden, daß 10,000 fl. auf ein Viertheil des ganzen Güterbesitzes gegeben werden sollten. Keiner sollte seine Güter einem höhern Standes verpfänden und nie höher mit Schulden beschweren, als im Verhältniß eines Viertheils der Güter zu

10,000 fl. Da zu viele und zerstreut liegende Schlösser gewöhnlich zum Nachtheile gereichten, so sollten außer den vorhandenen keine neuen angelegt werden. Auch wollten sie einen gemeinschaftlichen Briefkasten halten, um die Familien-Urkunden darin aufzubewahren [26]).

Im Jahre 1583 errichteten die Riedesel eine Polizei-Ordnung, gaben 1585 auch dem Spital zu Lauterbach eine neue Ordnung, und versahen das dasige Siechenhaus mit Legaten.

Im Jahre 1589 klagte Burghard Hermann Trott zu Bellers gegen die Riedesel auf die Wiedereinlösung des denselben versetzten Theils an Ersrode ꝛc. Am 22. Sept. 1602 sprach das Hofgericht zu Marburg die Riedesel von der Klage hinsichtlich des Kirchenlehns und der Wälder frei, wegen des Dorfes aber und der Wüstung Malkmes sollte weiter verhandelt werden. Die Riedesel appellirten hierauf nach Speier.

Als mit Konrad Winold dessen Geschlecht erlosch, wurden 1601 die Riedesel mit dessen fuldischen Lehen, namentlich einem Burggut zu Lauterbach, belehnt.

Die Bedrückungen, welche im Anfange des 17. Jahrhunderts die Protestanten im Fuldischen zu erdulden hatten, brachte viele zur Auswanderung, wovon mehrere sich 1604 in Lauterbach niederließen.

Die Riedesel hatten bis jetzt ⅚ Theile des Gerichts Oberohmen, das übrige ⅙ stand den Schenken zu Schweinsberg und den v. Dörnberg zu. Nachdem schon 1590 die Grafen v. Solms bei dem Hofgerichte zu Marburg auf die

Zurückstellung des ihnen jure domini zustehenden Gerichts geklagt, aber durch Bescheid vom 8. Juni 1607 abgewiesen worden, nahmen auch die Schenke und die v. Dörnberg ein Einlösungsrecht in Bezug auf die übrigen ⅚ in Anspruch und klagten hierauf 1605, auf einen denselben günstigen Bescheid vom 8. Juni 1607 appellirten aber die Riedesel nach Speier. Die weite Aussicht auf die Entscheidung dieses Streites brachte endlich am 20. Dez. 1612 einen Vergleich zu Stande, durch welchen den Riedeseln auch noch das übrige ⅙ für 8800 fl. überlassen wurde. Jene ⅚ waren allod, das übrige aber ehemals königsteinisches, dann eppensteinisches und jetzt mainzisches Mannlehen. Nachdem hiernächst am 28. April 1614 der erzbischöfliche Konsens zu jener Veräusserung erfolgt war, trugen die Riedesel das ganze Gericht als Kunkellehen an das Erzstift auf und wurden am 26. Nov. 1614 damit belehnt.

Auch die Riedesel und ihre Besitzungen fühlten den Druck des 30jährigen Krieges in ganzer Schwere. Von 1628—1638 betrug die Summe der gezahlten Kriegskontributionen 230,000 fl. Seit 1641 trieb die Garnison von Amöneburg von neuem Kontributionen ein, bis 1643 Lauterbach von den Hessen besetzt wurde.

Im Jahre 1680 wurden die Riedesel vom Kaiser Leopold in den Freiherrenstand erhoben und nannten sich seitdem: R. Freiherren zu Eisenbach. Seit 1526 hatten sie sich R. zu Eisenbach genannt.

Ein Viertel des Gerichts Freiensteinau besaß die Familie der v. Mörla gen. Böheim zu Urzel. Als dieselbe 1638 erlosch, erhielt dasselbe Joh. Adolph Metternich. Um jedoch die mancherlei Streitigkeiten, welche sich mit den Riedeseln erhoben hatten, zu beseitigen, verkauften dessen Nachkommen es diesen im Jahr 1715.

Was noch sonst zu bemerken ist, findet sich den folgenden Abschnitten einverleibt, auf die, zur Ersparung von Wiederholungen, deshalb verwiesen wird.

Der Streit mit Fulda, vorzüglich über Lauterbach.

Aus keinem Verhältnisse sind von jeher so viele Streitigkeiten entsprungen, als aus dem Besitze gemengter Güter. Die Grenzen der gegenseitigen Gerechtsame sind selten so genau bezeichnet, daß nicht Zweifel entstehen könnten, und wo diese noch fehlen, da erweckt sie nur zu gern die Neigung des Menschen, seine Rechte wo möglich bis zu den äußersten Grenzen auszudehnen. In frühern Zeiten hatte man eine Weise solche Streitigkeiten zu beseitigen, die nur die entgegengesetzte Wirkung haben konnte; man suchte nämlich den Streit durch Uebereinkünfte auf eine gewisse Reihe von Jahren zu verschieben, und wich vor einem entscheidenden Eingehen auf den Grund der Streitsache gleich wie vor einem Gespenste zurück. Natürlich wurden durch solches Verschieben die streitigen Fragen nur noch verworrener und dunkler und häuften sich mehr und mehr zu einem gordischen Knoten. Wenn dann endlich die Nothwendigkeit zur Lösung desselben drang, so war des Streitens und Haderns kein Ende, denn Niemand vermochte die durch Jahre langes Hin=

ziehen verdunkelte Sache klar und hell zu durchschauen. Ich
habe bereits oben von solchen Vereinbarungen hinsichtlich der
Gerichte Salzschlirf und Freiensteinau erzählt. In beiden
Gerichten waren sowohl Fulda als die Riedesel begütert,
aber beide kannten die Grenzen ihrer Berechtigungen nicht
und hatten dieselben durch mehrmalige gegenseitige Verpfän=
dungen noch in größere Verwirrung gebracht.

Im Anfange des 16. Jahrhunderts kam man endlich
über Salzschlirf zum Streite; die hessische Regentschaft nahm
sich desselben an und vermittelte im Jahre 1511 einen Scheid.
Hiernach sollte der fuldische Schultheiß den Gerichtsstab füh=
ren und der riedesel'sche Schultheiß hinter dem Gerichte ste=
hen bleiben. Zu dem Halsgerichte sollte nur allein Fulda
berechtigt seyn, den Riedeseln aber der ihnen gebührende
Theil der Buße zukommen. Dem Weisthume gemäß, das
die Schöpfen jährlich an den drei ungebotenen Dingen ge=
ben sollten, würde an Fulda Wasser und Weide, und an
die Riedesel die Fischerei getheilt. Ueber die Jagden soll=
ten Schiedsrichter sprechen und die Schöpfen, welche von
Fulda mit Gefängniß bestrickt worden waren, frei und ledig
seyn. Man legte aber auch in diesem Scheide schon wieder
den Saamen zu neuem Zwiste, indem man den Riedeseln
den Schutz gegen fuldische Beeinträchtigungen der Untertha=
nen, gleichwie Fulda denselben gegen Beeinträchtigungen der
Riedeseln auferlegte.

Doch dieser Vergleich war ohnedem nur gleichsam ein
Waffenstillstand, und der Zwist erstand bald wieder von
Neuem und dehnte sich nun über die sämmtlichen riedeselschen

Besitzungen aus, welche längst der fuldischen Grenze hin
lagen. Man machte die Sache bei dem Reichskammerge=
richte anhängig, und stritt hier, bis Landgraf Philipp von
Hessen sich der Sache annahm und die Parteien nach Hers=
feld entbot. Hier kam man am 21. Nov. 1533 überein,
die Sache bei der landgräflichen Kanzlei zu verhandeln, und
nach dem Schlusse der Akten das Urtheil durch zwei hessische
und zwei pfälzische Räthe fällen zu lassen; im Falle aber
diese sich nicht einigen könnten, die Universität Ingolstadt
um die Entscheidung anzugehen. Bis dahin sollte der ge=
genwärtige Besitzstand beibehalten und der Zins der streiti=
gen Rodäcker zu Blankenau und Weidenau sequestrirt werden.

Um einen Ueberblick der streitigen Punkte geben zu
können, halte ich es für das Zweckmäßigste, einen Auszug
der gegenseitigen Klagen, welche 1534 eingereicht wurden,
und welche die Grundlage des Prozesses bildeten, aufzu=
führen.

Der Abt von Fulda klagte, daß die Riedesel sich ge=
waltsam die Gerichtsbarkeit zu Freiensteinau anmaßten, un=
geachtet er durch den Pfandbesitz von Theodor Riedesels
Theil dieselbe ganz besitze. Im Jahre 1530 hätten die
Riedesel die Leiche eines Selbstmörders zu Freiensteinau bei
nächtlicher Zeit mit gewaffneter Hand fortgeführt und ver=
brannt, und während des Streites am Reichskammergericht
einen Galgen daselbst errichtet, sowie die Zahlung der Vieh=
bete, der Steuer und der Türkensteuer an den Abt verboten,
auch zögen sie die Unterthanen zu Freiensteinau nach Eisen=

bach zur Buße, obgleich sie kein anderes Gebot und Verbot über dieselben besäßen, als sie zum Gericht zu fordern.

Zu Salzschlirf hätten sie ebenfalls die Steuerzahlung an den Abt untersagt und sie selbst die Türkensteuer erhoben.

Zu Weidenau und Guntzenau hätten sie 1520 eines Morgens durch ihren Schultheißen zu Freiensteinau, ungeachtet der damaligen Noth und Theurung, die Früchte vernichten und das Vieh wegführen lassen.

Das Fulda zuständige Langenhain sey zu Gericht und Kirche nach Herbstein gegangen, seit dem Bauernaufruhr aber wäre dasselbe durch die Riedesel nach Engelrod genöthigt worden. Auch hätten sie zu Langenhain eine Schenke und in der Mark Herbstein einen Galgen errichtet.

Obgleich Fulda sich zu Lauterbach die Landbete, Bete und Steuer vorbehalten habe, so hätten sie dennoch die Erhebung der Türkensteuer verhindert. Gegen das alte Herkommen der Stadt hätten sie in die Dörfer der Cent Weinwirthe, Weißbäcker und Metzger gesetzt, und die Stadt in ihrer Schweinehute und in dem Gebrauch ihrer Waldungen verhindert ɛc.

Zu Salzschlirf, wo Fulda jährlich in den drei Gerichten die Gerichtsbarkeit zugewiesen wurde, hätten die Riedesel vor 2 Jahren die Huldiguug erzwungen und Zinsen eingezogen, welche zum Theil den fuldischen Klöstern gehörten, sowie die Salzschlirfer zum Gericht nach Eisenbach genöthigt. Auch wäre von ihnen das zu diesem Gerichte gehörende Dorf Wachenhausen vor 18 Jahren in Besitz genommen und ausgeliehen worden.

Dem Pfarrer zu Herbstein hätten sie seine Zehnten zu Herbstein, Landenhausen und Albers entzogen.

Dieses sind die Hauptpunkte der Klage des Abtes. Aber auch die fuldischen Probsteien erschienen mit Klagen. Neuenberg klagte, daß die Riedesel es aus seinen Rechten im Gericht Schlechtenwegen verdrängt, ihm die 2 jährlich daselbst zuhaltenden Baudinge niedergelegt, seinen Schultheißen vom Landgericht vertrieben und im Bauernaufruhre seine Antheile am Dorfe Fleschenbach und der Vogtei Reuters entzogen hätten. Blankenau, daß im Bauernaufruhr ihm durch die Riedesel seine Besitzungen, namentlich im Gerichte Stockhausen, genommen und 1526 der Hafer weggeführt worden wäre. Sowie St. Petersberg, daß die R. es aus dem Dorfe Hauswurz vertrieben und Pfarre und Weinschank an sich gerissen hätten. Auch die v. Fischborn und der Pfarrer zu Herbstein kamen mit Klagen gegen die R. ein.

Die Riedesel klagten dagegen Fulda an, wegen Eingriffe in ihre Gerichtsbarkeit zu Freiensteinau; der Abt habe daselbst nur das Huben- oder Abtsgericht, welches sich nicht weiter, als über die fuldischen Hufen und Zinsen erstrecke; dessen ungeachtet habe derselbe 1526 Kuhgeld und Landsteuer von Freiensteinau verlangt, und maße sich ebenso das zu diesem Gerichte gehörende Dorf Weidenau an. Auch hätten die Fuldischen zu Radmühl einen Theil der Freiensteinauer Almende (des Gemeindeguts) an sich gezogen und der Abt lasse sich davon Zinsen zahlen. Ferner maße sich der Abt das zu diesem Gerichte gehörende Dorf Weidenau, sowie die Gerichtsbarkeit über die Wüstungen Henneberg und Wa=

chenhausen (im Gericht Salzschlirf) an, ungeachtet sie beide als ehemals ziegenhainische und jetzt hessische Lehen besäßen und habe ihnen ihre Hälfte am Dorfe Hainzell entzogen, gleichwie der Probst von Neuenberg das Dorf Fleschenbach. Obgleich sie von Fulda die Gerichte Stockhausen und Schlechtenwegen mit hoher und niederer Obrigkeit zu Lehen empfingen, hätte der Abt dennoch im Jahre 1552 die im erstern Gerichte bei Rixfeld, und im letztern bei Blankenau errichteten Hochgerichte, bei Nacht niederwerfen lassen. Endlich klagten sie, daß 1533 am 1. Aug. fuldische Diener zu Roß und zu Fuß den Salzschlirfern die auf den riedeselschen Ländern gehabten Früchte verwüstet hätten.

Die Stadt Lauterbach, die schon 1531 den Riedeseln die Huldigung verweigert hatte, erneuerte bei dem Abte von Fulda immer dringender ihre Klagen über Beeinträchtigungen, welche sie durch jene erleiden müßte. Der Abt veranlaßte zwar 1536 deshalb eine Zusammenkunft zu Fulda, wozu er auch Hessen und Mainz, als Pfandherren, eingeladen wurden, aber dieselbe blieb ohne Folgen und die Lauterbacher nach wie vor in ihrer bedrängten Lage.

Eine neue Klage brachte der fuldische Pfarrer zu Freiensteinau. Als derselbe 1537 in Gesellschaft seiner Köchin von einer Kindtaufe zu Hauswurz heimkehrte, wurde er von dem riedeselschen Schultheißen mit den Worten überfallen: "Stehe, du verlaufener Bösewicht, daß dich Gotts Wunden und Marter schände," und so schrecklich mißhandelt, daß er halb todt liegen blieb. Nachdem ihn der herbeigeholte Barbier im Hause des fuldischen Schultheißen gebadet hatte und ein Mann ihn nach Hause tragen sollte, kehrte der Zornige nochmals mit einem Schweinsspieße zurück und zwang den Träger, seine Bürde nieder zu legen, die nun der Barbier aufnahm und nach Hause trug, wo er den armen Pfaffen heftete und verband.

Die stets fortdauernden Reibereien und die stets erneuten Klagen der Stadt Lauterbach, die eine ihrer Freiheiten nach der andern schwinden und ihre schönen Waldungen verkohlen sah, brachten endlich den Abt zu dem Entschlusse, die Pfandschaft auf Lauterbach zu kündigen. Am 17. Okt. 1547 erfolgte diese Kündigung bei Hessen und Mainz. Letzteres empfing am 22. Dez. 1547 seinen Pfandschilling mit 2300 fl., den es aber später wieder zurückstellte. Obgleich ein kaiserlicher Befehl vom 4. Febr. d. J. dem Landgrafen gebot, sich der Ablösung nicht zu widersetzen, so verweigerten dennoch dessen Räthe, sich darauf einzulassen, weil ihr Herr sich damals in kaiserlicher Gefangenschaft befand. Der Abt hinterlegte deshalb den hessischen Pfandschilling von 2500 fl. beim Stadtrathe zu Gelnhausen, zog ihn aber nach kurzer Zeit wieder ein. Die Riedesel waren bei dieser Ablösung natürlich hoch betheiligt und widersetzten sich der Räumung Lauterbachs um so hartnäckiger, als Fulda (gestützt auf Rörich's v. Eisenbach Erklärung von 1419) auch die Cent und Vogtei nebst andern alteisenbachischen Gütern zur Pfandschaft ziehen wollte. Der Abt jedoch, der, den schleichenden Gang des Prozesses fürchtend, es für gerathener hielt, sich vorerst die Vortheile des Besitzes zu verschaffen, als sich auf eine weitaussehende rechtliche Entscheidung vertrösten zu lassen, sammelte seine Truppen und setzte sich am 19. März 1548 in den Besitz von Lauterbach und der Cent. So sahen sich die Riedesel genöthigt die Kläger zu werden, und klagten beim Reichskammergerichte, mit der Aussicht, im glücklichsten Falle nach einem Menschenalter eine Entscheidung zu erhalten; nur auf dieselbe Weise, wie sie Lauterbach verloren hatten, durften sie sich Hoffnung machen, dasselbe wieder zu gewinnen. Vier Jahre waren bereits verflossen, als sich ihnen eine günstige Gelegenheit hierzu zeigte.

Graf Christoph von Oldenburg kam im Mai des Jahres 1552 mit 11,000 Mann Truppen, welche er im Dienste des Kurfürsten Moritz von Sachsen nach Ungarn führte, die Fuldaer Straße gezogen. An diesen wendeten sich die Riedesel um Hülfe, und mit Freuden ergriff der Protestant die Gelegenheit, den ihm verhaßten Pfaffen zu drängen. Als er von Eisenach aus zu Geisa angelangt war, sandte er am 26. Mai einen Abgeordneten nach Fulda an den Abt, um wegen des Durchzugs sich mit demselben zu benehmen. Dieser forderte Geschütz, Munition, 20,000 Thlr. und Lauterbachs sofortige Zurückgabe an die Riedesel. Wegen des letztern Punkts erklärte zwar der Abt, daß Lauterbach seines Stiftes Eigenthum und früher den Riedeseln verpfändet worden sey, daß aber die harte Behandlung, welche dieselben den Unterthanen zugefügt, den Abt Johann, seinen Vorfahr, gezwungen habe, die Pfandschaft einzulösen. Die Riedesel hätten die Zurückgabe verweigert und beim Reichskammergerichte geklagt, und den Ausgang dieses Prozesses müsse man abwarten; auch habe der Statthalter zu Kassel Vergleichsunterhandlungen angeknüpft; — aber alle jene Gründe fanden kein Gehör. Das Heer rückte ungehindert in Fulda ein, besetzte alle öffentlichen Gebäude und während sich die geistlichen Herren gleichsam in Gefangenschaft befanden, erfreuten sich die Soldaten an deren herrlichen Weinen. Unter solchen Verhältnissen blieb dem Abte nichts anderes übrig, als nachzugeben. Er versprach den Riedeseln — von denen Volprecht in der Nähe war und die Sache eifrig betrieb — binnen zwei Tagen Lauterbach wieder einzuräumen, und dem Grafen 10,000 Thlr., ein Geschütz und Munition zu liefern. Als dieses alles geschehen war, stellte Graf Christoph eine Urkunde darüber aus und zog mit seinen unwillkommenen Gästen weiter [27].

Der Abt drang hierauf zwar beim kaiserlichen Hofgerichte zu Prag auf die Zurückgabe von Lauterbach, seine Bemühungen versprachen ihm aber so wenig Erfolg, daß er sich mit den Riedeseln in Unterhandlungen einließ und am 6. Mai 1553 einen Vergleich abschloß, den man als die Krone des Sieges der Riedesel betrachten kann. Der Abt versprach die Pfandschaft binnen den nächsten 30 Jahren nicht abzulösen, verstand sich zu 3000 fl. Kosten= und Schadensersatz, welche dem Pfandschillinge zugefügt wurden, und hob die hessisch=mainzische Pfandschaft auf, indem er sich zugleich zur sofortigen Ausfertigung eines neuen Pfandbriefs verbindlich machte, der unmittelbar auf die Riedesel lauten sollte. Die Riedesel entsagten dagegen allen ihren Ansprüchen an Fulda wegen der Entsetzung und willigten ein, daß zwei hessische und zwei fuldische Räthe über die Natur derjenigen Stücke entscheiden sollten, welche Fulda als Pfand, die Riedesel aber als hessische Lehen in Anspruch genommen hätten. Dieser Spruch erfolgte am 31. Aug. 1559 und schloß alle Güter, welche in den hessischen Lehnbriefen aufgeführt wurden, von der Pfandschaft aus. Fulda appellirte hiergegen nach Speier, und das Reichskammergericht reformirte das Urtheil wegen des mangelnden Konsenses des Kapitels in Bezug auf jenen Vertrag. Der Streit begann sonach von Neuem.

Der bei der hessischen Kanzlei anhängig gemachte Prozeß hatte, mächtige Aktenstöße aufbauend, noch immer nicht sein Ende erreicht, als Fulda und die Riedesel 1564 wegen des Zinses der streitigen Rodäcker eine Vereinbarung trafen, und Fulda eine Klage wegen neuer Thätlichkeiten am Reichskammergerichte anhängig machte. Einer der streitigen Punkte betraf die Kirche in Freiensteinau, wo die Wahl des Glöckners auf eine eigenthümliche Weise bewerkstelligt wurde.

Alljährlich auf Petri Stuhlfeier legte der Glöckner den Kirchenschlüssel auf den Taufstein und indem er sich gegen die Einwohner für den übertragenen Dienst bedankte, bat er dieselben ihn wieder zu erwählen, sofern er wohl gedient habe. Während nun der fuldische Schultheiß den Schlüssel zu sich nahm, traten die Einwohner zur Berathung und neuen Wahl zusammen. War die letztere erfolgt, so zeigten sie dieselbe dem riedesel'schen Schultheißen an, und hatte dieser nichts dagegen einzuwenden, so begaben sie sich zu dem fuldischen Schultheißen und holten den Schlüssel wieder ab.

Bei der letzten Wahl im Jahre 1574 hatte der fuldische Schultheis den Schlüssel mit nach Fulda genommen, und bei seiner Rückkehr am 26. Febr., ungeachtet der alte Glöckner wieder gewählt worden war, einen neuen eingesetzt, die Kirchhofsthüren sowie den Kirchenkasten erbrochen und aus diesem 4 Kelche entwendet. Die Riedesel, die in Freiensteinau die Reformation eingeführt hatten und die fuldischen Patronatrechte nicht mehr anerkannten, hatten den fuldischen Schultheißen aber sogleich verfolgt und einen seiner Begleiter, den sie gefangen genommen, nebst einigen andern fuldischen Dienern, die in ihre Hände fielen, in den Thurm gesteckt.

Dieser Kirchenstreit dauerte lange Jahre. Während die Riedesel die Kirche mit einem protestantischen Geistlichen besetzt hatten, suchte Fulda sein altes Patronatrecht durch Eindrängen eines katholischen Priesters aufrecht zu erhalten. Als Fulda dieses 1605 wieder versuchte, fingen die Riedesel am 26. Jan. den Geistlichen, führten ihn nach Eisenbach und entließen ihn am folgenden Tage, nachdem er eine Urfehde geschworen hatte. Und als der Abt ein großes Schloß an die Kirchthüre schlagen ließ, wurde es durch die Riedesel wieder abgerissen. Auf Pfingsten erschien hierauf ein pfälzischer Gesandter und schlug das pfälzische Wappen an und verfügte sich nach Fulda, um dort die Lehnrechte seines Herrn zu verwahren. Auch machte Fulda im Jahre 1606 den vergeblichen Versuch, die Erbhuldigung in Freiensteinau zu erlangen.

Der Streit bei dem Reichskammergerichte zu Speier hin=

sichtlich der hohen Obrigkeit über Freiensteinau wurde endlich zu Gunsten der Riedesel in possessorio entschieden, indem nur das Abtsgericht dem Abte von Fulda zugesprochen wurde. Dem Abte war zwar noch das petitorium vorbehalten, eine Entscheidung in demselben aber eben so weit aussehend, als zweifelhaft, und hinsichtlich des ersten Urtheils bereits die Exekution erkannt. In der lauterbach'schen Sache, nämlich der Scheidung der Lehn- und Pfandgüter, hatte man dagegen noch kein Resultat erlangt. Während der Abt sich auf Rörich's v. Eisenbach Verkauf stützte, behaupteten die Riedesel, und das mit Recht, daß derselbe nie zur Ausführung gekommen und ohnedem ungültig gewesen, weil er ohne Genehmigung der Lehnsherrn geschehen sey. Der lauterbach'sche Pfandschilling betrug 16,000 fl., auch verlangten die Riedesel 13,000 fl. für erlittene Kriegsschäden. Man war des Haders müde geworden, denn die frühere Leidenschaftlichkeit hatte der Wechsel der Geschlechter abgekühlt. So knüpfte man endlich, mit dem ernsten Willen die Streitigkeiten beizulegen, Unterhandlungen an, und am 30. August 1684 wurde ein Vergleich zu Fulda von beiden Theilen unterzeichnet.

Fulda verzichtete in diesem Vergleiche nicht nur auf Freiensteinau, sondern auch auf seine Pfandschaftsrechte an Lauterbach, indem es dasselbe den Riedeseln zu Lehen gab und die von denselben auf Lauterbach angesprochene Reichsunmittelbarkeit förmlich anerkannte. Dagegen traten die Riedesel die Dörfer Hauswurz, Rebsdorf und Neustädel, welche seither in das Gericht Freiensteinau gehörten, an

Fulda ab, verzichteten auf Salzschlirf und zahlten 3000 Thaler.

Jetzt erst kehrte die auch freilich schon durch die veränderten Zeitverhältnisse bedingte Ruhe wieder ein.

Streit mit Hessen über die Reichsunmittelbarkeit.

Sowohl die Cent Lauterbach, als die Burg Eisenbach waren, wie man oben gesehen hat, hessisches Lehen. Anfänglich nur in Beziehung auf diese, später aber auch auf das von der Abtei Hersfeld zu Lehen gehende Gericht Engelrod, und nachdem die Lehnsherrlichkeit über das Gericht Oberohmen auf Hessen gekommen, auch auf dieses, nahmen die Riedesel gegen Hessen die Reichsunmittelbarkeit in Anspruch, weil diese Gerichte innerhalb der Grenzen des Bezirks der fränkischen Reichsritterschaft gelegen seyen. Die ersten Spuren eines solchen Anspruchs hinsichtlich Eisenbachs habe ich im Jahr 1559 gefunden[28]). Die Riedesel weigerten sich damals, die von den hessischen Landständen bewilligte Tranksteuer, welche von ihnen im Betrage von 300 fl. von ihren Schenkstätten zu Eisenbach gefordert wurde, als Pflicht zu geben und wollten in der Quittung über die Zahlung derselben ausdrücklich bemerkt haben, daß dieses nur aus freiem Willen von ihnen geschehen sey. Der zweite Fall findet sich 1573, als Adolph Hermann Riedesel beim Reichskammergerichte eine Klage gegen seine Vettern anhängig machte. Doch erst 80 Jahre später brachte ihr Anspruch auf Reichsunmittelbarkeit einen ernstlichen Bruch mit Hessen zu Wege. Die Regierung zu Gießen hatte bereits Johann d. ä. zur Erbhuldigung genöthigt, als Johann d. j. und Volprecht sich noch weigerten, diese zu leisten, und ihnen ein Befehl vom 1. Dez. 1654 dieselbe bei 500 fl. Strafe auferlegte. Ueber diesen Befehl erhoben sie gegen Hessen-Darmstadt Klage beim Reichskammergericht zu Speier, welches hierauf am 23. März 1655 ein Mandat erließ. So begann der Streit, der sich im langsamen Schneckengange über ein halbes Jahrhundert hinzog. Neu belebt wurde derselbe im Anfange des 18. Jahrhunderts. Als Hessen 1702 in den Gerichten Lauterbach, Oberohmen und Engelrod Oberhoheitsrechte geltend machte, klagten die Riedesel beim Reichskammergericht zu Wetzlar, wohin das zu Speier inzwischen verlegt worden war, über Einforderung der Huldigung, über die Aushebung von 125 Mann Soldaten und die Erhebung einer monatlichen Kontribution, welche sie seit undenklichen Zeiten durch ihren Centgrafen berechnen, und einen, auf einen gewissen Fuß regulirten, Theil an Hessen geliefert hätten, worauf am 17. März 1702 ein Mandat an die Landgrafen erfolgte. Nun verstrichen wiederum 10 Jahre, als der Prozeß 1711 seinen höchsten Schwung erreichte.

Am 10. April 1711 hatte der oberrheinische Kreis einen Beschluß zur Vertreibung der Zigeuner erlassen: wo Zigeuner im Kreise gefunden würden, sollten sie mit Ruthen gepeitscht, mit einem Galgen auf den Rücken gebrannt und dann aus dem Kreise vertrieben werden. Zur Warnung sollten deshalb an allen Orten Stöcke errichtet und Bleche daran geheftet werden, auf denen sich ein solcher Unglücklicher, wie er gepeitscht und gebrannt würde, abgebildet finde mit der Unterschrift: Zigeunerstrafe. Als den Riedeseln von Gießen aus eine Anzahl solcher Bleche zugeschickt wurde, um sie in den Gerichten Engelrod, Oberohmen und Lauterbach anzuheften, schickten sie dieselben der Regierung zu Gießen mit feierlicher Protestation durch einen Notar zurück und errichteten eigene Stöcke. In Folge dieses rückten am 21. April 1712 der Amtmann von Alsfeld, in Begleitung eines Notars und unter Bedeckung einer Kompagnie des landgräflichen Leibregiments zu Pferde, mit einem Wagen voll Stöcke und Bleche, in die genannten Gerichte, und zwar mit dem Befehle ein, jeden der Miene mache zu protestiren, wenn es auch selbst ein Riedesel sey, zu verhaften. Alle riedeselischen Stöcke und Bleche wurden vernichtet und an deren Stelle landgräfliche gesetzt. Auch drei riedeselische Beamte, zwei Schultheißen und der lauterbacher Stadtschreiber, welcher letzterer gegen einen Unterofficier von Protestiren gesprochen, wurden verhaftet und mit nach Gießen geführt. Während der Stadtschreiber und der Schultheiß von Angersbach um Gnade baten, bestand dagegen der Schultheiß von Wallenrod muthig auf seiner Protestation und wurde wegen seiner Hartnäckigkeit um 25 Thlr. gestraft. Erst am 9. Mai, nachdem sie versprochen, sich nie wieder zum Protestiren brauchen zu lassen, wurden sie von Gießen wieder entlassen.

Für so wichtig wurde diese Sache geachtet, daß Hessen-Darmstadt sich nicht allein mit Hessen-Kassel, sondern auch mit den erbverbrüderten Häusern Sachsen und Brandenburg in einen Schriftwechsel setzte.

Die Folge jenes Kraftmittels war eine neue Klage und ein neues Mandat, das am 12. Jan. 1712 erging. Doch die wichtigste Folge war, daß man von beiden Seiten endlich einsah, daß solche Mittel zu keinem Ziele führen könnten und zu einer gütlichen Ausgleichung geneigter wurde. Man knüpfte Unterhandlungen an, welche endlich einen Vergleich zu Stande brachte, der am 4. März 1713 zu Darmstadt unterzeichnet wurde. Hierdurch wurde die hessische Oberhoheit über jene Gerichte und die Häuser Eisenbach und Sikkendorf von den Riedeseln anerkannt; sie versprachen die Erbhuldigung und das Erscheinen bei den Landtagen; Appellationen sollten von dem riedeselischen Amtmann an die Riedesel, und von da an die landgräflichen Gerichte gehen; das Besteuerungsrecht sollte dem Landgrafen, die Erhebung der Steuern aber den Riedeseln bleiben 2c. Alle übrigen geistlichen und weltlichen Rechte, namentlich die ersteren in ihrem ganzen Umfange, wurden dagegen den Riedeseln durch den Landgrafen bestätigt. Durch diesen Vergleich verloren sie zwar hinsichtlich jener Gerichte ihre Reichsunmittelbarkeit, standen aber immer noch durch die ihnen gelassenen Rechte weit über dem gewöhnlichen landsässigen Adel und den Reichsrittern viel näher als diesem.

Die Besitzungen der Riedesel, Freiherren zu Eisenbach.

1) **Das Erbmarschall-Amt.** Ueber das Wirken der hessischen Erbmarschälle fehlen uns bis zum Anfang des 15. Jahrhunderts alle Nachrichten. Erst im riedeselischen Besitze begann das Amt sich allmählig zu seiner spätern Bedeutung auszubilden und einen allgemeinern politischen Charakter anzunehmen. Der Erbmarschall wurde das Haupt der Ritterschaft und erhielt bei den Manngerichten, häufig auch bei den Austrägalgerichten den Vorsitz, d. h. er wurde Obmann, entweder durch lehnsherrliche Bestimmung oder durch Wahl. In Folge dieser Verhältnisse kam er im 16. Jahrhunderte zu dem Vorsitze bei den hessischen Landtagen und erhielt die Leitung aller landschaftlichen Angelegenheiten, sowohl bei den allgemeinen und Partikular-Landtagen, als auch bei andern landschaftlichen Zusammenkünften, ja sogar die Original-Landschafts-Akten kamen in seine Hände und wurden von ihm in Lauterbach verwahrt. So war es bis beide Hessen neue Verfassungen erhielten, mit denen jene erbliche Präsidentschaft nicht fortbestehen konnte, und die riedeselische Familie gegen Ertheilung der standesherrlichen Rechte darauf Verzicht leistete.

Ich füge hier noch ein Verzeichniß der hessischen Erbmarschälle an. Die ersten hessischen Marschälle Gottfried v. Rodenstein (1255—1265), Rupert v. Nuhne (1271 † vor 1285) und Heinrich v. Romrod (1296—1298), hatten ihr Amt noch nicht erblich, und erst Heinrich v. Eisenbach

erhielt daſſelbe für ſich und ſeine Nachkommen. Ich beginne
deshalb auch mit dieſem die Reihe:

1) Heinrich I. v. Eiſenbach 1342—1350.
2) Johann II. v. E., † c. 1363.
3) Rörich I. v. E., † 1395.
4) Rörich II. v. E., † 1428.
5) Eckhard v. Röhrenfurt 1418 † 1432.
6) Hermann I. Riedeſel 1429 † 1463.
7) Hermann II. R., † 1501.
8) Hermann III. R., † 1529.
9) Theodor R., † 1531.
10) Johann II. R., † 1550.
11) Volpert R., † 1563.
12) Adolph Hermann R. zu Stockhauſen und Hermanns=
burg, † 1582.
13) Georg R., † 1589.
14) Johann III. R. zu Hermannsburg, † 1609.
15) Volpert R. zu Hermannsburg, † 1610.
16) Volpert R., der Mittlere zu Ludwigseck, † 1632.
17) Georg R. zu Hermannsburg, † 1640.
18) Kurt R. zu Ludwigseck, † 1665.
19) Johann R. zu Altenburg, † 1676.
20) Johann R. zu Lauterbach, † 1691.
21) Volpert R. zu Ludwigseck, † 1698.
22) Hermann Adolph R. zu Lauterbach, † 1707.
23) Georg R. zu Lauterbach, † 1724.
24) Joſt Volpert R. zu Ludwigseck, † 1733.
25) Adolph Hermann R. zu Sickendorf, † 1734.

26) Hermann R. zu Lauterbach, † 1745.
27) Hermann R. zu Altenburg, † 1751.
28) Friedrich Georg R. zu Ludwigseck, † 1755.
29) Georg Ludwig R. zu Altenburg, † 1800.
30) Joh. Konrad R. zu Lauterbach, † 1812.
31) Karl Georg R. zu Lauterbach, † 1820.
32) Ludwig R. zu Ludwigseck, † 1825.
33) August R. zu Lauterbach.

2) Die Besitzungen im Großherzogthume Hessen. a) Die riedeselischen Besitzungen im Großherzogthume Hessen liegen beinahe sämmtlich am Vogelsberge und zählen 1 Stadt, 50 Dörfer und (im J. 1834) 18,800 Bewohner, und bestehen nach der frühern Gerichtseintheilung aus 1) dem Schlosse Eisenbach, 2) der Stadt Lauterbach (mit der Vorstadt Wörth 3400 E.); 3) der Cent Lauterbach und der Vorstadt Wörth; 4) dem Gericht Stock- und Landenhausen; 5) dem Gericht Moos; 6) dem Gericht Freiensteinau; 7) dem Gericht Schlechtenwegen oder Altenschlirf; 8) dem Gericht Engelrod, mit dem Gericht Hopfmannsfeld verschmolzen, und 9) dem Gericht Oberohmen, die mit Ausnahme des letzten, welches durch die Gerichte Bobenhausen und Felda von den übrigen getrennt wird, ein geschlossenes Ganzes bilden. Jedem dieser Gerichtsbezirke, von denen jedoch außer den bezeichneten auch noch Moos mit Freiensteinau, und 1790 Altenschlirf mit Stockhausen und Landenhausen vereinigt wurden, stand ein Schultheiß vor, wovon der zu Lauterbach den Namen Centgraf (eigentlich

Stadtschultheiß) führte und zugleich Kriminalrichter des ganzen Gebiets war. Diesen Beamten lag die Verwaltung der Justiz= und Polizeigewalt in erster Instanz, sowie die Erhebung der Gefälle ob, welche letztere sie an die Privatrechnungsführer der einzelnen freiherrlichen Häuser abzuliefern hatten. Die zweite Instanz bildete das Sammt= oder Oberamt zu Lauterbach, welches mit dem Centgrafen **concurrentem iurisdictionem** hatte, so daß es also dem Kläger frei stand, bei diesem oder jenem seine Klage anhängig zu machen. Die dritte Instanz für die Cent Lauterbach, sowie die Gerichte Engelrod und Oberohmen war nach dem Vertrage von 1713 das landgräfliche Oberappellationsgericht, für die Stadt Lauterbach und die übrigen unter fuldischer und pfälzischer Lehnshoheit stehenden Gerichte aber das Reichskammergericht. — Die Leitung des Kirchen= und Schulwesens stand unter einem eigenen Konsistorium, welches zu Lauterbach seinen Sitz hatte.

Diese Verfassung bestand mit unwesentlichen Abänderungen bis zum Jahre 1806, wo in Folge der Stiftung des Rheinbundes auch die riedeselischen Besitzungen mediatisirt wurden und die Benennung großherzogl. hess. freiherrlich riedeselische Patrimonial=Gerichte erhielten. Nachdem 1812 an die Stelle des Schultheißen ein Justiz=Amtmann getreten war, wurden kurz nachher sowohl das Sammt=Amt, als das Konsistorium aufgehoben, die Beamten vom Staate übernommen, und die Appellations=Instanz dem Hofgerichte in Gießen, die kirchlichen Angelegenheiten aber dem dortigen Kirchen= und Schulrathe überwiesen.

Diese Einrichtung blieb bis 1822, wo im Großherzogthume die Verwaltung von der Rechtspflege getrennt, und das Land in Landraths= und Landgerichtsbezirke eingetheilt wurde. Bei dieser Organisation wurde das Gericht Freiensteinau mit Altenschlirf verbunden, die beiden Domanialorte Herbstein und Ilbeshausen widerruflich hinzu geschlagen, und daraus das Landgericht Altenschlirf, aus Lauterbach und Engelrod das Landgericht Lauterbach, und aus diesen beiden Landgerichten der Landrathsbezirk Lauterbach gebildet, das Gericht Oberohmen aber wegen seiner Entfernung zum Landgerichts= und Landrathsbezirke Grünberg geschlagen.

In Folge dieser Organisation konnte die seitherige Gefällerhebung nicht mehr fortdauern und es wurden deshalb zu diesem Zwecke eigene Erheber bestellt.

Erst durch einen allerhöchsten Beschluß vom 13. Juli 1827 wurden dem freiherrlich riedeselischen Hause mehrere Gerechtsame der Standesherren eingeräumt, worunter namentlich das Recht gehört, innerhalb ihrer Besitzungen die kirchlichen Angelegenheiten durch ein eigenes Konsistorium verwalten zu lassen. Diese Behörde trat im Frühjahr 1828 in's Leben und wurde aus dem zeitigen freiherrl. riedeselischen Konsulenten und Rath als Direktor, dem Landrath des Bezirkes, dem Dechanten und Oberpfarrer und dem riedeselischen Sammtsekretar zusammengesetzt. Eine andere standesherrliche Berechtigung ist die exekutive Beitreibung der Gefälle durch die eigene Renterei=Verwaltung.

b) Das Schloß Altenburg bei Alsfeld.

3) Im Kurfürstenthume Hessen besitzen die Riedesel das Schloß und Gericht Ludwigseck, über welche sie bis zur Auflösung des Kurfürstenthums im Jahre 1806 die Civil- und Kriminalgerichtsbarkeit (wovon ihnen die letztere durch O. A. G.-Bescheid vom 27. Jan. 1776 zugesprochen war) besaßen; ferner 2 Häuser zu Melsungen, das Dorf Röhrenfurt, und manche andere Güter und Gerechtsame, deren einzelne Aufführung ich jedoch unterlasse.

4) Im Großherzogthume Sachsen-Weimar das Schloß Neuenhof, dieses jedoch als ein Sondergut.

Diese sämmtlichen Güter mit Ausnahme Neuenhofs, bilden ein Familien-Fideikommiß, welches sich auf den Vertrag vom 26. Juni 1573 (S. 51) stützt.

Das Wappen. Das ursprüngliche Wappen der Riedesel zu Eisenbach ist mit dem der übrigen Stämme gleich, und besteht aus einem (bald rechts bald links blickenden) Eselskopfe, der einen Zweig mit 3 Blättern im Maule hält. Erst nach der Erhebung in den Freiherrnstand wurde das Wappen erweitert, und zeigt jetzt: ein in 4 Felder getheiltes Schild, 1 und 4 im goldnen Felde das altriedeselischen Wappenzeichen, 2 und 3 im rothen Felde 2 gekreuzte Speere, auf dem Kreuz des Schildes aber ein kleines Schild mit dem eisenbachischen Wappen, 3 Thürmen im schwarzen Felde. Die Schildzierden bestehen aus 2 Helmen, wovon der rechts gekrönt ist und die gekreuzten Speere trägt, der links aber zwei Flügel mit dem altriedeselischen Wappenzeichen hat.

Anmerkungen.

1) Hierzu fehlt jeder Beweis. Man hat die Riedesel mit der ungarischen Familie Zamaroczy, deutsch: Eselreit, in Verbindung setzen wollen; daß aber eine solche Namensähnlichkeit zu einer solchen Annahme höchstens nur neben andern Gründen als Beweis angesehen werden kann, brauche ich wohl nicht zu bemerken. — Auch die Sagen vom Ursprunge der Riedesel sind nichts weiter als etymologische Spielereien. — 2) Gudenus cod. dipl. II. 635. Die, welche die Genealogien früher nennen, sind nicht urkundlich. — 3) Nur in den Auszügen, welche Gerstenberger von dieser Chronik hinterlassen, ist sie uns bekannt. S. Kuchenbecker anal. hass. Collectio. III. — 4) Schannat Vindem. lit. II. 206. — 5) Wenck II. Urkbch. S. 316. — 6) Kopp's hess. Gerichts-Verfassg. I. S. 282. — 7) Nicht 1438, wie Kuchenbecker angibt. — 8) Die meines Wissens zuerst in v. Günderod's Schrift über Landgraf Ludwig den Friedsamen (Ffft. 1784) erzählte Geschichte der Liebe Hermann's zu Margarethen und der endlichen Besiegung des Widerwillens deren Vaters, verläugnet, meiner Ansicht nach, zu sehr den schlichten Charakter der Sage, als daß man sie nicht für eine spätere Erfindung halten sollte. — 9) Kuchenbecker's hess. Erbhofämter Beil. S. 42. — 10) So heißt es in dem hessischen Lehnbriefe: „das wir betrachtet vnd angesehin han getruwen vnd angenemen Dinst den vns Hermann Rietesel — gethain hait vnd her vnd sine erbin vns vnd vnsern erbin in künfftigen Tzyten noch thun soln vnd mugen vnd han ime gelehin vnd lyhen ime" 2c. Aehnlich sprechen die andern. — 11) Senckenbg. Selecta jur. et hist. V. 598 u. 603. — 12) Die Waldschmieden sind die alten Eisenwerke, wo der Eisenstein geschürft, und von dem Waldschmidt sogleich geschmolzen und bis zu Stäben verarbeitet wurde. — 13) Die erstere Urk. hat bei Schannat Client. fuld. Pr. 326 fälschlich die Jahrzahl 1401. — 14) Die Schrift dieses Steines ist beinahe ganz zerstört und der Stein selbst bei Abbrechung des Hochaltars und Erhöhung des Chores (unter Oberpfarrer Sartorius) zum Theil übermauert worden. Zufolge der Umschrift starb Hermann auf Sonntag nach Jakobi und wäre auf Mathaei (21. Sept.) begraben worden. Hinsichtlich des Todestags sagt, mit dem Grab-

stein übereinstimmend, eine gleichzeitige Notiz: „Anno dni. (M) CCCCLXIII obijt Hermanus Rydessel miles feria sexta post jacobi apl." — 15) Spangenberg's henneberg. Chr. S. 233. Schultes dipl. Gesch. des Hauses Henneberg S. 612. — 16) Die heff. u. thüring. Chr. Schannat Client. fuld. 312. et Cod. Prob. Client. fuld. 327. Den Vergleich gibt jedoch Schannat unvollständig. — 17) Schannat Hist. Fuld. Prob. 315. Ursinus in s. thüring. Chr. (ap. Menke Scrip. Rer. Germ. III p. 1339) sagt über die Ursache der Fehde von 1468: „Dieser kriegk entstundt umb „eynes wyllen, der hieß Er Herman von Rietthesel, der hatte be= „stalt, das man den Abt ermorden sollte." Ob diese Angabe Grund hat, weiß ich nicht. — 18) Kopp's Bruchstücke z. Erläuterung d. deutschen Gesch. u Rechte II. 73. u 77. — 19) Senckenberg III. 480. Kremer's Gesch. Friedrich des Siegreichen. S. 441. — 20) Der Konsens Landgrafen Heinrich III. hierzu ist ohne Datum, doch findet sich 1474 bereits v. Wildungen im Besitze. Der Landgraf sagt ausdrücklich: „vnd aber — Herman vnd Jürg Riedesel ytzt mit Fehden beladen vnd benotiget sein" 2c. — 21) Vergleiche den 1. B. d. W. S. 67. Chronic. Schwarzbg. ap. Schöttgen et Kreisig Dipl. et Script. I. 556. — 22) Kopp de insigni de differentia inter comites et nobiles immediatos etc. Suppl. p. 375 etc. — 23 Im Gericht Kreienfeld bestand ein eigenthümliches Landsiedelgericht. Es konnte nur um Erbschaft dabei geklagt werden, wo dann die Malstätte stets das streitige Grundstück war. Der Kläger mußte vorher ½ Fuder Wein vor's Gericht legen, auf die Vorderreise des Fasses einen silbernen Becher stellen und über das Faß eine Bockshaut von 5 Schill. Werth decken. Erst wenn das Faß leer getrunken war, wiesen die Schöpfen das Urtheil. Schon Landgraf Heinrich III. fand sich veranlaßt, dieses Gericht zu untersagen, doch vergeblich, denn noch 1513 war es in Wirksamkeit. Es wurde aber von Neuem verboten und wie es scheint, mit besserem Erfolge. — 24) Das Statthalter=Siegel Hermanns hatte die Umschrift S. Hermanni Riedesels Sculteti de Marpurg. — 25) Dieser Johann ist seither stets mit Johann Riedesel zu Neumarkt, dem Gevatter und eifrigen Anhänger Luthers verwechselt worden; beides sind aber zwei völlig verschiedene Personen. — 26) Abgedruckt in Oetters histor. Nachrichten 2c. S. 81 — 130 — 27) S. d. Urk. z. Theil in Schannat Cod. Probat. Hist. fuld. p. 421 — 427. — 28) Im J. 1520 huldigten die Riedesel dem Land=

grafen Philipp und dessen Erbverbrüderten unbedingt, und 1546 verstand sich sogar der Erbmarschall Johann nicht nur zum Beitrag zur hessischen Steuer von seinen nicht fuldischen Unterthanen, sondern auch von der Stadt Lauterbach, welche jedoch dieselbe verweigerte. Als sie aber 1607 zu Romrod huldigten, wird dabei bemerkt, daß dieses früher niemals geschehen sey.

II.ᵃ⁾

Hermannstein.

(Mit einer Ansicht. S. Titelvignette).

Wenn man von dem alten malerischen Wetzlar auf der durch das liebliche Dillthal ziehenden Herbornerstraße gegen Norden wandernd nach etwa einer Stunde sich um den jähen Abhang des Schwarzenbergs wendet, tritt plötzlich dem Auge ein schönes großes Dorf entgegen, über dem sich stolz die hohen Trümmer der Zwingburg Hermannstein erheben.

Ein auch nur flüchtiger Ueberblick genügt, um zu der Ueberzeugung zu gelangen, daß bei dem Baue des Hermannsteins es weniger auf eine gesicherte Wohnung, als vielmehr auf einen lediglich kriegerischen Zweck abgesehen war, denn die ganze Anlage der Burg zeichnet sich durch eine so eigenthümliche Originalität aus, daß keine andere unter den hessischen Burgen mit derselben verglichen werden kann.

Die Burg liegt auf keiner Höhe, sondern an dem niedern Abhange jenes Schwarzenbergs gelehnt, und zerfällt in zwei Theile, in das wahrscheinlich erst im 15. Jahrhundert erbaute Wohngebäude und die, auf einer dicht hinter diesem aufsteigenden niedern Felsenklippe ruhende, eigentliche Feste.

Das erstere, welches mit seiner südlichen Fronte gegen das Thal gerichtet ist, besteht aus einem länglich viereckten massiven Gebäude von etwa 28 Schritten Länge, das, wenn auch sonst sehr verfallen, jetzt noch bis zum zweiten Stockwerke wenigstens in so weit erhalten ist, daß man ohne Gefahr bis zu demselben gelangen kann. Noch vor wenigen Jahren befand sich an der äußern Fronte dieses Gebäudes ein bis zum zweiten Stockwerke reichender, aus schönen Quadern erbauter Erker, der jetzt jedoch bis auf die Kragsteine verschwunden ist. Unter diesen zeigen sich, obgleich sehr verstümmelt, zwei menschliche Köpfe, ein größerer weiblicher und ein kleinerer männlicher, von denen jeder auf der Brust ein Schild mit dem Wappen der Schenken zu Schweinsberg trägt. Neben diesem Erker liegt der Eingang zu dem großen Kellergewölbe.

An die rechte Seite dieses Gebäudes schließt sich der Haupteingang zur Burg, der durch einen zur Seite stehenden, jetzt verfallenen, Thurm gedeckt wurde. Durch dieses Thor gelangt man in den Burghof und von diesem rechts in das Innere jenes Gebäudes. Dieses zeigt in seinem Erdgeschosse, außer einigen kleineren Gemächern, eine große weite in der Mitte durch eine viereckte Säule getragene Halle, welche ehemals, wie der noch hoch über das Gebäude ragende Schornstein zeigt, zur Küche diente, und wo man jetzt einen Backofen angelegt hat.

Unmittelbar aus dieser Halle führt eine zum Theil verfallene und mit Schutt bedeckte Steintreppe zu dem zweiten Stockwerke, und aus diesem durch einen schon höher stehenden, an die hintere Außenwand des Gebäudes angelehnten, Treppenthurm endlich an die Pforte der Hauptfeste, zu der man nur allein auf diesem Wege gelangen kann.

Diese Hauptfeste ruht, wie schon bemerkt, auf einer zwar nicht hohen, nördlich und vorzüglich nordwestlich aber beinahe senkrecht abstürzenden Felsenklippe, mit der ihre Mauern so innig verschmolzen sind, daß der Felsen selbst zum Theil die Mauer vertritt. In seiner Grundform ein gleichseitiges Viereck bildend, dessen abgerundete Winkel nach den vier Hauptwinden gerichtet sind, erhebt sich die Feste als ein hohes mächtiges thurmähnliches Gebäude, an dessen Südostseite sich noch ein höher runder Thurm anschmiegt, der, außer zum Verließe, auch zur größern Befestigung des Ganzen diente, denn er steht auf der schwächsten Seite desselben, wo der Boden beinahe flach ist. Die einzige Pforte zu diesem Thurm befindet sich im Erdgeschoße des erstern Gebäudes, doch möchte wohl auch noch oben von den Zinnen ein Zugang gewesen seyn.

Mittelst einer, in den außerordentlich starken Mauern angebrachten, Wendeltreppe gelangt man zu den obern Theilen des Hauptgebäudes. Dasselbe hat drei Hauptgeschoße, deren jedes den ganzen Binnenraum einnehmend, oben mit einem mit schönen Grabbogen verzierten Gewölbe schließt, das in der Mitte von einer Säule getragen wird.

Jedes der drei Stockwerke wurde in der Mitte seiner Höhe nochmals durch eine Balkenlage getrennt, so daß dadurch wenigstens 6 übereinander befindliche Gemächer entstanden. Nur in dem dritten Geschosse ist das Gewölbe eingestürzt und von der Säule nur deren Stand noch zu bemerken. In drei Ecken dieses obersten Gemachs sind in dem Innern der Mauer runde Erkerthürmchen angebracht, wahrscheinlich für den Wächter, und nur in der östlichen Ecke fehlet ein solches, weil dieser der runde Thurm ganz nahe steht. Das Dach dieses Gebäudes wurde erst vor etwa 60 Jahren von dem Großvater des jetzigen Besitzers abgenommen. Das Ganze wird durch zwei in den Mauern aufsteigende Schornsteine überragt.

Während das untere Schloß ohne Ringmauer steht, wird dagegen das obere, soweit es nicht von jenem gedeckt wird, durch eine von diesem ausgehende zum Theil noch jetzt sehr hohe Mauer gegen Osten, Norden und Westen umschlungen.

An die Ostseite des Schlosses lehnen sich unten am Fuße der Felsen die Gebäude des schenkisches Hofes.

Die Aussicht von dem obern Schlosse ist wahrhaft entzückend, obgleich der Schwarzenberg dieselbe das Lahnthal hinauf nach Gießen verschließt. Um so lohnender ist dagegen die Aussicht nach Süden das Dillthal hinab zu der Lahn, wo sich dem Auge eine Gegend öffnet, die in ihrer reichen Schönheit eine jede Vergleichung zu bestehen vermag. Stolz erhebt sich hier das alterthümliche Wetzlar mit seinem ehrwürdigen Dome und hoch über demselben erblickt man die Trümmer der Burg Kalsmunt. Auch nordwestlich folgt das Auge den Krümmungen der lieblichen Dill bis zu den mächtigen Burgen von Braunfels und Hohensolms, hinter denen die nassauischen Berge demselben eine Grenze ziehen.

Noch war der Bund vom Sterne nicht völlig aufgelößt, als sich an den Ufern der Lahn schon wieder ein neuer, der Bund der alten Minne, erhob, an dessen Spitze zwei erbitterte Feinde des Landgrafen Hermann II von Hessen, die beiden unruhigen Grafen Johann von Nassau-Dillenburg und Johann von Solms, standen und von neuem begann ein verwüstender Kampf, der von hessischer Seite vorzüglich von Blankenstein, Königsberg und Gießen aus geführt wurde. Als nun aber die bürgerlichen Zwistigkeiten der Stadt Wetzlar dem Grafen von Solms die Gelegenheit gaben, sich dieser Stadt zu bemächtigen und deren Herrschaft an sich zu reißen, so daß auch die Bürger für ihn gegen Hessen ausziehen mußten, waren dem Landgrafen jene Festen nicht mehr genügend, und er bedurfte vielmehr einer, die sowohl den Grafen von Solms als der Stadt Wetzlar näher gelegen war, und aus der er beide und namentlich die letztere mit größerem Erfolge beobachten und bekämpfen konnte. Auch keines der feindlichen Schlösser schien ihm zu diesem Zwecke geeignet genug, und hätte sich auch ein solches geboten, so war eine Eroberung desselben doch nicht so leicht und jedenfalls der Besitz zu sehr dem wandelnden Glück der Waffen unterworfen, als daß dadurch der Zweck, den der Landgraf im Auge hatte, und der nicht blos ein vorübergehender, für den Augenblick berechneter war, hätte erreicht werden können.

Er entschloß sich deshalb zu einem Neubaue, und faßte den kühnen Plan, diesen zwischen Wetzlar und den solmischen Burgen Braunfels und Hohensolms, und zwar auf solms'schen Boden zu errichten, und wählte zu diesem Zwecke die Klippe, welche sich am Fuße des Schwarzenbergs, über dem Dorfe Mühlheim erhob. Es widersprach dieses zwar einem mit den Solmsern 1372 geschlossenen Vertrage, in welchem der Landgraf versprochen hatte, niemals eine Feste auf solms'schen Boden zu begründen, doch dieser Vertrag war bereits durch den Grafen Johann von Solms gebrochen worden, und hatte deshalb auch für den Landgrafen seine Bindekraft verloren.

Der Bau begann im Jahre 1377, und zwar, wie es scheint, unter dem Schutze einer ansehnlichen Streitmacht, denn daß derselbe nicht ohne Störung auszuführen seyn, vielmehr insbesondere der Graf von Solms alles aufbieten würde, ihn zu verhindern, war vorauszusehen. Vergeblich war deshalb auch ein Angriff, den die Solmser und Nassauer vereinigt versuchten, und sogar eine Niederlage, welche die Landgräflichen vor Wetzlar erlitten, vermochte den Fortbau nicht aufzuhalten. Zwar bestimmte ein Vergleich, welcher am 18. August 1377 geschlossen wurde, daß der Bau bis zu einer weitern Entscheidung Anstand haben sollte, aber nur mit Nassau kam der Frieden wirklich zu Stande, während mit Solms sich der Krieg von Neuem erhob, und

noch länger als 2 Jahre fortdauerte. Erst nachdem Graf Johann genöthigt worden war, Wetzlar wieder zu räumen (7. Dec. 1378) und die Stadt sich darauf mit dem Land=
grafen gesühnt und von Neuem gegen den Grafen verbun=
den hatte, fügte sich eidlich auch Graf Johann, und ent=
sagte in einem am 21. December 1379 geschlossenen Ver=
trage allem ferneren Widersprüche. Das Schloß sollte hier=
nach dem Landgrafen und allen seinen Erben für ewige Zeiten eigen sey, am Fuße des Berges aber wollten sie ein gemeinschaftliches Thal mit einer Burg bauen [1]). Das Dorf Mühlheim, wahrscheinlich in jenen Kämpfen zerstört, wurde in Folge dieses Vertrages zwar wieder hergestellt, die beabsichtigte Burg aber kam niemals zu Stande.

Schon 1378 wurde Dietrich v. Buchenau Burgmann auf **Hermannstein**, über welches 1381 Kuno von Ro=
denhausen, Amtmann wurde. Diesem folgte 1386 Gum=
precht von Hohenfels, worauf das Schloß kurz nachher an Gottfried von Girmes und Gernand Rau von Holzhausen verpfändet wurde. Doch auch des erstern Pfandschaft wurde schon 1388 wieder eingelöst.

Im Jahre 1437 scheint ein Anschlag auf das Schloß **Hermannstein** Statt gefunden zu haben, denn ein ge=
wisser Heintz Artzen erklärt, daß der Graf Bernhard von Solms ihn nicht bestellt habe, dasselbe zu verbrennen [2]).

Damals war Henne Weise von Feuerbach im Pfandbe=
sitze des Schlosses und übertrug denselben 1438 an Volprecht von Schwalbach d. ä. — Nach diesem findet man als Amt=
leute 1443 Johann d. j. von Schwalbach; 1445 Simon

von Breiderod, dem noch in demselben Jahre Simon Schütz folgte, welcher noch 1448 im Amte war, und nach diesem Daniel von Mudersbach, welchem Landgraf Ludwig 1455 200 fl. auf das Schloß verschrieb. Im Jahre 1466 wurde dasselbe für 700 fl. an Daniels Sohn, Ludwig von Mudersbach, verpfändet, von dessen Wittwe es endlich 1481 der landgräfliche Hofmarschall, Johann Schenk zu Schweinsberg, mit 1000 fl. an sich löste.

In dieser Zeit hatten sich jedoch einige Veränderungen zugetragen. Graf Otto von Solms hatte nämlich den Landgraf Heinrich III. dahin zu bewegen gewußt, ihm im Jahre 1468 außer einem großen Theile des Amts Königsberg auch die Hälfte des Schlosses Hermannstein mit der Hälfte von dessen Zubehörungen zu Mannlehn zu geben. Doch scheint eine Uebergabe dieses Schloßantheils an den Grafen nicht erfolgt zu seyn, denn einige Jahre nach der Verpfändung an Johann Schenk nahm Otto, auf seine Belehnung gestützt, die Hälfte des Schlosses in Anspruch. Johann Schenk berief sich zwar unter andern darauf, daß der Graf nie in dem Besitze dieses Schloßantheils gewesen, daß er das Schloß erkauft, und mit dem ganzen Schlosse belehnt worden sey, und der Landgraf versprach ihm auch 1486 ihn in seiner Pfandschaft zu schützen. Indessen schlug man doch endlich den Weg der Güte ein und durch die Vermittlung des Kurfürsten Philipp von der Pfalz kam 1489 ein Vergleich zu Stande, in welchem die Bestimmung getroffen wurde, daß Graf Otto und seine Erben zwar eine Hälfte des Hermannsteins zu Lehen haben, diese aber an Johann Schenk und seine Erben wieder zu Afterlehn geben sollte. Dieses Verhältniß besteht noch, doch sind darüber zwischen dem Grafen von Solms, namentlich der heutigen braunfelsischen Linie, und den Schenken mancherlei Streitigkeiten entstanden; indem jene diesen ausserhalb des Schlosses keine Gerichtsbarkeit, in den Wäldern keine Jagd, und in der Dill keine Fischerei erlauben wollten, worüber von beiden Seiten weitläuftige Deduktionen gewechselt worden sind [3]).

Die Nachkommen Johann Schenks, des Erwerbers von Hermannstein, bilden einen gesonderten Stamm, der sich nach diesem ihrem Hauptsitze, die Hermannsteiner Linie nennt, und dem jener bekannte Abt von Fulda, Johann Bernhard, angehörte, der am 6. November 1632 in der Schlacht bei Lützen sein Leben verlor.

Das Schloß Hermannstein scheint nicht durch Gewalt, sondern durch die langsamen Einwirkungen der Zeit in Verfall gerathen zu seyn. Zu seinen Zubehörungen zählte man in der letzten Hälfte des 15ten Jahrhunderts das Dorf Mühlheim, das erst spät diesen Namen mit dem des Schlosses, den es jetzt führt, vertauscht hat, und 1466 18 jetzt aber 93 Feuerstätten besitzt; einen Theil des Dorfes Blasbach, wo die Landgrafen 5, die Solmser 4 und das Spital zu Wetzlar 2 Pflüge hatte; die im Thal liegende Mühle und einen Antheil am Zolle [4]).

Anmerkungen.

1) Vergl. Wenck **III.** S. 152 ꝛc. — 2) Solms'sches Repertorium des zu Braunfels verbrannten Archivs. — 3) Ungedruckte Nachrichten. — 4) Vergl. Wenck **III.** 154. — 5) Aus einem gleichzeitigen Register.

II.^{b)}

Altenburg.

Eine halbe Stunde südlich von Alsfeld bespült die Schwalm den Fuß eines hohen Basaltrückens, an dessen Gipfel (1089 par. Fuß über der Meeresfläche) die Altenburg liegt.

Bereits im 12. Jahrhundert war diese Burg vorhanden und wurde damals von einem gleichnamigen Geschlechte des niedern Adels bewohnt, welches sie von Fulda zu Lehn trug und das wahrscheinlich mit den benachbarten v. Romrod eines Ursprungs war. Ich sage wahrscheinlich, denn da beide, sowohl die v. Altenburg, als die v. Romrod, schon im 12. Jahrhundert erscheinen, wo der niedere Adel erst begann Geschlechtsnamen anzunehmen, so ist ein bestimmter Beweis ihres Ursprungs nicht beizubringen, und nur die Gleichheit der Wappen und die Namen der beiden Geschlechter vermögen zu einer solchen Vermuthung zu füh=

ren. Der Name Altenburg läßt nämlich eine neue Burg voraussetzen, und da man diese nur in der Nähe der alten suchen darf, so wird man hier keine andere finden, die eine solche Annahme leichter zuließe, als Romrod, dessen Name, früher Rumerod (gleich Herumroden, Urbarmachen) schon für eine spätere Anlage zu sprechen scheint [1]).

Eine ausführliche Geschichte der v. Altenburg zu liefern, ist um so weniger meine Absicht, als sie schon frühe aus dem Besitze ihrer Stammburg kamen und seit diesem Zeitpunkte auch ohnedem so sehr in ihrer Bedeutung sanken, daß ich kaum mehr als ein trocknes Namensregister zu geben vermöchte.

Sifried und Reginhard sind die ersten, welche von diesem Geschlechte bekannt werden; ersterer findet sich 1193 und 1197 in der Umgebung des Abtes Heinrich III. von Fulda [2]), und letzterer erkaufte um dieselbe Zeit die villicatio Gemünden. Schon im Anfange des 13. Jahrhunderts läßt sich eine Trennung in mindestens drei Linien erkennen. Von diesen verkauften die Gebrüder Reinold und Ludwig 1260 ihr weinsbergisches Lehngut zu Bessingen (zwischen Lich und Hungen) dem Kloster Haina [3]), und des erstern Kinder, Johann, Reinbold und Sifried schenkten 1285 den Johannitern zu Grebenau den Berg Razenberg. Von einem andern Stamme waren Reinhard, Eberwin, Sifried, und Eckhard und deren Schwester Adelheid, verehelicht mit Bertram v. Bleichenbach, Kinder des verstorbenen Hermann v. A. genannt der „Schewe," welche 1270 ihr Dorf Winden (jetzt Wüstung) und ihre Güter in den Dörfern Eulersdorf und Udenhausen, bei Grebenau gelegen, den Johannitern zu Nidda verkauften. Von dem dritten Stamme starben um diese Zeit die Brüder Sifried und Eckhard; ersterer hatte dem Kloster Haina Güter zu Wallersdorf vermacht, welches seine Söhne Heinrich, Albert und Konrad 1276 bestätigten. Eckhard hatte dagegen nur einen Sohn, Reinhard genannt, den man im Jahr 1300 als den alleinigen Besitzer der Altenburg findet, wenn man dieses daraus schließen darf, daß er allein über dieselbe verfügte. Er verlobte in d. J. seine einzige Tochter Margarethe an Friedrich v. Romrod, aber zu tief in Schulden versunken, sah er sich außer Stande, diese geziemend auszusteuern, und verkaufte deshalb im Jahre 1300 die Altenburg und alle seine sonstigen Güter dem Landgrafen Heinrich I. von Hessen, der dagegen den Aussatz der Tochter und die Befriedigung der Gläubiger übernahm.

Seit dieser Zeit findet man die Familie nur noch wenig in dieser Gegend, indem sich dieselbe allmählig in das Gebiet der Abtei Hersfeld zurückzog.

Die Gebrüder Johann und Sifried überließen 1323 das Gericht Hopfgarten, welches fuldisches Lehn war, an die v. Romrod, und 1339 erhielt Winter Güter in dem Flecken Romrod. Ludwig, der 1305 alle seine Güter zu Apterode an Hessen verkaufte, lebte 1326 nicht mehr, wo seine Wittwe Elisabeth, die sich später mit Eckhard v. Felsberg von Neuem verehelichte, Güter zu Iba erwarb. Er hatte 3 Söhne, von denen Ludwig Geistlicher im Stifte

Hersfeld wurde und anfänglich (1339. 1340) als Probst auf dem St. Petersberg, dann aber als Seelgeräther und zuletzt (1347) als Kellner des Stifts erscheint. Von seinen Brüdern Sifried und Heinrich, welche zu Ronshausen, Solz, Friedlos, Baumbach, Anstadt und andern hersfeldischen Orten begütert waren, lebte der erstere 1378 nicht mehr und hatte 2 Söhne, Ludwig und Reinhard, hinterlassen.

Im Jahre 1380 findet sich Hermann als Konventual zu Hersfeld. Er wurde 1398 zum hersfeldischen Abte erwählt und starb als solcher 1418. Seine Brüder waren Reinhard und Eberhard.

Ein anderer Hermann hatte Felizitas v. Wiesenfeld geehelicht, und hinterließ 3 Söhne, Reinhard, Hermann und Eberhard, von denen sich der letztere 1438 zuletzt findet. Als Felizitatens Bruder starb, erhielt Hermann 1436 dessen fuldische Lehngüter: ein Burggut zu Fürsteneck, eine Kemnate zu Eiterfeld und Güter zu Reckrod, Arzell, Uffhausen, Tafta, Borsa, Langenwinden, Mutzlar, Kaldenbach, Geismar, Wiesenfeld ꝛc. Nachdem Hermann und Reinhard einen Burgsitz zu Friedewald und Güter zu Alsfeld, Hattenbach, Mörsrode ꝛc. 1469 zu hessischem Lehen erhalten hatten, starb der erstere, und es folgten ihm seine Söhne Neidhard und Christoph, welche, als 1483 auch Reinhard starb, diesen in Gemeinschaft mit dessen Schwägern, den Gerwigen zu Hersfeld, hinsichtlich der Güter zu Breitzbach, Tafta und Kirchhasel, welche Reinhard 1473 von den v. Jossa erkauft hatte, beerbten. Hierauf starb

Chriſtoph, und Neidhard war das einzige männliche Glied ſeiner Familie. Die heſſiſche Reimchronik charakteriſirt ihn durch den Reim:

„Im Haupte war er nicht wohl verwahrt,
„Im Biertrinken aber gelahrt."

Er war nicht verehelicht und der Gedanke, daß er keine Pflichten gegen Nachkommen zu erfüllen habe, trieb ihn an, ſeine Güter wo möglich noch alle vor ſeinem Tode in Geld zu verwandeln. So verkaufte er 1485 dem Landgrafen Wilhelm ſeinen Burgſitz zu Friedewald und ſeine ſämmtlichen Beſitzungen im Silingswalde, welche zum Theil hersfeldiſches Lehen waren, ſowie 1490 und 1495 dem Abte von Fulda ſeine fuldiſchen Lehngüter, namendlich zu Fürſteneck. Doch ſcheint das Geld keine Ruheſtätte bei ihm gehabt zu haben, denn als er kurz nachher ſtarb, hinterließ er ſeiner Schweſter Elſe, Hausfrau Berthold Marſchall's, eine nur ſehr ärmliche Erbſchaft, zu welcher unter anderm auch Güter zu Iba gehörten, die ſpäter an die v. Ratzenberg und von dieſen an die v. Buttlar kamen.

In ihrem Schilde führten die v. Altenburg eine Burg mit 2 Thürmen, gleich wie die v. Romrod und v. Eiſenbach.

———

Nach dem oben erwähnten Verkaufe der Altenburg an Landgraf Heinrich I., wobei die Grenzen von deren Zubehörungen genau bezeichnet werden, beſetzten die Landgrafen dieſelbe mit eigenen Burgmannen. Als ſolche findet man die v. Schrecksbach, v. Gleimenhagen, v. Schlitz gen. v. Görtz, die Finke und andere.

Nicht lange nach jenem Kaufe, um das Jahr 1314, kam der Abt Heinrich VI. von Fulda mit dem Landgrafen Otto von Hessen in Fehde; er zog vor Alsfeld, lag drei Tage davor und verwüstete ringsum die Gegend. Auch die Altenburg wurde erstiegen und zerstört [4]). Die Ursachen dieser Fehde sind nicht bekannt, doch ist es nicht unwahrscheinlich, das die Altenburg es gewesen, welche die Veranlassung dazu gegeben hat. Wie es scheint war der Verkauf derselben ohne die lehnsherrliche Bewilligung des Abtes geschehen, es wird wenigstens in dem Kaufvertrage der fuldischen Lehnsherrlichkeit nicht gedacht, und später mochte der Landgraf die Anerkennung derselben verweigert haben. Der Abt würde sonst wohl schwerlich ein Schloß zerstört haben, bei dessen Erhaltung er selbst betheiligt war. Nachdem die Altenburg wieder hergestellt worden, empfingen sie die Landgrafen, wohl in Folge der nach jener Fehde geschlossenen Sühne, von Fulda zu Lehn.

Dieser Wiederaufbau scheint jedoch nicht an demselben Orte geschehen zu seyn, wo die zerstörte Burg gestanden; ich schließe dieses aus einer Urkunde vom Jahre 1354, durch die Heinrich Seidenschwanz **aream unam sitam in antiquo castro nostro Altenburg** zu Burglehn erhält, wie dieselbe Hofstätte zu gleichem Rechte Simon v. Schlitz gen. v. Görtz gehabt habe.

Im Jahre 1381 übergab Landgraf Hermann die Burg an Hartmann d. ä. v. Lerbach (Lauberbach) zur Bewachung, zu welchem Zwecke derselbe 20 mit Glenen halten sollte, und dafür 480 Goldfl. versprochen erhielt.

Im Jahre 1343 hatten auch die v. Eisenbach einen Burgsitz und das Patronatrecht der Kapelle zu Altenburg zu Lehn erhalten, welche nach ihrem Aussterben auf die Familie Riedesel übergingen.

Im Jahre 1466 lag die Altenburg in Trümmern⁵), wie dieses aber geschehen, ist nicht zu erklären. In diesem Zustande blieb die Burg bis zum 18. Jahrhunderte, in welchem die Riedesel mit der Aufführung neuer Gebäude begannen; die Zeit, in der dieses geschehen, läßt sich nicht genauer angeben und ist sogar auch aus dem Familienarchive nicht zu ermitteln. Später wurde auch die der heil. Barbara geweihte Kapelle abgebrochen und in der Mitte der Schloßgebäude 1748 eine neue Kirche gebaut. Nur wenige Spuren des alten Schlosses sind noch übrig geblieben; der letzte bedeutende Rest, ein alter mächtiger Thurm, stürzte vor etwa 16 Jahren in der Nacht zusammen und begrub unter seinen Trümmern einen Rindviehstall. An dem Fuße des Schloßbergs liegt das Dorf Altenburg mit 61 Häusern und 450 Bewohnern. Die Aussicht aus dem Schlosse ist schön und vorzüglich freundlich in das Schwalmthal, und auf das alterthümliche Alsfeld. Außerdem sieht man auch das Schloß Herzberg und über die Höhe hinter Ziegenhain hin, den Herkules zu Wilhelmshöhe.

Anmerkungen.

1) Vergleiche hierüber B. I. S. 190. — 2) Wenck I. Urkbch. 292. Schannat. C. P. Hist. fuld. 199. — 3) Gudenus Cod. dipl. I. 676. — 4) Vita Heinrici VI. ap. Schannat Hist. fuld. II. 236. Congeries etc. ap. Kuchenbecker A. H. I. p. 3. — 5) Kopp's Bruchstücke z. Erläuterung d. deutsch. Gesch. u. Rechte. II. 59.

III.

Narberg.

An der südöstlichen Seite des Vogelsbergs breitet sich zu beiden Seiten des Moosbaches das alte Gericht Moos aus, bestehend aus den Dörfern Ober- und Niedermoos, Guntzenau, Metzlos und Metzlosgehag.

Das Dorf Moos besaßen im 13. Jahrhundert die v. Schlitz, namentlich Simon v. Schlitz (1232—1241), zu fuldischem Lehen. Als nach dessen Tode seine Söhne eine Theilung der väterlichen Güter trafen, fiel Moos auf Hermann, der sich von seiner neu erbauten Burg v. Blankenwald nannte und Moos hierauf seinem Bruder Konrad versetzte. Nachdem beide Brüder, Hermann im J. 1265, gestorben, kamen ihre Wittwen über den Besitz der verpfändeten Güter in Streit und Hermann's Wittwe klagte am geistlichen Gerichte. Doch Abt Berthold von Fulda († 1271) trat dazwischen und verglich sie dahin, daß jede die Güter zur Hälfte besitzen sollte. Die Hälfte, welche Konrad's

Wittwe erhalten hatte, ging auf ihren Sohn Simon über, der sie um's J. 1283 an Berthold I., Herrn v. Lisberg, und dessen Vetter Konrad, Herrn v. Lisberg, für 60 Mrk. Silber verpfändete. Nach Berthold's zwischen 1288 und 1290 erfolgtem Tode kam diese Pfandschaft auf Berthold II., dessen Sohn, welcher mit Simon, Hermann's v. Blankenwald Sohne, um's Jahr 1290 auf dem in der Gemarkung des Dorfes Moos gelegenen Berge, der Narberg genannt, eine Burg erbaute, die ihren Namen von dem des Berges erhielt. Fulda behauptete zwar, daß dieser Berg, der damals bis zur Hälfte seines Abhanges bebaut war, mit zum Lehen gehöre und ließ, um dieses darzuthun, 1291 darüber Zeugen vernehmen. (Schannat Buchonia vet. 368.) Aber vergeblich waren seine Bemühungen, und nicht allein die Burg, sondern auch das Gericht Moos, nebst dem benachbarten Gerichte Freiensteinau, wurden später von ihren Besitzern an Pfalz zu Lehn aufgetragen. Doch nur eines kurzen Daseyns hatte sich die Burg zu erfreuen; sie wurde bald zerstört, wahrscheinlich von Fulda; der Zeitpunkt dieser Zerstörung läßt sich jedoch nicht angeben.

Berthold's Antheil erbte nach dessen Tode Hermann, Herr v. Lisberg, dem nun Simon v. Blankenwald außer den Gerichten Moos und Freiensteinau auch seinen Antheil an Narberg für 800 Pfd. Hl. versetzte. Im J. 1338 trat Simons Sohn, Werner v. Blankenwald mit seinen Schwägern v. Eisenbach in Unterhandlungen und in Folge derselben löften diese beide Gerichte, nebst dem Narberg an sich und Werner gab ihnen dieselben, mit der Bewilligung des Lehns=

herrn, für 300 Pfd. Hl., die sie ihm zahlten, zu einem erblichen Besitze. Allem Anscheine nach lag die Burg damals schon in Trümmern. Noch im J. 1399 stellte Pfalz bei der eisenbach'schen Belehnung die Bedingung, daß wenn die Burg wieder erbaut würde, sie auch wieder von Pfalz zu Lehn gehen sollte. Nach dem Erlöschen der v. Eisenbach im J. 1428 kam Narberg mit den übrigen eisenbach'schen Besitzungen an die Riedesel, in deren Besitze sich derselbe noch gegenwärtig befindet.

Der kegelförmige, mit Buchenwaldung bewachsene Burgberg liegt etwa ¾ Stunden von Gunzenau, ½ Stunde von Freiensteinau, auf der hohen Plattform, welche hier den Uebergang zwischen dem Vogelsberge und der Rhön bildet. Der runde dicht bewaldete Gipfel zeigt gegenwärtig nicht die mindeste Spur mehr, welche für das einstmalige Daseyn einer Burg zu sprechen vermöchte. Wegen seiner hohen Lage wurde er noch vor mehreren Jahren als ein trigonometrischer Punkt zu einem geographischen Netze benutzt.

IV.

Ludwigseck.

(Mit einer Ansicht.)

Mitten in dem vom Knüll sich nach der Fulda senkenden Gebirge erhebt sich in einer rauhen, mit dichter Waldung bedeckten Gegend ein nicht sehr hoher, östlich mit einem höhern Bergrücken verknüpfter steiler Basalthügel mit dem Schlosse Ludwigseck, welches den größten Theil des Gipfels einnimmt und aus zwei Hälften besteht, von denen die eine, das Schloß, gegen Norden, und die andere, der Oekonomiehof, gegen Süden liegt. Das Schloß bildet in seiner Grundform ein längliches Viereck, wovon die nördliche Seite aus dem Mittelgebäude besteht, die beiden Breiten aus 2 sich diesem anschließenden Flügelgebäuden gebildet werden, und die Südseite durch eine von den Flügeln ausgehende hohe Mauer geschlossen wird, in welcher sich die Einfahrt zu dem kleinen innern Burghof befindet. In Hinsicht des Baustyls zerfällt das Schloß dagegen in zwei Theile, welche im Centrum des Mittelgebäudes zusammenstoßen, und wovon der östliche der älteste ist, der westliche aber aus einer spätern Zeit stammt.

Obgleich die Gebäude noch in ihren Mauern und Dachwerken stehen, so ist ihr Inneres doch sehr verfallen, und vorzüglich der ältere Theil in einem Zustande, daß man nur mit Vorsicht es wagen darf, seine Gemächer zu betreten.

Unter dem Schlosse zieht am Bergabhange ein Garten hin, welcher auf Terrassen, die in den Basaltfelsen gehauenen sind, angelegt ist.

Das Schloß hat keinen Brunnen und erhält sein Wasser durch eine Röhrenleitung aus einem an dem gegen Abend liegenden Sandsteingebirge gegrabenen 5 Lachter tiefen Schachte.

Westlich von Rotenburg an der Fulda liegen die Dörfer Rorbach, Thann, Gerterode, Ersrode, Trunsbach, Ober- und Niederthalhausen und Bennhausen, der Hof Heyerode und die Wüstung Schopbach, bei Niederthalhausen, welche ein eigenes Gericht bildeten, das von dem das Thal durchfließenden Bache ehemals das Gericht in der Rorbach genannt wurde. Die beiden ersten Dörfer gehörten der Abtei Hersfeld, die andern aber, welche von den Grafen v. Waldeck zu Lehn gingen und über die die Landgrafen die Oberhoheit besaßen, gegen Ende des 14. Jahrhunderts den v. Bennhausen und v. Lilienberg. Als nun im Anfang des 15. Jahrhunderts die v. Lilienberg ausstarben, ging der Antheil derselben auf die Brüder Eckhard und Friedrich v. Röhrenfurt über, welche hierauf auch die bennhausen'sche Hälfte an

Ludwigseck.

sich kauften und 1421 mit dem Ganzen von den Grafen von Waldeck belehnt wurden [1]).

Die Gegend zwischen Homberg und Rotenburg hatte damals durch anhaltende Fehden Vieles zu leiden, und war namentlich noch letzthin durch die wallenstein'sche Fehde gegen Hersfeld sehr verwüstet worden. Landgraf Ludwig I. wünschte deshalb für die Zukunft seinen Unterthanen einen festern Schutz zu gewähren, und da zur Erreichung eines solchen Zweckes es in jener Zeit kein besseres Mittel gab, als die Anlegung einer Burg, so ergriff auch Ludwig dieses Mittel, und bewog seine Erbmarschälle Eckhard und Friedrich v. Röhrenfurt, nebst seinen Räthen Heinrich und Hermann v. Holzheim, welche letztere gleichfalls im Gericht Norbach begütert waren, zur Ausführung des Baues. Diese erwählten hierzu den am nördlichen Ende des Gerichts Norbach liegenden Berg, der Atzelstein genannt [2]), und gaben der Feste zu Ehren ihres Fürsten den Namen Ludwigseck. Im Jahre 1419 wurde die Burg vollendet, und am 13. Oktober d. J. dieselbe den v. Röhrenfurt und v. Holzheim vom Landgrafen zu Mannlehen gegeben [3]). Der Lehnbrief sagt ausdrücklich: „daß sie gebaut worden, den landgräflichen Landen und Leuten auf dem Ort zum Nutzen und zu besserer Beschirmung der landgräflichen Gerichte, Dörfer, armen Leute, Holzungen und Felder dabei gelegen, indem bisher fast alles verwüstet worden."

Durch das 1432 erfolgte Aussterben der v. Röhrenfurt ging deren Hälfte an den Erben derselben, den Ritter Hermann Riedesel, über, welcher 1459 auch die andere Hälfte von den Gebrüdern Sittig und Anargk v. Holzheim für 300 fl. als Pfandschaft erwarb. Nach Hermann's Tode, der 1463 erfolgte, kam Ludwigseck an dessen Söhne, welche, dem friedlichen und haushälterischen Sinne ihres Vaters fremd, sich bald durch verwüstende Fehden in eine Menge von Schulden stürzten, und nachdem sie schon den größten Theil ihrer Güter veräußert, endlich 1481 auch Ludwigseck für 1237 fl. ihrem Verwandten Hermann Luglin verpfändeten. Dieser versetzte dasselbe hierauf 1483 weiter an Mechtilde, die Wittwe des Landgrafen Ludwig II. von Hessen, die ihren Wittwensitz zu Rotenburg hatte, nun aber sich auch öfters zu Ludwigseck aufhielt, an dem sie 300 fl. verbaute. Erst im Jahre 1495 kam das Schloß, und zwar in Folge der bei jenem Versatze gestellten Bestimmungen, durch den am 6. Juni d. J. erfolgten Tod der Landgräfin wieder in die Hände der Niedesel zurück, welche hiernächst auch den bisher nur zu Pfandrecht besessenen holzheimischen Theil durch einen Erbkauf erwarben und 1516 zuerst mit dem ganzen Schlosse belehnt wurden.

Im 30jährigen Kriege wurde Ludwigseck von den Kaiserlichen angezündet und bis auf das Gemäuer ausgebrannt. Erst nach dem westfälischen Frieden stellten die Besitzer es wieder her, indem sie, das noch feste Gemäuer benutzend, das Innere desselben ausbauten. Noch gegenwärtig stehen die Mauern fest, während das Holzwerk mürbe und faul und zum Theil schon eingestürzt ist, zum Theil noch mit dem Zusammensturze droht. Es wartet deshalb einer zweiten Wiederherstellung.

Volpert Riedesel, der zwölfte Erbmarschall, gestorben 1632, wurde durch seine Söhne Kurt und Georg Wilhelm der Stifter zweier Linien, welche sich nach dem Schlosse Ludwigseck benannten: der ältern und der jüngern volpertschen Linie zu Ludwigseck. Die letztere erlosch 1803, wogegen die andere noch fortblüht.

Das Gericht Rorbach erhielt später den Namen des Gerichts Ludwigseck. Seine Gerichtsstätte war im Dorfe Thann. Die Riedesel, denen auch die Kriminal-Justiz durch Bescheid vom 27. Jan. 1776 zugesprochen war, übten die Gerichtsbarkeit bis zur Auflösung des Kurfürstenthums Hessen im Jahre 1806, wo die adelichen Patrimonialgerichte aufgehoben und dem Staate überwiesen wurden.

In der Kirche zu Ersrode haben die Riedesel ein Erbbegräbniß und in Trunsbach war früher ein Burgsitz.

Anmerkungen.

1) Lünigs Corpus iuris feudal. german. II. 1874. — 2) Die Angaben der Chronisten über den Bau des Schlosses sind untereinander sehr abweichend. Ich bin in meiner Erzählung dem sichern Wege der Urkunden gefolgt. — 3) Noch jetzt heißt ein unter dem Schlosse liegender bemooster Felsenblock der Atzelstein. Auch hat das Dorf Atzelrode hiervon seinen Namen.

V.

Ulrichstein.

Beinahe der ganze östliche Theil der großherzoglich hessischen Provinz Oberhessen, ein Bezirk von beinahe 20 Geviertmeilen, wird von dem Vogelsberge bedeckt, dessen Rücken, die Wasserscheide zwischen Weser und Rhein, sich in eine weite kahle Plattform ausbreitet, auf der ein Klima herrscht, das nördlichern Gegenden anzugehören scheint. Neun Monate des Jahres gehören hier dem Winter, der schon Ende Juli mit dichten Nebeln sich ankündet, welche nur, wenn die Sonne den Mittagspunkt erreicht, auf wenige Stunden sich lichten. Kaum gedeiht hier noch ein Obstbaum, und eine Wintersaat würde der Strenge der Kälte unterliegen. Mit rastloser Anstrengung muß der Landmann den Kampf mit der stiefmütterlichen Natur bestehen, und nur Kartoffeln und an Getreide etwas Gerste und Spelz vermögen sein Mühen zu lohnen.

An dem westlichen Ende dieser Fläche hebt sich ein Ba=

ſaltkegel etwa 1924 par. Fuß über die Meeresfläche empor, deſſen Gipfel die Reſte des Schloſſes Ulrichſtein trägt, und an deſſen nordöſtlichen Abhang, der Ebene zu, ſich das gleichnamige Städtchen lehnt. Von der Ebene iſt der Burgberg weder hoch noch ſteil, dagegen ſenkt ſich derſelbe um ſo jäher und tiefer thalwärts zum Hofe Langwaſſer herab.

Die Burgſtätte, welche rings von einem Graben umſchlungen wird, bildet ein längliches Viereck, welches ſich in zwei Hälften theilt, von denen die nördliche durch einen mit einer unvollendeten Scheuer, früher aber auch noch mit andern Gebäuden beſetzten, Vorhof gebildet wird, und die ſüdliche aus dem Schloſſe beſteht. Das innere Burgthor, welches nach jenem Vorhofe blickt, führt in einen ſchmalen Hof, der die Schloßgebäude ſchied, von denen zur Linken ein großes, zur Rechten ſich aber zwei kleinere erhoben, wovon die Thürreſte des hinterſten das heſſiſche Wappen und die Jahrzahl 1494 zeigen. Hinter dieſen Gebäuden wird der Hof durch eine Mauer geſchloſſen, an der früher gleichfalls Gebäude geſtanden haben, wie dieſes die noch jetzt vorhandenen Keller bezeugen.

Zur linken Seite des innern Burgthors befindet ſich in dem Baſaltfelſen eine Ciſterne, welche 1587 mit einem eiſernen Gitter umgeben wurde, gegenwärtig aber nur noch faulendes Waſſer enthält.

In den Werken von Dilich und Merian befinden ſich Anſichten von Ulrichſtein, wie ſich daſſelbe im 17. Jahrhundert zeigte.

Die Aussicht ist groß und weit. Während gegen Morgen und Mittag sich ein rauhes Gebirgsland erhebt, das nur nach dem fuldischen hin, wo die Höhen der Rhön sichtbar werden, eine Fernsicht gestattet, bietet das Land gegen Nordosten schon ein freundlicheres Bild, indem hier der Hirzberg, der Knüll und die grünbewaldeten hersfeldischen Berge hervortreten. Am weitesten reicht jedoch der Blick gegen Nordwesten; hier zeigen sich Homberg an der Ohm, Amöneburg, der Frauenberg und die Höhen des Burgwaldes. Auch die Umgegend von Gießen mit ihren herrlichen Höhen und Burgen öffnet sich dem forschenden Auge.

Das Schloß Ulrichstein wird von dem Volke Mühlstein (früher Molesstein) genannt. Die Sage erzählt, daß ein Graf, der weit von hier seinen Sitz gehabt habe, der Begründer von Ulrichstein gewesen sey. „Um das zum Baue nöthige Geld von seiner Mutter zu erhalten," so erzählt jene, „überredete er dieselbe, daß er eine Kirche erbauen wolle. Aber die Mutter hatte Verdacht in seinen Versicherungen gefunden, und faßte den Entschluß, sich durch den Augenschein zu überzeugen. So kam sie heimlich, den Sohn überraschend, hier an, und fand außer der Kirche ein beinahe vollendetes Schloß. Als sie nun der Graf, ihr seine Bauten zu zeigen, umher führte, rief sie voll Verwunderung: O, Ulrich, was Steine! und der Sohn antwortete: Moles Stein! Davon hat das Schloß seine zwiefache Benennung erhalten. Später trieben die Besitzer Räuberei und legten den Pferden die Hufeisen verkehrt auf, um die Verfolger zu trügen. Da zog aber der Landgraf von Hessen gegen sie aus, verjagte sie von der Burg und zerstörte dieselbe." Soweit die Sage [1]). Ich gehe nun zu der Geschichte über.

An den westlichen Abhängen des Vogelbergs und zum Theil die Gipfel desselben mit umfassend, liegt das Gericht Bobenhausen und nördlich schließt sich an dasselbe das Gericht Felda. Beide vereint bildeten ein Amt, welches von dem Schlosse Ulrichstein, das in dem Bezirke des erstern lag, den Namen führte. Wem diese Gerichte in ältester Zeit zugehörten, ist nicht bekannt; doch schon gegen das Ende des 13. Jahrhunderts findet man sie nebst dem Schlosse Ulrichstein in dem Besitze der Landgrafen von Hessen [2]). Der Name des Schlosses erscheint zuerst im Jahre 1279, wo unter den Zeugen einer merlauischen Urkunde ein **Bodo scultetus de Vlrichsteine** auftritt [3]). Daß dieser nicht selbst Besitzer war, zeigt schon sein Titel, der hier nichts anderes bedeuten kann, als was man später durch Amtmann zu bezeichnen pflegte; wen aber derselbe vertrat, ist nicht zu erkennen.

Später wird Ulrichstein 1287 genannt. Als Gerlach Herr v. Breuberg und Dietrich Kumpf v. Eisenbach durch Austrägen geschieden wurden, geschah dieses iuxta **Vlrichstein** [4]). Ob dasselbe damals in den Händen der v. Eisenbach gewesen, oder wer es sonst inne gehabt, ist auch hier nicht zu bestimmen; wenn es aber früher schon, wie ich annehme, sich in dem Besitze der hessischen Landgrafen befunden, so war dieses jetzt nicht mehr der Fall, denn kurz nachher wurde Ulrichstein von dem Landgrafen

Heinrich I. erobert und zerstört⁶). Ein gleiches Schicksal traf das nachbarliche Schloß Petershain, das da stand, wo jetzt der Petershainerhof liegt, welchen Eckhard Petershain, Rentmeister zu Ulrichstein, um's Jahr 1493 innerhalb des alten Burgwalles erbaute.

Ein halbes Jahrhundert blieb Ulrichstein in seinen Trümmern liegen, bis die v. Eisenbach, damals bei Landgraf Heinrich II. in hohem Ansehen stehend, von demselben die Erlaubniß zum Wiederaufbau erhielten. Johann v. Eisenbach, der dem geistlichen Stande angehörte, seine geistlichen Aemter aber niedergelegt und sich in seine Familie zurückgezogen hatte, führte diesen Bau auf seine Kosten aus. Als hierauf 1343 Landgraf Heinrich II. den Ritter Heinrich, Johann's Bruder, zu seinem Erbmarschall bestellte, gab er demselben zugleich das neue Schloß Ulrichstein mit dem Gerichte Bobenhausen zu Mann- und Burglehen. Nachdem nun der Ritter Heinrich das Schloß noch mit Gräben und Mauern umgeben hatte, bewog der Landgraf im J. 1347 seinen Schwager, den Kaiser Ludwig, zur Ertheilung eines Freiheitsbriefes für den von Ritter Heinrich unter dem Schlosse zugleich begründeten Ort, wodurch dieser mit allen Rechten und Freiheiten der Reichsstadt Friedberg, mit einem wöchentlichen Markt und dem Rechte, sechs seßhafte Juden aufzunehmen, begnadigt und also zur Stadt erhoben wurde.

Mit der Burg und der Stadt wurde auch eine Kapelle gebaut, welche Unserer lieben Frau geweiht wurde. Im Jahr 1370 übergaben die v. Eisenbach derselben ihren Theil des Zehntens zu Helfershain und einen Hof zu Oberseifertenrode nebst einem Gehölze und befreiten den Hof von Bede, Frohndienst und dem Gerichtszwang, welches Landgraf Hermann 1410 wiederholt bestätigte. Auch in der Burg wird später einer Kapelle gedacht.

Die v. Eisenbach blieben bis zum J. 1397 in dem Besitze von Ulrichstein. Damals lebten Johann III. und dessen Vettern Nörich und Bernhard. Obgleich sie dasselbe als Lehen besaßen, so fand sich Johann in jenem Jahre dennoch bewogen, den Besitz von Ulrichstein für eine Pfandschaft zu erklären und dasselbe dem Landgrafen Hermann gegen 6000 fl. abzutreten. Er that dieses eigenmächtig und gegen den Willen seiner Vettern, deren Rechte er dadurch auf das Höchste verletzte. Aber der Widerspruch derselben hatte keinen Erfolg, und es blieb ihnen bald nichts anderes übrig, als sich der Macht des Fürsten zu beugen und auf alle Rechte, welche sie an Ulrichstein gehabt, zu verzichten.

Auf diese Weise kam Ulrichstein wieder in den Besitz der Landgrafen, die es von nun an entweder mit eigenen Amtleuten besetzten oder verpfändeten. So bestellte Landgraf Ludwig I. 1415 den Eberhard Schenk zu Schweinsberg auf 2 Jahre zum Amtmann zu Ulrichstein und Schotten, und versetzte 1435 Ulrichstein („Schlosse, Berg vnd Tayll") nebst den Gerichten Felda und Bobenhausen an Hermann Riedesel, seinen Erbmarschall, für 6200 fl. [7]). Dieser Hermann scheint die Pfandschaft auf seine Söhne vererbt zu haben, denn 1466 stand sie noch auf derselben Summe, wobei jedoch der Name des Inhabers nicht genannt wird [8]). In der Theilung, welche die Landgrafen

Ludwig II. und Heinrich III. trafen, fiel Ulrichstein auf den letztern, der, wie es scheint, dasselbe von den Riedeseln einlöste. Dieses geschah wenigstens vor dem Jahr 1471, wo es bereits Thilemann v. Sassen als landgräflicher Beamter bewohnte [9]), unter dessen Verwaltung 1484 Verschiedenes gebaut und namentlich der zum Theil eingestürzte Zwinger wieder ausgebessert und die Burg neu beworfen wurde.

Ueber ein halbes Jahrhundert blieb Ulrichstein im unmittelbaren Besitze der Landgrafen. Im J. 1494 nahm Landgraf Wilhelm III. bedeutende Bauten vor, und auch unter Landgraf Philipp wurden mehrere größere Reparaturen bewerkstelligt.

Als der Erbmarschall Hermann Riedesel 1528 dem Landgrafen Philipp 6000 fl. lieh, versetzte ihm dieser dafür „Schloß, Behausung, Flecken und Amt" Ulrichstein, nebst den Gerichten Felda und Bobenhausen, nur die hohe und niedere Jagd an den beiden Gehölzen „der Hylperheyner Struth und dem fließenden Born," sowie Steuer und Folge behielt sich der Landgraf vor. Aber noch ehe die Uebergabe geschahe, starb Hermann am 24. Mai 1529, und diese erfolgte an seine Söhne und Enkel, welche an seine Stelle traten. Bei dieser Gelegenheit wurde ein Verzeichniß des im Schlosse vorhandenen Hausgeräths aufgenommen, welches sich in sehr übelm Zustande befand, und worunter von Vertheidigungsmitteln außer andern 6 kupferne Hackenbüchsen und eine zusammengefallene Tonne mit Pfeilen aufgeführt werden.

Nachdem Landgraf Philipp 1551 noch 5564 fl. und 436 fl. Baugeld zur Pfandsumme geschlagen hatte, fand am 7. März 1557 die Ablösung von den Riedeseln statt. Der Landgraf übertrug nun die Amtmannschaft an Kraft Georg v. Boyneburg-Stadtfeld, als Lohn für seine Dienste, auf 10 Jahre, nach deren Ablauf ihm 1500 Thlr. gezahlt werden sollten. Dieses war geschehen, als Landgraf Philipp am 31. März 1567 sein thatenreiches Leben schloß. In seinem Testamente hatte er seinen mit der Margarethe von der Sahl erzeugten 7 Söhnen, den Grafen v. Dietz, außer den Aemtern Bickenbach, Umstadt, Homburg vor der Höhe und den hessischen Theil des Dorfes Dern, auch die am Vogelsberg gelegenen hessischen Aemter Schotten, Lisberg, Stornfels und Ulrichstein als Erbe überwiesen, von denen ihnen aber nur Bickenbach, Lisberg, Schotten und Ulrichstein vorerst eingeräumt wurden. Die vier ältesten Brüder Philipp, Hermann, Christoph Ernst und Albrecht nahmen ihren Sitz zu Ulrichstein. Hatten sich diese bei den Lebzeiten ihres Vaters schon so betragen, daß dieser oft Anlaß zu strafen gefunden hatte, so wurde nun, wo dessen strenges Auge nicht mehr über ihnen wachte, ihr Treiben um so wilder und zügelloser, und ihre Leidenschaften schienen jeder Fessel entledigt. Dem Grafen Hermann führte ein Vater sogar die eigene Tochter zu, die dadurch die Lustseuche erhielt und an derselben eines elenden Todes starb. Philipp und Albrecht zogen bereits 1568 nach Frankreich, und fielen 1569 in dem Blutkampfe des schrecklichen Karl IX. gegen die Hugenotten, also gegen dieselbe Sache streitend, deren Sieg sich ihr Vater zu dem höchsten Ziele seines Lebens gesetzt hatte. Als nach der Nachricht von des erstern Tote zuweilen des Nachts am Burgberge des Ulrichsteins sich eine Hellung zeigte, erklärte der Volksglaube dieselbe für Graf Philipp's irrenden Geist. Nur allein Graf Christoph Ernst behielt seinen Sitz auf Ulrichstein, und machte sich bald zum Schrecken der Umgegend. In der Befriedigung seiner glühenden Wolluft ungezügelt, wurde Ulrichstein die Stätte, auf der die Unschuld einer großen Zahl von Mädchen gemordet wurde. Vorzüglich waren es drei Weiber, die ihm als Kupplerinnen dienten und die, unterstützt von zwei seiner Diener, Mädchen, von denen sie glaubten, daß sie dem Grafen gefallen würden, unter allerlei Vorwänden nach Ulrichstein lockten. Ihren Widerstand besiegte der Graf durch die schrecklichsten Mißhandlungen und ihr Hülfegeschrei tönte oft so laut durch die Stille der Nacht, daß die Hunde im Zwinger davon aufgeschreckt und geängstet, in grauenerregendes Heulen ausbrachen. Zu seinen Drohungen gehörte das Einsperren in den Eselstall, das verrufene Gefängniß des Schlosses. Die bittersten Klagen liefen über diese Gewaltthaten bei den Landgrafen ein. Dazu kam noch, daß die Grafen sich weigerten, die landgräfliche Oberhoheit anzuerkennen, und daß Graf Christoph Ernst bekannte Reichsächter Ernst v. Mandelslo, Anton Pflug und Dietrich Pieht zu Ulrichstein und Schotten gehauft und mit dem letztern zu Ulrichstein sogar einen Freundschaftsbund geschlossen hatte. (Schwert um Schwert und Dolch um Dolch getauscht.)

Die Landgrafen entschlossen sich deshalb, diesem Treiben ein Ende zu machen, und verabredeten sich, dieses durch einen Handstreich gegen den Grafen zu bewerkstelligen. Die Vorbereitungen hierzu wurden so geheim getroffen, daß der Graf auch nicht den leisesten Wink davon erhielt. In der Nacht von dem 6. auf den 7. April 1570 setzten sich die Landgrafen Ludwig und Georg an die Spitze von 200 Reitern und 2000 Mann Fußvolk und erschienen Morgens um 3 Uhr plötzlich vor Ulrichstein; schnell wurden die Thore und Pforten gesprengt und der aus dem Schlafe aufgetaummelte Graf mit all' den Seinigen gefangen genommen. Die letztern wurden nur zum Theil festgesetzt, der Graf aber in einer verdeckten Kutsche nach Ziegenhain geführt und ihm dort jenes merkwürdige Gefängniß angewiesen, welches früher Herzog Heinrich von Braunschweig bewohnt hatte. Das peinliche Recht sprach über seine Verbrechen den Tod, wohin sich auch die Gutachten der Universitäten aussprachen; um aber eine gerichtliche Untersuchung zu vermeiden, begnügte man sich, ihn für bürgerlich todt zu erklären. Eine lange traurige Zeit verlebte er hier und erst der Tod löste die Banden seines Kerkers. Er starb am 20. April 1603 in seinem sechzigsten Lebensjahre, nachdem er durch die Hinopferung von 33 Jahren seines Lebens die Verbrechen jugendlicher Jahre schwer gebüßt hatte.

Von seinen Kupplerinnen hatte man nur zwei gefangen genommen, die dritte hatte Zeit gewonnen, zu entfliehen. Jene wurden dem peinlichen Gerichte zu Marburg übergeben, welches eine Menge Zeugen verhörte. Als man end=

lich zu ihrer eigenen Vernehmlassung schritt, spannte man sie erst auf die Folter, um sie zu Eingeständnissen und zur Aussage der Wahrheit geneigter zu machen, und während des ganzen Verhörs mußte der Henker gegenwärtig bleiben, um, wo sie stockten oder leugneten, mit der Folter zur Wahrheit aufzumuntern, die jüngere, 20 Jahre alt, wurde der Kuppelei für schuldig erkannt und verurtheilt an den Pranger gestellt, mit Ruthen ausgepeitscht und des Landes verwiesen, die ältere aber, 26 Jahr alt, des Ehebruchs und der Kuppelei für schuldig erkannt, und verurtheilt, durch das Wasser vom Leben zum Tode gebracht zu werden.

Mit Christoph Ernst schloß sich die männliche Nachkommenschaft der Margarethe von der Sahl. Den beiden in Frankreich gebliebenen Söhnen, waren schnell auf einander, in dem Zeitraume von kaum 6 Jahren, auch Philipp Konrad, Ernst [10], Hermann und Moriz gefolgt.

Nach Christoph Ernst's Gefangennehmung stellten die Landgrafen die sämmtlichen dietzischen Aemter unter einen Generalrentmeister, der zu Ulrichstein wohnte, und einen Amtmann, welche dieselben für den noch übrigen jungen Grafen Moriz v. Dietz verwalten sollten. Als Amtmann wurde Hans v. Wallenstein ernannt und zwar über die Aemter Ulrichstein, Lisberg und Schotten. Auch war damals ein Burggraf zu Ulrichstein.

Nachdem 1575 (23. Jan.) auch Graf Moriz zu Speier an einem hitzigen Fieber gestorben war, und man am 1. April 1577 die dietzische Tochter, verehelichte Gräfin v. Eberstein, abgefunden hatte, wurde jene Verwaltung aufgehoben und die Landgrafen trafen am 16. Juli d. J. (1577) eine vorläufige Theilung, in welcher Ulrichstein dem Landgrafen Ludwig von Hessen=Marburg zufiel, nach dessen 1604 erfolgtem Tode dasselbe an Hessen=Darmstadt überging.

Graf Christoph Ernst hatte 1569 die Mauer um den Ulrichstein erneuert und unter jener Verwaltung wurden 1577 die Dächer des Schlosses, welche baufällig geworden, wieder hergestellt.

Hessen=Darmstadt setzte über das Amt Ulrichstein eigene Amtleute, welche ihren Sitz auf dem Schlosse hatten. Einer der ersten war Melchior v. Lerbach (1615).

Die Schicksale, welche Ulrichstein im dreißigjährigen Kriege gehabt, sind mir unbekannt. Im siebenjährigen Kriege war es 1759 von den Franzosen besetzt; als ein preußischer Heerhaufen das Schloß belagerte, ergab sich die Besatzung nach einer Gegenwehr von wenigen Stunden. Doch 1762 fiel es wieder in die Hände der Franzosen, und blieb darin bis zum Schlusse des Friedens. Das Städtchen, schon durch den Krieg sehr beschädigt, erlitt 1763 eine schwere Feuersbrunst.

Bis in die neuern Zeiten war das Schloß Ulrichstein ein Beamtensitz geblieben. Die hohe Lage des Schlosses und der bei stürmischem Wetter unerträgliche Rauch in demselben, veranlaßten jedoch eine Verlegung der Beamtenwohnung. Nun stand das Schloß leer und man wußte keinen bessern Nutzen daraus zu ziehen, als daß man es für 820 fl. auf Abbruch verkaufte, in Folge dessen man jetzt nur noch die Mauerreste des untersten Stockwerks sieht.

Als ich auf der Trümmerstätte herum wandelte, stieß ich zufällig an die den Thorgang bildende von Mauern entblößte Wand und fand eine große Menge unter der Erde verschüttete menschliche Gebeine, insbesondere noch sehr schön erhaltene Zähne. Man erzählt auch, daß, als im siebenjährigen Kriege die Besatzung bei dem hintern Pförtchen eine Grube zur Beerdigung ihrer Todten gegraben habe, man auf eine ausgemauerte Grube voll Menschenknochen gestoßen sey.

Die Kirche, welche am obern Theile des Städtchens, dem Schlosse zu, liegt und die noch 1485 eine Kapelle genannt wird, wurde 1575 von der Stadt mit landgräflicher Unterstützung erbaut.

Anmerkungen.

1) Aus dem Saalbuch der Stadt Ulrichstein, aufgestellt 1740. Die Sage hatten Leute über 90 Jahr alt erzählt, wie sie dieselbe in ihrer Jugend von den Alten gehört. — 2) In der Urkunde von 1296, in welcher der Antheil Heinrich d. j. am Hessenlande bezeichnet wird (Kuchenbecker Anal. hass. VIII. 374), heißt es auch: Grunenberg darzu der walt zu Vlrichestein, worunter ich nichts anderes, als den jene beide Gerichte umfassenden Theil des Vogelbergs verstehen kann. Ulrichstein war nämlich schon zerstört, die Gerichte also ohne Amtssitz und deshalb zu dem Amt von Grünberg geschlagen worden. — 3) Joann. Specilegium tabular. vet. I. 379. — 4) Joann. l. c. 384. — 5) Die hess. Chroniken. S. d. Anmerk. 2, wo die dort aufgeführte Stelle bereits auf diese Zerstörung deutet. — 6) Der hierüber geschlossene Vertrag enthält

Einiges, was eine nähere Erwähnung verdient. Man wird sich erinnern, daß der Ort Ulrichstein 1347 städtische Rechte erhielt, dessen ungeachtet wird er in diesem und andern Verträgen T h a l genannt, eine Bezeichnung, die in der Regel nur von Dörfern gebräuchlich war. T h a l bezeichnete hiernach ganz im Allgemeinen den Ort, welcher unter einem Schlosse, oder wenn das Schloß im Thale stand, der um dasselbe herum lag. — Bei etwaigen Bauten sollten zu deren Verdingung unter andern auch „die zween Burgermeisters daselbs" hinzugezogen werden. — Die Steine zur Deckung der Dächer versprach der Landgraf zu liefern: „Darzu wir yn dann steyne vß die dache zu deckenn gebenn solnn vß vnnser gruben zu Gladenbach." Demnach war schon 1435 der schöne, doch jetzt nicht mehr reiche, Dachschieferbruch bei Gladenbach, im Hinterlande, im Baue und seine Schiefer geschätzt. Es war freilich auch der einzige Bruch in Oberhessen. — 8) Kopp's Bruchstücke zur Erläuterung der deutschen Geschichte und Rechte. II. 43 u. 73. — 9) Senckenbg. Selecta V. 621. — 10) Graf Ernst starb 1570 zu Tübingen; seine Schenkel waren aufgebrochen und mit faulem Fleische bedeckt. Ueber den Brief, wodurch Landgraf Wilhelm am 11. Nov. 1570 seinem Bruder Landgrafen Ludwig des Grafen Tod meldete, schrieb derselbe eigenhändig:

Du lieber Hr. sant Veit) ut impleatur scriptura sapientiae
Nu saind wir desen auch queit)   tertio.

VI.

Hatzfeld.

Mit einer Ansicht.

In dem zum Großherzogthume Hessen gehörenden Hinterlande, welches die Aemter Gladenbach, Biedenkopf und Battenberg umfaßt, liegt zwischen Battenberg und Biedenkopf, in einer rauhen gebirgigen Gegend, am linken Ufer der Eder, das kleine Städtchen Hatzfeld und über demselben auf der Nordspitze eines sich von Süden heraufziehenden kahlen Tonschieferberges, 1039 pariser Fuß über der Meeresfläche, die Ruine des gleichnamigen Schlosses. Die Burgstätte, welche ziemlich geräumig ist, wird durch einen tiefen, sicher schon bei der ersten Anlage der Burg gemachten, Einschnitt, der zugleich zum Burggraben diente, von dem übrigen Berge getrennt, eine sehr bedeutende Arbeit, durch die man sich aber, wie es scheint, zugleich das Material zu dem Baue der Burg verschaffte, denn sämmt=

liche noch jetzt vorhandene Mauern bestehen aus Tonschiefer=
steinen, zwischen denen sich nur vereinzelte Stücke Grau=
wacke finden.

Das Hauptstück der Trümmer besteht aus den Resten
eines in der Mitte der Burgstätte gestandenen Gebäudes:
zwei rechtwinklicht aneinander stoßende Mauern, mit einem
Thore und zwei Reihen Fensteröffnungen. Außer diesen
zeigen sich noch die Spuren der Umfassungsmauer mit den
Resten eines gegen Nordosten gelegenen Thurmes, der jedoch
die Ringmauer nicht viel überragt haben mag.

Von den Kellern, von denen einer noch vor wenigen
Jahren zusammenstürzte, ist jetzt nichts mehr sichtbar. Man
zeigt außerdem noch den Ort des Brunnens, so wie den
eines kleinen ausgefüllten Teiches.

Die Aussicht ist, durch die sich eng aneinander drängen=
den Schieferberge, sehr beschränkt und nur die Eder hinauf
bis zur Mündung der Elsoff geöffnet.

Zwischen der Stadt und Burg liegt die kleine hölzerne
Kirche, welche im Jahr 1787 erneuert wurde. Eine zweite
Kirche liegt jenseits der mit einer Holzbrücke überschlagenen
Eder, und soll zu dem nicht mehr vorhandenen Nieder=
hatzfeld gehört haben.

Obgleich die Geschichte dieser Gegend, durch die hier im
Jahre 778 vorgefallene Sachsenschlacht, schon frühe eine
besondere Bedeutung erlangt, so liegt doch während der
folgenden Zeiten ein Dunkel darüber, das nur sehr verein=
zelte Partien erblicken läßt und erst mit dem 13. Jahrhun=
dert allmählig zu verschwinden beginnt. Auch die Hatzfeld'=

sche Geschichte läßt sich nicht höher hinauf verfolgen; und wir wissen nicht, ob die ehemaligen Dörfer Ober= und Niederhatzfeld früher als die Burg vorhanden gewesen sind, obgleich der Name dafür zu sprechen scheint. — Hatz= feld gehörte zu der Graffschaft Battenberg, deren Grenzen den größten Theil des nördlichen Oberheffens umfaßten, und bildete später mit dem Hofe Biebighausen, und dem weiter hinab liegenden Dorfe Bringhausen ein eigenes Gericht.

Im Jahre 1213 findet man den Namen Hatzfeld zum ersten Male [1]). Damals lebten 2 Brüder, Gott= fried und Volpert, von denen der erstere noch ein gan= zes Viertel=Jahrhundert gelebt zu haben scheint [2]). Er hatte Jutta, die Tochter Konrad's, Herrn von Itter, zur Haus= frau, nach deren Tode er um's Jahr 1245 eine Seelen= Messe für sie im Kloster Haina stiftete [3]). Seit 1223 findet sich auch ein Ritter Eckhard, dessen Tochter mit Ritter Kraft v. Schweinsberg verehelicht war (1236) [4]). Doch erst später lassen sich die Verwandtschafts=Verhältnisse der einzelnen Glieder ordnen, und Ritter Kraft v. Hatz= feld ist der erste, von dem dieses möglich ist, und welchen wir deshalb auch den I. nennen wollen. Sein Bruder Eberhard hatte dem Kloster Heina Güter zu Harpshausen und Herzhausen verkauft, auf welche Kraft, nachdem er diesem Handel widersprochen, 1264 gegen 7 Mrk. Verzicht leistete [5]).

Im Jahre 1272 erwarb Kraft mit seinem Schwager Denhard v. Hainbach ziegenhainische Lehngüter zu Röls= hausen [6]). Drei Jahre später finden wir ihn als Burg=

mann auf dem mainzischen Schlosse Melnau [7]). Im Jahre 1284 schenkte er seine Güter in „Hulsbach" (Wüstung unfern Hohensolms) dem Kloster Altenburg, sowie 1301 mit seiner Hausfrau Jutta Güter in Hainbach (bei Burggemünden) dem Kloster Haina.

Er hinterließ 3 Söhne, **Gottfried** I., **Kraft** II. und **Adolph**, und 2 Töchter, Sophie und Felize, welche sämmtlich seit 1300 in den Urkunden vorkommen. Adolph wurde Kanonikus zu Fritzlar, als welcher er sich seit 1327 findet.

Ritter **Gottfried** machte 1309 seine allodialen Güter zu Simtshausen (**Synanneshussen**) und Wollmar dem Landgrafen Johann von Hessen lehnbar [8]).

Obgleich die Burg Hatzfeld sicher schon lange vorhanden war, so findet man sie urkundlich doch erst 1311 genannt, wo sie ihre Eigenschaft als Allodium einbüßte. Ueber die Veranlassung hierzu haben wir keine Nachrichten und wir wissen deshalb nicht, ob das Bedürfniß einen Schutzherrn zu erwerben, ob die Gewalt der Waffen, oder ob pekuniäre Vortheile, die ihnen geboten wurden, die v. Hatzfeld dazu bewogen; doch hat das letztere noch die größere Wahrscheinlichkeit für sich. In dem genannten Jahre erklärten nämlich, am 26. September, die Brüder **Gottfried** und **Kraft**, daß, nachdem sie ihre Burg Hatzfeld unter dem Titel einer Schenkung zwischen Lebenden dem Landgrafen Otto von Hessen übergeben, sie dieselbe von diesem Fürsten als Lehen wieder zurück empfangen, und demselben hierbei zugleich die Oeffnung der Burg gegen alle Feinde, von

von denen sie nur das Erzstift Mainz ausnähmen, feierlich gelobt hätten [10]).

Ritter Kraft erkaufte hiernächst 1315 Güter zu Red= bingshausen (Rudinghusen) und 1317 andere zu Bot= tendorf (Boppendorf).

Gottfried war mehrere Jahre mainzischer Amtmann zu Amöneburg, bis um's Jahr 1318 sein Bruder an seine Stelle trat (1323 und 1324) und er dagegen das land= gräfliche Amt zu Marburg übernahm (1318—1320). Als Gottfried starb, hinterließ er neben seiner Gattin, die eine Tochter Guntram's Schenk zu Schweinsberg war, 3 Söhne, Kraft III., Guntram I. und Kraft IV., durch welche er der Stifter einer Hauptlinie wurde.

Ritter Kraft, der den andern Stamm begründete, hatte mit seinem Bruder, den er überlebte, die Burg Hatzfeld seither in ungetheilter Gemeinschaft besessen, eine Einrich= tung, die da, wo nur zwei Theilhaber sind, keine sonder= liche Gefahr für die Eintracht der Burgbewohner mit sich führte; jetzt aber, wo sich die Glieder mehrten und Linien und mit diesen auch verschiedene Interessen entstanden, er= kannte er die Nothwendigkeit, den Familien=Frieden durch ein strenge Scheidung der Burggebäude und die Errichtung eines Burgfriedens zu sichern. Und da sein graues Haupt sowohl, als seine Eigenschaft als Oheim den Abschluß einer derartigen Uebereinkunft erleichtern. mußten, entschloß er sich, diese Angelegenheit noch vor seinem Tode in Ordnung zu bringen. Er trat deshalb mit seinen Neffen in Unter= handlung und brachte nicht allein eine Scheidung der Burg,

sondern auch einen Burgfrieden zu Stande. Der hierüber
am 23. April 1331 in Gegenwart vieler Ritter aufgerich=
tete Vertrag enthält unter andern die nachstehenden Bestim=
mungen: Die Burg wird in zwei gleiche Theile getheilt
und die Kemnate mit dem Theile, welcher gegen Oberhatz=
feld, so wie alles, was auswendig der Burg liegt, sollen
Gottfrieds Söhne, dagegen die andere Seite gegen Nie=
derhatzfeld mit allem, was außer der Burg liegt, **Kraft**
erhalten. Da dessen Kemnate ungebaut sey, möge er diese
also hoch, weit und lang bauen, als die andere, und zwar
mit eben so vielen Fenstern und Erckern, als diese zähle.

Die zur Burg führenden Pforten und Wege, sowie
auch die Brücke sollten gemeinschaftlich seyn. Wenn Kraft
es wünsche, sollte das Pforthaus abgebrochen und auf ge=
meinschaftliche Kosten auf die, beide Theile scheidende Linie
wieder aufgerichtet werden. Ferner sollte nur gemeinschaft=
lich geschehen: ein etwaiger Thurmbau (der jedoch nie statt
gefunden zu haben scheint), die Erhöhung der Ringmauer,
die Unterhaltung der Wege und der Brücke außer der Burg,
Arbeiten am Burggraben, so wie die etwaige Gründung
eines Thales unter der Burg ꝛc. Was den Burgfrieden
betraf, so wurde unter andern bestimmt, daß keiner, ohne
aller Willen, einen Herrn auf der Burg enthalten, und
der, welcher seinen Erbtheil an der Burg zu verkaufen beab=
sichtige, dieses nur an einen rechten Ganerben, und nicht
höher, denn zu 20 Mrk. Pfennigen („vnd eine wizzin Hun=
bis breck vnd darzu nicht me") thun sollte.

Nur kurze Zeit überlebte Ritter Kraft den Abschluß

dieses Vertrages. Er hinterließ 3 Söhne, Johann I., Kraft V. und Gottfried II., sämmtlich noch jung.

Ungeachtet die Burg Hatzfeld im Jahre 1311 zu hessischem Lehen gemacht worden war, so fand sich Guntram doch jetzt, und zwar wie es scheint blos durch die Aussicht auf den Gewinn einer Summe Geldes, bewogen, dieselbe dem Erzstift Mainz aufzutragen.

Er nahm zu diesem Zwecke seinen jungen Vetter Johann I., der noch die Schule besuchte, und ritt mit diesem und seinem Schwiegervater, dem Ritter Heinrich v. Obenrod, zu dem damaligen Verweser des Erzstifts, dem Erzbischofe Balduin von Trier, und schloß mit diesem den Handel ab; wie viel er dabei verdiente, ist nicht bekannt, Johann's Antheil aber betrug 40 Pfd. Heller. In Bezug hierauf erklärten sie, am 7. September 1333, und zwar Johann zugleich im Namen seiner beiden jungern Brüder, daß sie, nämlich Johann die Hälfte und Guntram seinen Antheil des Schlosses Hatzfeld, welches unter mainzischer Hoheit (in iurisdictione alta ac dominio Ecclesie Moguntine) liege, „in feodum ligium et aperibile" vom Erzbischofe empfangen zu haben [11]).

Wie wir sehen, nahmen Guntram's Brüder an dieser Felonie keinen Theil; doch auch Guntram selbst war es nicht sehr Ernst damit, denn sobald er seinen Zweck, nämlich die Bereicherung seines Seckels, erreicht hatte, machte ihm die Erfüllung der gegen Mainz übernommenen Pflichten so wenige Sorgen, daß er schon nach wenigen Jahren keinen Anstand nahm, zu dem alten Lehnsherrn zurückzu-

9

kehren. Sowohl er und seine Brüder, als ihr Vetter Kraft erneuerten am 30. Aug. 1337 bei Landgraf Heinrich II. nicht nur das Lehn, sondern auch das Versprechen der Oeffnung, blos, wie schon 1311 geschehen war, sich, im Falle das Erzstift mit Hessen in Krieg komme, eine Neutralität vorbehaltend [12]).

Da Krafts Brüder, Johann und Gottfried, sich geweigert hatten, an dieser Lehnserneuerung Theil zu nehmen, so versprachen jene in einer besondern Urkunde von demselben Tage diese „mit guten Treuen und mit aller ihrer Macht" ebenfalls dazu anzuhalten.

In dem Theilungs=Vertrage von 1331 war schon die Anlegung eines Thales an die Stelle des bisherigen Dorfes in Aussicht gestellt worden. Dieses kam 9 Jahre nachher zur Ausführung. Von seinen Brüdern und Vettern beauftragt, ritt Kraft 1340 nach Frankfurt zu Kaiser Ludwig und erwirkte von demselben unter dem 4. September nicht nur die Erlaubniß, unter der Feste Hatzfeld eine Stadt bauen und mit Gräben und Mauern umgeben zu dürfen, sondern für diese künftige Stadt auch die Freiheiten der Stadt Frankfurt [13]).

Doch von nun an wird es nöthig, die Geschichte beider Stämme zu trennen.

Wir nehmen zuerst den Gottfriedischen oder den

Stamm zu Hatzfeld

vor. Guntram wurde 1340 kölnischer Burgmann in Siegen [14]), so wie sein Bruder Kraft III. im Jahre

1343 Burgmann des Grafen Heinrich d. j. von Nassau auf allen dessen Schlössern.

Als Kraft kurz hierauf starb, hinterließ er seine Hausfrau Else mit 2 Söhnen, Werner und Gotfried IV., welche jedoch schon nach 1374 wieder verschwinden.

Schon früher hatte Guntram dem Erzstifte bedeutende Dienste geleistet, er war unter andern mit dem Erzbischofe nach Thüringen gezogen und dort gefangen worden; um sich hierüber zu berechnen, ritt er mit seinem Bruder Kraft III. zu dem mainzischen Verweser, Kuno v. Falkenstein, nach Eltvill, wo er demselben zu der schuldenden Summe noch ferner 2500 Pfund lieh, und dafür am 6. Dezember 1348 den mainzischen Theil von Wetter und das Schloß Melnau, zusammen für 3500 Pfund, verpfändet erhielt [15]).

Zwischen hessischen und mainzischen Besitzungen liegend, und sowohl den Landgrafen als den Erzbischöfen durch Lehnspflichten verbunden, glichen sie dem Eisen zwischen zwei Magneten, das sich nach dem einen oder andern Punkte wirft, je nachdem die Anziehungskraft des einen die des andern überbietet. Diese bestand für sie lediglich in den Vortheilen, welche ihnen der Kriegssold bot, und wir finden sie deshalb, je nachdem ihnen der Gewinn größer oder geringer schien, bald unter den Fahnen von Mainz, bald unter denen der Landgrafen, während des 14. Jahrhunderts jedoch meist auf des erstern Seite. Dieses war auch 1346 der Fall, als der Erzbischof Heinrich von Mainz mit dem Landgrafen Heinrich II. von Hessen in Krieg verwickelt wurde.

Obgleich der Streit mit Hessen nur örtlichen Interessen galt, so wurde derselbe doch bald mit in den Kampf der beiden deutschen Gegenkönige und vorzüglich der beiden Erz= bischöfe von Mainz, des Heinrich v. Virneburg mit dem jungen vom Pabste bestellten Grafen Gerlach von Nassau, verwickelt, als sich der Landgraf für den letztern und den König Karl von Böhmen erklärte. Nachdem die Zeit einer, zwischen Hessen und dem Erzbischofe Heinrich vermittelten, längeren Waffenruhe abgelaufen war und der Krieg sich 1349 von Neuem erhob, ritten die v. Hatzfeld wieder an den erzbischöflichen Hof nach Eltvill, und verbanden sich zu neuer Kriegshülfe. Unter andern geschah dies mit Gott= fried III., Guntram's Sohn, am 24. Mai d. J., in= dem derselbe für die Dauer eines Jahres Mainz zu dienen gelobte und dafür 120 Pfd. Heller erhielt, welche sein Va= ter zu der Pfandschaft an Wetter und Melnau aufschlagen sollte [16]). Auch Kraft III. war sehr thätig in diesem Kriege und hatte namentlich die Vertheidigung von Melnau übernommen, von wo aus er die nachbarlichen hessischen Besitzungen und vorzüglich Marburg, Frankenberg und Bie= denkopf beunruhigte und beschädigte. Er hatte auf Melnau 15 Mann mit Helmen (Ritter) und 15 mit Panzern ein Vierteljahr in seinem Dienste, von denen er jedem der er= stern 20 und jedem der letztern 10 Pfd. Heller und allen Kosten und Hufschlag gab. Für dieses und für Botenlohn und heimliche Kundschafter, so wie seine eigenen Dienste, wurde ihm das Erzstift 1325 Pfd. Heller schuldig, welche ihm der mainzische Verweser am 20. Mai 1351 zu Aschaf=

fenburg, ebenfalls wieder zu der melnauischen Pfandschaft schlug [17]).

In demselben Jahre wurden die v. Hatzfeld mit dem Grafen Johann von Nassau zu Haddamar in eine Fehde verwickelt, deren Ursachen unbekannt sind. Am 14. Sept. kamen sie mit demselben bei Löhnberg an der Lahn zu einem Treffen, worin sie ihn niederwarfen und mit vielen der Seinigen gefangen nahmen [18]). Das Lösegeld für die Gefangenen hob eben so sehr ihren Wohlstand, als der Sieg selbst ihren Muth und ihre Kriegslust erstarkte. Sechs Jahre später erfochten sie einen neuen Sieg. Mit der paderbornischen Stadt Warburg zerfallen, zogen sie gegen dieselbe und kamen mit deren Bürgern zu einem Streite, worin sie von denselben an 40 erschlugen und an 100 gefangen nahmen, deren Lösegeld an 4000 Mrk. Silber betrug [19]). Drei Jahre nachher verkündeten Guntram und seine Söhne auch dem Landgrafen Heinrich II. die Fehde. Zwar wurde am 12. Juli ein Waffenstillstand geschlossen, der erst am 1. März 1361 ausgehen sollte, aber die v. Hatzfeld behielten sich für den Fall, daß der Landgraf mit dem Grafen Johann I. von Nassau=Dillenburg in Fehde komme, die Freiheit aus, diesem helfen zu dürfen, ohne den Frieden dadurch gebrochen zu haben, ein Fall, der bald eintrat. Die Fehde begann also von Neuem und Hessen wurde schwer beschädigt. Aber auch der Landgraf war nicht müßig, er sammelte seine Getreuen und brach in des Grafen Lande ein. Nördlich von Wetzlar, vor der Feste Hohensolms, die dem Landgrafen offen stand, traf er die Feinde, behielt das Feld und gewann an 70 gesattelte Streitrosse. Vom Feinde nur noch wenig beunruhigt, zog er weiter und verwüstete das Land bis gen Siegen, am Rothlager Gebirge [20]. Erst im Jahre 1364 sühnten sich die v. Hatzfeld mit dem Landgrafen, indem sie ihre Ansprüche der Entscheidung von 7 Austrägen unterwarfen. Diese erfolgte am 25. Juni 1364: alle Beschuldigungen und Ansprüche sollten niedergeschlagen seyn und alle Gefangenen losgegeben werden; der Landgraf sollte Guntram seine Lehen wieder reichen und denselben hinsichtlich einer Geldforderung [21], binnen bestimmten Fristen, befriedigen. Einen Tag früher hatte der Landgraf dem Ritter Kraft IV. zur Vergütung der ihm in dieser Fehde zugefügten Beschädigungen ein Erbburglelehen gereicht. Wie es scheint, stand in diesem Streite Johann I. gegen seine Vettern auf der Seite des Landgrafen [22].

Ob Guntram selbst an dem Sternerbunde Theil genommen, wissen wir nicht, dagegen finden wir ihn im Jahre 1379 im Hörnerbunde und zwar als einen der Hauptleute desselben. Als kurz nachher Hessen und Mainz zerfielen, und beide 1380 gegen einander ins Feld rückten, traten die v. Hatzfeld wiederum auf die Seite des Erzbischofs und öffneten sowohl diesem, als dessen Bundesgenossen, dem Grafen Johann von Nassau=Dillenburg, ihre Stammburg.

Von Hatzfeld und Melnau wurde nun Hessen beunruhigt. Einst zog der Landgraf mit einem Heereshaufen aus, zu dem unter andern Frankenberg allein 60 Reiter gestellt hatte. Nachdem zuerst das Thal (Dorf) unter der Densburg geplündert und zerstört, dann die Flur zu

Mardorf, unter Amöneburg, und die Umgegend von Melnau verwüstet worden war, wurde am 23. Juni auch Hatzfeld angegriffen, und da dieses erfolglos blieb, auch hier die Feldmark verödet. Im folgenden Jahre streiften die Burgmannen von Melnau um Marburg und drangen bis in die Stadtpforten, mehrere Bürger, theils erschlagend, theils gefangen nehmend. Auf dem Lahnberg fanden zwei Bürger durch die von Löwenstein ihren Tod. —

Um all diese Unbilden zu rächen, zog Landgraf Hermann mit einem Heere gegen Melnau; nach einer heftigen Vertheidigung wurde die Burg erstiegen, aber der Thurm widerstand allen Anstrengungen. Diesen hielt Ritter Guntram mit wenigen seiner Getreuen besetzt, fest entschlossen, sich eher unter seinen Trümmern zu begraben, als sich zu ergeben. Von Lebensmitteln entblößt, vermochten sie den brennenden Durst nur durch ihren eigenen Urin zu stillen. Schon waren die Landgräflichen bemüht, durch Untergrabung den Thurm zu stürzen, als im Augenblicke der höchsten Noth die v. Hatzfeld und v. Löwenstein an der Spitze ihrer eilig gesammelten Freunde anlangten, und, nach einem heißen Kampfe, die Landgräflichen wieder zurückschlugen. Dieses geschah am 8. April 1381. Am 12. Aug. erschienen die Hessen wiederum vor Melnau und zogen, nach Verwüstung der Felder, weiter gegen Amöneburg [23]). Erst 1383 sühnten sich die v. Hatzfeld wieder mit dem Landgrafen aus und empfingen von Neuem ihre Lehen.

Damals war Guntram jedoch nicht mehr am Leben; jener Kampf hatte des Greises letzte Kräfte gekostet. — Wie

es scheint, war Guntram der Lehnserbe seines Schwieger=
vaters, Heinrich v. Obenrod, der 1337 einen Bürger zu
Rauschenberg erschlagen hatte, geworden; als dieser nämlich
1335 seine Güter zu Goßfelden zu mainzischen Lehen machte,
bedingte er für Guntram die Lehnsfolge. Seine Gattin
Irmengard hatte ihm 3 Söhne geboren, Gottfried III.,
Johann II. und Kraft VI. Der erste, von dem wir
schon oben erzählt, hatte die Wittwe des Grafen Johann
von Sain, Lise, Gräfin v. Gülich, geehelicht, mit der er
1364 vom Grafen Gottfried von Ziegenhain zwei Drittel
von Burg, Stadt und Amt Rauschenberg für 5200 fl.
verschrieben erhalten hatte; 1368 war er Amtmann zu Mar=
burg, und findet sich bereits 1371, wo Rauschenberg von
seiner Wittwe wieder abgelöst wurde, nicht mehr am Leben.
Auch seine Kinder starben frühe. Lise ehelichte hierauf
Johann Herrn v. Wildenberg und wurde die Stammmutter
der v. Hatzfeld zu Wildenberg [24]).

Guntram's zweiter Sohn Johann II. verschwindet
schon nach 1364 und nur allein der dritte, Kraft VI.,
erreichte ein hohes Alter. Er focht in Gemeinschaft mit
seinen Vettern Johann I. und Gottfried II. im Ster=
nerbunde und sühnte sich deshalb am 19. Juni 1374 zu
Marburg mit den Landgrafen, indem von beiden Seiten
alle Ansprüche niedergeschlagen wurden und Kraft alle
Gefangenen frei gab. Im Jahre 1379 erhielt derselbe vom
Grafen Gottfried von Ziegenhain ein Burgmannslehen zu
Gemünden an der Wohra. In dem Kriege von 1387 focht
er im Dienste des Landgrafen, beschuldigte denselben aber,

daß er ihm seine Gefangenen entwendet habe, und mußte sich zu einer Ehren=Erklärung bequemen. Im Jahre 1390 wurde er mit andern der Stadt Frankfurt Feind und schloß sich dem Bunde gegen den Grafen Johann III. von Sain an, welcher von Witgenstein aus die umliegenden Gegenden durch räuberische Streifzüge beunruhigte. Jener Bund galt der Demüthigung des unruhigen Grafen und wurde am 15. Mai 1390 zwischen dem Landgrafen Hermann von Hessen, dem Grafen Johann von Nassau=Dillenburg und den v. Breitenbach und v. Hatzfeld abgeschlossen. Von den letztern waren es Kraft VI., VII. und VIII., so wie des letztern Bruder Johann III. Einer sollte dem andern helfen und zwar auf seine eigenen Kosten und Schäden; der Landgraf sollte 10 Glevener zu Blankenstein, Graf Johann 10 zu Siegen oder Herborn, die v. Breitenbach 6 zu Biedenkopf und die v. Hatzfeld 10 zu Hatzfeld zum täglichen Kriege einlegen. Wenn sich jedoch der Krieg vergrößere und sie mehr Leute bedürften, wollten sie sich deshalb berathen.

Daß Anordnungen dieser Art nicht geeignet waren, den Wolf in seinem Lager aufzusuchen, um mit bleibendem Erfolge dem Lande Ruhe zu verschaffen, spricht sich deutlich darin aus; denn es ist dabei mehr auf Abwehr, als entscheidenden Angriff abgesehen. Jene kleine Besatzungen durchstreiften die nächsten Umgegenden, plünderten und brannten die feindlichen Besitzungen, überfielen die ihnen aufstoßenden Feinde, oder zogen sich, wenn sie deren Uebermacht fürchteten, in die zunächst liegenden offenen Schlösser zurück. Man suchte weniger Kampf, als Gefangene und Beute (Raub), und der war der Sieger, der des Gegners Besitzungen am meisten verwüstet hatte.

Das sind die Umrisse zu dem Bilde des sogenannten täglichen Krieges.

Auf diese Weise wurde nun auch der Krieg gegen den Grafen von Sain geführt, ungeachtet ein Zusammenziehen aller Streitkräfte der Verbündeten und ein rasches kräftiges Handeln den Krieg, trotz des unwegsamen gebirgigen Landes, welches dem Grafen eine ihm von der Natur verliehene Feste war, in wenigen Wochen hätte entscheiden können.

Beinahe zwei Jahre dauerte der Kampf, wo der Nassauer endlich den Grafen in seine Gewalt bekam und gefesselt nach Dillenburg führte. Als er ihn auf die Vermittelung seiner Freunde am 19. April 1392 entließ, mußte er geloben, sich in bestimmter Frist wieder in Eisen und Banden zu stellen. Seine völlige Entlassung erfolgte am 8. Juni d. J., nachdem er 1000 Gfl. Lösegeld gezahlt und sich einem höchst schmählichen Unterwerfungs-Vertrage gefügt hatte, in welchem er seine ganze Grafschaft der nassauischen Lehnsherrlichkeit unterwarf und durch einen Eid gelobte: „die Straßen nicht „mehr zu berauben, noch Kirchen, Kirchhöfe und Klöster „weiter zu geschinden, gerauben, geburnen, oder Jemand „dazu zu hausen und zu hegen." Am folgenden Tag versprach er auch den Landgrafen und die v. Hatzfeld und v. Breitenbach abzufinden.

Wie man aus dem Allen schließen muß, so hatte der Graf von Nassau den Krieg mit regerer Thätigkeit geführt, als seine Bundesgenossen, deren Wirken innerer Zwiespalt gelähmt zu haben scheint.

Der Zusammenhang dieses Zwiespalts ist dunkel, indem nur einige Urkunden ein mattes Licht über denselben werfen. Am 10. Jan. 1392 gab Kraft VIII. alle von Kraft VI. gemachten Gefangenen, ihrer Gelübde los. Am 18. März bekennt Kraft VI., daß er sich mit dem Landgrafen um alle Brüche gesühnt und eidlich gelobt habe, nie wieder dessen Feind zu werden, und wenn er das bräche, sogleich nach geschehener Mahnung in Marburg einzureiten und ein recht Gefängniß zu halten, bis er den Bruch abgethan habe. Er setzte hierfür Geiseln, und versprach ferner, daß auch seine Söhne dieselben Gelübde thun sollten, sobald sie ihr 12. Jahr erreicht hätten. Und am 15. Sept. d. J. erklärte er: „Also als mich der — Jungher Herman Lantgraue zcu Hessen vnd dy sinen von siner wegen zcu Marpurg gekümert vnd uffgehaldin han, Als mich der Edel Her Her Johan Graue zcu Naßouw dar vorbodt hatte, des han ich vor mich vnd myne erbin vnd frunde vorczehin vnd vorczihen vone dy geschicht uff den egen. mynen Herin von Naßouw sine erben er lande vnd lude rc." [25])

Im Jahr 1396 wurde Kraft VI. vom Erzbischofe von Köln zum Burgmann zu Hallenberg bestellt, wogegen er demselben die Oeffnung seines Antheils an Burg und Stadt Hatzfeld und dem dabei gelegenen Hause Freundetrost (Brundtetrost) — einer Nebenburg, die hier zum ersten Male genannt wird —, mit allen Festungen, Mauern, Pforten, Gräben, Vorburgen und allen Zubehörungen gelobte [26]).

Kraft starb nach dem Jahre 1397 und hinterließ 4 Söhne: Kraft IX., Gottfried IV., Guntram III und Clung, die, diesen Stamm schließend, schnell auf einander ihrem Vater zur Gruft folgten.

Wir wenden uns wieder zu Ritter Kraft IV., Gottfried des I. Sohne zurück, der von 1353—1369 den Hof des Stifts Essen zu Fronhausen in Pacht hatte. Nachdem er im Jahre 1384 seine hessischen Lehen von Neuem empfangen hatte, verschrieb ihm Landgraf Hermann seinen Antheil vom Amte Wetter, und zwar so, daß er jährlich 113 Pfund Heller daraus beziehen sollte, für die Summe von 1130 Pfund Heller; ausgenommen von der Pfandschaft wurde der hessische Antheil am Flecken und an den Diensten, so wie an den Brüchen und Bußen über 5 Schillinge rc. [27] Wetter war nämlich zweiherrisch, hessisch und mainzisch; daß auch der mainzische Theil den Hatzfeldern verpfändet worden, haben wir schon oben erzählt; wie lange aber beide Pfandschaften dauerten, wissen wir nicht zu bestimmen. Kurz nach 1384 starb Ritter Kraft. Seine Söhne waren Heinrich, Kanonikus zu Fritzlar, Guntram II., Kraft VII. und Wigand I. Eine Tochter, Margarethe, wurde an Henne v. Eisenbach verehelicht. Kraft VII., gewöhnlich der Jüngere genannt, erhielt 1385 vom Landgrafen ein Drittel von Biedenkopf verschrieben, und schloß sich 1390 dem Bündnisse gegen den Grafen Johann von Sain an. — Kraft IV. hatte einen Stiefbruder, den Ritter Friedrich v. Bicken. Als Kraft's Söhne sich 1396 zu Mainz mit Friedrich über Güter verglichen, die derselbe seinem Bruder versetzt hatte, überließ dieser seinen Neffen das Patronatrecht der Kirche auf dem Christenberg, und diese gaben ihm dagegen Güter zu Leidenhofen und die eigenen Leute im Gerichte Ebsdorf. Nach Friedrich's Tode erhielten sie dessen fuldische Lehen: einen Hof zu Florstadt, und Zehnten zu Großenselheim (den sie 1436 dem Stifte Amöneburg verkauften), zu Hessele, zu Derbach und zu Roßberg. Ihr Vater hatte Güter am Main erworben, namentlich einen Hof zu Sachsenhausen, bei Frankfurt, der Ninner genannt, aus dem sie 1398 eine Rente verschrieben, so wie Güter zu Friedberg, welche sie der Burg Friedberg verkauften [28]. Auch hatte Wigand zu einem Burgmannslehen zu Hanau 3 Juden zu Friedberg erhalten. In demselben Jahre (1398) verglichen sie sich mit ihrem Bruder Heinrich, dem Kanonikus, welcher auf die väterliche Verlassenschaft Ansprüche erhoben hatte sie öffneten ihm ihre Schlösser und versprachen ihm jährlich 20 fl. aus der Gülte zu Wetter.

In dem Kriege, welcher sich 1400 in Folge der Ermordung des Herzogs Friedrich von Braunschweig gegen Mainz erhob, war Wigand einer der thatkräftigsten Anhänger des Landgrafen Hermann von Hessen. In einem Gefechte fing er mit Hülfe der landgräflichen Hauptleute den mächtigen Friedrich v. Padberg mit vielen seiner Genossen und verglich sich 1401 am 30. November wegen deren Lösegeld mit dem Landgrafen, wonach ihm von dem Friedrich's nicht unter 50 fl., von dem aller andern aber die Hälfte zukommen sollte. Auch sonst machte er noch reiche

Beute. So nöthigte er 1402 Heidenreich von Hagen und dessen Sohn Widekind ihm und seiner Familie ihr Haus **Babenol** und das Freigericht **Hundeme** zu Lehn aufzutragen. An demselben Tage, als dieses geschah, am 22. Juli, traf er mit seinen Brüdern und Vettern eine Vereinigung über die Art und Weise, wie sie Fremde im Schlosse Hatzfeld hausen und behelfen sollten.

Fürsten, Grafen und Herren sollten sie nur gemeinschaftlich hausen und über deren Aufnahme durch Stimmenmehrheit entscheiden; ein Fürst sollte zum Baue geben 50 fl. und 10 Armbrüste und 14 Wächter halten, ein Graf oder Herr 25 fl., 2 Armbrüste und 2 Wächter, ein Ritter oder Knecht (Knappe) 10 fl. und 1 neue Armbrust von 10 fl. Werth, und eben so viel ein jeder arme Gesell.

Wenn die solchergestalt Aufgenommenen Gefangene einführten, sollte ein Fürst 20, ein Graf oder Herr 10, ein Ritter 5, ein Knecht 3 und ein Bürger 1 löth. Mark Silbers zum Baue zahlen. Alle, welchen die Aufnahme würde, sollten den Burgfrieden beschwören. Schließlich enthält der Vertrag die Bestimmung: „Daz man mid keyme virligenden hunde gen sal, mid keyme rutgarn vischen, keyn honer kornen, keyne beche scheppen, nicht hassen lussen aber nacht jagen in vnssern gerichte zu Haitzfelt."

Im Jahre 1407 erklärten sämmtliche v. Hatzfeld, daß sie nach ihrer Sühne mit Sain, vom Grafen Gerhard von Sain (dem Enkel jener Lise v. Gülich) 50 fl. Manngeld auf ihre Baue zu Hatzfeld erhalten hätten.

Als Graf Dietrich diese 50 fl. im Jahre 1435 mit

500 fl. ablöste, trugen ihm Wigand und seine Brüder ihren großen Hof zu Niederhatzfeld, und die andern vom wildenbergischen Stamme ihren Hof zu Bübighausen zu Lehn auf.

Wigand findet sich 1407 in dem Pfandbesitze der mainzischen Hälfte von Wetter, wo damals ein hessischer, ein mainzischer und ein hatzfeldischer Schultheiß waren. Wie es scheint, war dieses noch die alte Pfandschaft, welche von dem Jahre 1348 herrührte.

Während Kraft VII., dessen Hausfrau Katharine, eine Tochter des Ritters Kraft VIII. v. Hatzfeld war, schon zwischen 1407—9 mit Hinterlassung einer Tochter Christine gestorben war, welche ihrem Oheim Wigand 1419 ihre väterliche Erbschaft verkaufte, war Guntram, alle seine Güter seinem Bruder Wigand übergebend, in den Johanniter-Orden getreten, als dessen Kommthur zu Wiesenfeld er 1420 erscheint, und wo wir ihn noch 1429 als Konventual finden. Wigand war sonach der einzige, auf welchem die Fortdauer dieses Stammes beruhte.

In dem Kriege, welcher sich 1415 zwischen dem Erzbischofe Dietrich von Köln und dem Herzoge Adolph von Berg erhob, focht Wigand unter des Erzstifts Banner und zeichnete sich dabei dergestalt aus, daß ihm der Erzbischof noch insbesondere für seine geleisteten Dienste 24 fl. zu einem Burglehen in Arnsberg anwies [29]). Im Jahre 1419 schloß er mit dem wildenberger Stamme einen Vertrag wegen der Bewachung des Schlosses Hatzfeld.

Hiernach sollte Wigand allnächtlich 4 Knechte, welche

hörten und sähen und wahrhaftig seyen, in der Burg und 2 auſſer der Burg auf der Mauer halten, wie das bisher gewöhnlich gewesen sey, desgleichen täglich 1 Knecht in seinem Hause. Eben so seine Ganerben Kraft und Gottfried jede Nacht zwei Knechte in ihrem Hause, 1 Wächter außer der Burg auf der Mauer und 1 Knecht für den Tag. Ferner sollten sie gemeinschaftlich bestellen 2 Pförtner und diese gleich und wohl lohnen, damit sie bei ihnen blieben und nicht klagten. Dem Gerichte zu Hatzfeld wollten sie seine Macht und seinen Gang lassen mit Bußen und Brüchen und einen Erlaß nur gemeinschaftlich bewilligen, auch keinen ihrer Bürger am Gerichte verkürzen. Wer hiergegen handele, sollte binnen 8 Tagen in einem bestimmten Orte zu einem Einlager einreiten, und dort bleiben, bis er das Verbrochene wieder gut gemacht habe.

Im Jahre 1420 erhielt Wigand von den Grafen von Ziegenhain statt der 10 fl. für das rauschenberger Burglehen, alle deren eigene Gotteslehen, Männer und Weiber, in der Grafschaft Wetter, so wie alle die, welche aus ihrem Lande dorthin ziehen würden, mit Diensten, Beden und allen Rechten, welche die Grafen daran hatten. Schon seit länger hatte Wigand ein solms'sches Burglehen zu Hungen; als dieses die Grafen von Solms 1422 mit 100 fl. ablösten, gab Wigand ihnen dafür seine Allodien zu Ober- und Niedermörle und Heistersheim zu Lehn auf. Kurz hiernach starb Wigand. Er hatte mit seiner Hausfrau Sophie 5 Söhne, Wigand **II.**, Gottfried **VI.**, Otto, der sich nach 1429 nicht mehr findet, Guntram **IV.**, der in den deutschen Orden trat, und Appel, welcher Johanniter Ritter zu Wiesenfeld wurde, wo er sich 1464 und 1474 als Kommthur findet.

Im Jahre 1429 gaben sämmtliche hatzfeldische Ganerben der Stadt Hatzfeld einen Freiheitsbrief. Die Bürger sollten hiernach in allen Dingen frei seyn, außer von ihrer Herren Gerichtsbarkeit; namentlich sollten sie nicht verpflichtet seyn über ihr Gebiet hinaus zu folgen, es beträfe denn eine gemeinsame Sache; wenn Jemand in die Bürgerschaft aufgenommen werden wollte, möchten sie ihn aufnehmen, und die Herren sollten nicht darin sprechen, möchte der Aufgenommene ihnen auch sogar zu Gotteslehn zustehen. Diener und Knechte der Ganerben, welche im Schlosse wohnten, sollten mit den Bürgern wachen und beden (steuern) und jegliches Stadtrecht mitthun, ohne Widerspruch der Ganerben; keiner der Ganerben sollte einen Bürger aus der Stadt auf sein Haus zu Dienste miethen; die Bürger sollten ohne Hinderniß ihre Früchte verkaufen und ihnen niemals geboten werden zu dreschen, die Ganerben wollten dann einen Ritt machen, und es gebräche ihnen dazu an Hafer, dann sollte jeder eine Anzahl dreschen nach seiner Möglichlichkeit; wenn die Ganerben oder andere von dererwegen, welche bei den Bürgern lägen, etwas von diesen verzehrten, kauften oder borgten, sollte das gütlich gegeben und gezahlt werden, und geschähe dieses nicht, möchten diese pfänden; dem, welcher den Bürgern schulde, sollten die v. Hatzfeld kein Geleite geben, denn 3 Tage, und Niemand kümmern, wer feilen Kauf bringe, er sey dann selbst schuldig. Die

Ganerben sollten den Bürgern keine Pforte schließen, es sey denn um der Stadt Noth und Bestes Willen. Alle, welche später Ganerben würden, sollten die Haltung dieses Briefes eidlich geloben.

Um's Jahr 1437 starb Wigand mit Hinterlassung eines Sohnes: Johann V. Dieser und sein Oheim wurden 1438 katzenelnbogische Burgmannen zu Hohenstein und Rheinfels, und erhielten als Burglehen 18 fl. jährlich auf Kemel und St. Goar angewiesen. Johann hatte eine Schwester, Margrethe, verehelicht an Ritter Johann v. Hanxleden, welche ihn beerbte und 1449 alle ihr dadurch angefallenen Güter an ihren Oheim Gottfried v. Hatzfeld für 1000 fl. verkaufte. Dieser letztere erwarb 1460 auch den löwensteinischen Pfandschaftstheil an Wetter und Melnau, war Reichsburgmann zu Friedberg geworden und lebte noch 1471. Mit seiner Gattin Margarethe († 1464) hatte er zwei Söhne erzeugt: Kraft XI. und Johann VII., von denen der letztere 1475 an der Vertheidigung von Neuß Theil nahm und später als Ritter auftritt. In dem Kriege Graf Johann V. von Nassau gegen Kleve von 1483 schlossen sich jenem auch die v. Hatzfeld an. Johann ehelichte in demselben Jahre Katharine, die Tochter des westfälischen Marschalls Johann v. Hatzfeld zu Wildenberg, welche ihm 1000 fl. Mitgift zubrachte, und starb vor dem Jahre 1503 ohne Erben. Seine Wittwe zog sich hierauf in das Kloster St. Georgenberg bei Frankenberg zurück, und lebte gleich einer Nonne, ohne jedoch als solche das Gelübde abzulegen. Sie schenkte dem Kloster Meßgewänder und einen

großen Kelch und stiftete zu ihres Gatten Seelenheil ein
ewiges Licht. Erst 20 Jahre nach Johannes Tod folgte
sie ihm. — Johannes Bruder, Kraft, der von seinem
Vater die Pfandschaft an Wetter und Melnau ererbt hatte,
findet sich seit 1483 als landgräflicher Amtmann des Amts
Wetter und wohnte auf Melnau. Er starb wenige Jahre
vor Johann's Wittwe, und hinterließ einen Sohn En=
gelbert, der mit seiner Hausfrau Agathe v. Ders ein
Drittel an Fronhausen erheirathete, und außerdem auch
versische Güter zu Weipoldshausen, Altenvers, Damm,
Rolshausen ꝛc., ererbte. Im Jahre 1515 war er Amt=
mann zu Witgenstein. Nachdem er noch 1528 Heinrich
Meisenbug, welcher als Erbe seiner Mutter (einer Schwe=
ster von Engelberts Vater) auf die Verlassenschaft von deren
Bruder Johann Ansprüche erhoben, mit 200 fl. abgefunden
hatte, starb er nicht lange nachher, mit Hinterlassung zweier
Söhne, Hans und Georg, welche 1539 das löwensteini=
sche Drittel der Burg Fronhausen erwarben. Beide waren
zwar verehelicht, aber nur Georg hinterließ, als er um's
Jahr 1550 starb, mehrere Kinder: Georg, Wilhelm,
Franz und Johann und eine Tochter, Agnes. Wil=
helm hatte dem Landgrafen Philipp mit etlichen Pferden
im schmalkaldischen Kriege gedient und war von den Kaiser=
lichen gefangen worden; um ihn hierfür zu entschädigen,
gab ihm Landgraf Philipp 1560 mehrere von den von
Waiblingen heimgefallene Lehngüter im Amte Nidda. Franz
und Johann befanden sich 1568 in französischen Kriegs=
diensten. Nachdem zuerst Hermann gestorben, folgten ihm

auch Wilhelm und Franz, so daß, da sie sämmtlich unverehelicht geblieben waren, als im Jahre 1570 am 15. Juni auch Johann starb, mit diesem der Manns=Stamm der v. Hatzfeld zu Hatzfeld erlosch.

Als Landgraf Ludwig von Hessen=Marburg hierauf sämmtliche Lehngüter dieses Stammes für heimgefallen erklärte, wurde jedoch sowohl von der Stiefmutter und Schwester der letzten Brüder, als von den v. Hatzfeld zu Wildenberg dagegen protestirt, indem die erstern, Apollonie v. Löwenstein und ihre Tochter Agnes, einen Theil der Güter als Allod, die andern aber die Hälfte von Hatzfeld als Lehnserben in Anspruch nahmen. Mit der Mutter und Schwester kam schon am 30. November 1570 ein Vergleich zu Stande, in Folge dessen diese Fronhausen, den Burgsitz zu Wetter (welchen Apollonie neu erbaut hatte), 2 Burgsitze zu Melnau, ferner die seit langen Jahren nicht empfangenen Lehen: die Zehnten zu Bracht, Frankenberg, Goßfelden und Michelbach, so wie das Gericht zu Hohenlinden und Bambach zu Mannlehen für Söhne und Töchter erhielten, und dagegen auf alle übrigen Güter verzichteten. Jene Lehen empfing 1572 Johann Daniel v. Bellersheim, als Gatte der v. Hatzfeld'schen Erbtochter. Mit den Wildenbergern dauerte der Streit länger. Erst nach manchem vergeblichen Vergleichs=Versuche und nach der Einsetzung eines Mannengerichts vermochte man endlich am 11. November 1601 einen Vergleich zur Annahme zu bringen, in welchem die v. Hatzfeld für die Summe von 5000 fl. auf ihre Ansprüche Verzicht leisteten.

Der Stamm zu Wildenberg.

Sowohl von deſſen Stifter Kraft II., als deſſen Söh=
nen Johann I., Kraft V. und Gottfried II., iſt be=
reits oben geredet worden. Der letztere lebte als Johanniter=
Ritter in der Kommthurei Wieſenfeld, und findet ſich nach
dem Jahre 1374 nicht mehr; ſein Bruder Kraft ſcheint
ſogar ſchon nach dem Jahre 1347 und zwar kinderlos geſtor=
ben zu ſeyn; und nur Johann pflanzte den Stamm fort. Im
Jahre 1347 verſetzte ihm, nebſt Adolph v. Bledenfeld und
Volprecht v. Ders, ſämmtlich mainziſche Burgmannen, Her=
mann, Herr von Lisberg, ein Drittel ſeiner Pfandſchaft an
Battenberg, ein Beſitz, der jedoch nur von kurzer Dauer
war. Dagegen erwarb er kurz darauf 2 Theile des Gerichts
Dodenau als Pfand. Im Jahre 1360 widerrief er den
1337 an Mainz geſchehenen Lehnsauftrag des Schloſſes
Hatzfeld, weil er damals noch unmündig geweſen ſey, und
überließ, um Ehre und Gewiſſen wegen der einmal dem Erz=
ſtift gethanen Gelübde zu wahren, die Erneuerung des Le=
hens bei dem Landgrafen ſeinen Söhnen [30]). In dem
Sternerkriege hatte er mit ſeinem Bruder Gottfried gegen
Heſſen geſtanden. Wann er ſtarb iſt nicht bekannt, doch
geſchah dieſes vor dem Jahre 1383. Seine Söhne waren
Johann III., Kraft VIII. und Sifried, von denen
der erſtere ſich ſchon 1365 findet. Als Johann und Kraft
1384 ihre heſſiſchen Lehen erneuerten, wurde dabei beſtimmt,
daß ihr Bruder Sifried nicht anders zu denſelben gelan=
gen ſollte, als wenn ſie ſelbſt ohne Lehnserben ſterben wür=

ben, wogegen sie sich verpflichteten, ihn zu einem geistlichen Lehen zu verhelfen, ein Versprechen, welches sie dadurch erfüllten, daß sie ihm die Pfarrei zu Kesterburg (Christenberg) verschafften. Kraft schickte 1390 der Stadt Frankfurt einen Fehdebrief. Im demselben Jahre am 15. Mai schlossen sich beide Brüder dem Bunde gegen den Grafen Johann von Sain=Witgenstein an. Auch an dem Kriege vom Jahre 1400 scheinen sie Theil genommen zu haben und zwar auf der Seite des Landgrafen. Im Jahre 1402 schlossen sie mit ihren Vettern einen Burgfrieden zu Hatzfeld, und finden sich im Jahre 1407 zum letzten Male. Nur Johann hatte Söhne hinterlassen. Er war schon 1387 mit Jutta, einer Tochter des Johann, Herrn v. Wildenberg, verehelicht, und diese hatte ihm 3 Söhne geboren: Gottfried V., Kraft X. und Johann IV., welche mit dem Beinamen der Rauen (Ruwen) erscheinen, und diesen Namen auch auf ihre Nachkommen vererbten. Gottfried, der 1410 mit Hessen in einer Fehde lag, wurde nach deren Sühnung landgräflicher Rath, und errichtete mit seinen Brüdern und dem andern Stamme 1419 einen neuen Burgfrieden zu Hatzfeld. Um diese Zeit starb auch Johann und zwar ohne Erben. Mit dem Tode ihres Oheims mütterlicher Seite, Hermann's v. Wildenberg, war dessen Geschlecht im Manns=Stamme erloschen und die v. Hatzfeld setzten sich als Erben ihrer Mutter in den Besitz dessen Hinterlassenschaft, namentlich des Schlosses Wildenberg.

Schon 1420 verschrieb Gottfried dem Erzbischofe Dietrich von Köln die Oeffnung an diesem Schlosse und seiner Hälfte an Hatzfeld, und wurde dabei zugleich mit der Hälfte des Kirchspiels und Gerichts Wissen nebst dem Dorfe Merten und dem Weinzehnten zu Blankenberg, und allen übrigen Lehen, welche durch das Aussterben der v. Wildenberg dem Erzstifte erledigt worden waren, belehnt. Nach Gottfried's um's Jahr 1422 eingetretenem Tode folgten ihm seine Söhne Johann **V.**, Ludwig, Henne (Johann) und Gottfried **VII.**, wovon die beiden letztern noch minderjährig waren und Ludwig in den deutschen Orden trat.

Im Jahre 1429 gaben sie mit ihren Vettern der Stadt Hatzfeld einen Freiheitsbrief. Gottfried wurde 1430 landgräflicher Amtmann zu Frankenberg und zwar auf den Zeitraum eines Jahres.

Im folgenden Jahre lagen sie mit andern verbunden gegen den Grafen Johann v. Ziegenhain in einer Fehde, in der sie aber den Kürzern zogen; denn der Graf warf sie am 9. Juli 1431 in der Wüstung Widrigshausen bei Schönstädt nieder und machte an 23 Edelleute zu Gefangenen, worunter sich auch v. Hatzfeld (Rau v. H.) und ihr Ohm Ritter Ludwig v. Erfurtshausen befanden [31].

Die Hälfte des Schlosses Wildenberg, welches von den Grafen von Sain zu Lehn ging, hatte bei Hermann's v. Wildenberg Tode Graf Dietrich v. Sain, wie es scheint, als Pfandschaft im Besitze gehabt. Wie er aus demselben gekommen, läßt sich nicht sagen, aber die Sainer wollten das hatzfeldische Erbrecht nicht anerkennen und verweigerten die Belehnung. Um sich zu stärken gegen den mächtigern Lehnsherrn und sich einen Schirmherrn hinsichtlich Wilden=

bergs zu verschaffen, versetzten sie 1433 jene sainische Hälfte für 700 Gfl. dem Landgrafen Ludwig von Hessen, der sie dagegen in seinen Schutz erklärte und sie zu seinen Amtleuten zu Wildenberg bestellte. Dieses Mittel hatte die gewünschte Wirkung und in Folge der Vermittlung des Landgrafen Ludwig und des Herzogs Adolph v. Berg, wurden sie 1435 von den Grafen von Sain mit Wildenberg, später auch mit dem dazu gehörenden Gerichte Frisenhan belehnt. Andere wildenbergische Güter gingen dagegen verloren; so waren z. B. die wildenbergischen Leibeigenen im Siegen'schen 1417 von den v. W. an Nassau gegeben worden, und obgleich dieses nur pfandweise geschehen war, so verweigerten die Grafen doch die Ablösung und die v. H. sahen sich genöthigt, 1448 gegen 60 fl. Manngelder, ein Haus zu Siegen und etliche Freiheiten für ihre Höfe Achenbach, Unterthan und Oberndorf, welche sie als Lehn empfingen, auf ihr Einlösungsrecht zu verzichten [32]). — Schon früher hatte ihnen der Landgraf weitere 800 Gfl. auf Wildenberg geliehen. Als später Landgraf Heinrich III. von Hessen auf die Pfandsumme verzichten zu wollen erklärte, trugen sie demselben jene Hälfte von Wildenberg auf und ließen sich von demselben damit belehnen. — Da jene Brüder wiederum 3 Linien stifteten, werden wir ihre Geschichte hier trennen und diese zugleich um so rascher vorüber führen, als sie sich der Gegend ihres Ursprungs entfremden.

1) Linie zu Wildenberg = Wildenberg.

Johann, der schon 1416 in der wallenstein'schen Fehde

gegen Hersfeld focht ³³), nahm später auch den thätigsten
Antheil an den Kriegen am Rheine. Im Jahre 1460 wohnte
er unter Landgraf Ludwigs Banner der Schlacht bei Pfed=
dersheim bei ³⁴), diente mit seinem Bruder Henne 1462
in der mainzischen Stiftsfehde mit 25 Mann dem Erzbischof
Adolph von Mainz, und wurde später vom Erzbischofe Ru=
pert von Köln zum Marschalle von Westfalen ernannt, eine
Stelle, die ihm einen bedeutenden Einfluß verlieh ³⁵). Auch
war er landgräflicher Rath und versprach in Gemeinschaft
mit seinem Bruder Henne 1467 dem Landgrafen Ludwig II.
seine Dienste, im Falle dieser mit seinen Brüdern zu Kriege
kommen würde. Landgraf Heinrich III. schuldete ihm damals
3000 fl. — Im Jahre 1469 belehnte ihn Landgraf Ludwig
mit jährlich 31 fl. Manngeldern, und Landgraf Heinrich
bestellte ihn noch in demselben Jahre zu seinem Amtmanne
zu Biedenkopf.

Nachdem Johann im Jahre 1478 gestorben war, folgten
ihm seine Söhne Johann, Gottfried und Goswin, von
welchen der ältere, der 1508 starb, 7 Söhne hatte, deren
3 Stifter neuer Linien wurden: Johann der weißwei=
ler'schen, Franz der merten'schen und Hermann
der werther'schen Linie.

a) Die weißweiler'sche Linie. Der Gründer der=
selben, Johann, erheirathete mit Johanne v. Harst die
bedeutende Herrlichkeit Weißweiler, zwischen Düren und
Eschweiler, und seine Nachkommen, welche 1634 in den
Grafenstand erhoben wurden, vermehrten ihre Besitzungen,

zum Theil durch ähnliche glückliche Umstände begünstigt, noch mit den reichen Gütern der Grafen v. Winkelhausen, wie durch das Erlöschen der fürstlichen Linie, mit Waldmannshofen und andern Gütern in Franken. Gegenwärtig steht diese Linie nur noch auf wenigen Augen.

b) Die merten'sche Linie wurde durch Franz gestiftet, der 2 Söhne hatte, Joh. Ludwig und Franz. Der erstere, welcher am 15. Febr. 1588 400 fl. zu einer geistlichen Stiftung zu Marburg gab, um sich von einer peinlichen Untersuchung wegen der Verwundung eines Knaben zu befreien, verkaufte am 12. Mai deff. J. sein Viertel an Hatzfeld dem Landgrafen Ludwig **IV.** von Hessen-Marburg. Der andere Bruder setzte dagegen den Stamm fort, der mit seinen Enkeln Daniel († 1681) und Franz Ludwig, einem Franziskaner-Mönch, erlosch. Daniel's Schwester, verehlichte v. Merode, trat als Universalerbin auf, gerieth aber darüber mit der werther'schen Linie in einen weitläuftigen Prozeß, und wurde endlich durch Vergleich mit den Gütern zu Merten und Allner abgefunden.

c) Die werther'sche Linie. Hermann, der Stifter derselben, wurde 1518 wegen Forderungen seines Vaters Feind der Stadt Köln, von der er mehrere Bürger auf der Straße überfiel und beraubte, in Folge dessen der Kaiser am 6. August 1523 von Gent aus die Reichsacht über ihn aussprach. Er war Drost zu Bilstein und Waldenburg und erheirathete das Rittergut Werther im Ravensbergischen. Bei seinem Tode (1546) hinterließ er 7 Söhne, von denen

Hermann, Drost zu Balve, zu der Gegenpartei des kölnischen Erzbischofs Gebhard Truchses gehörte, weshalb dieser ihm sein Haus zu Wockenlum, niederbrennen ließ. Erst nachdem der neue Erzbischof Ernst seinen Sitz befestigt hatte, kehrte Hermann von Dortmund, wohin er geflüchtet war, zurück [36]), und wurde von jenem zur Entschädigung 1585 **ex nova gratia** mit Schönstein belehnt. Da seine Söhne ohne Kinder starben, kam Schönstein an seines Bruders Johanns, des Drosten zu Bielefeld, Sohn, Adrian, dessen Enkel, Melchior Friedrich, durch Vergleich Merten und Allner erwarb. Nachdem Adrian's Urenkel Franz Ludwig (geb. 1756) gemeinschaftlich mit der Linie Weißweiler die von der alten fürstlichen Linie besessenen Stammgüter und Stammlehen, namentlich deren Antheil an Wildenberg, erworben, erhielt er auch durch einen Rechtsstreit mit dem Grafen von Schönborn das als Sammtlehen in Anspruch genommene Fürstenthum Trachenberg, und wurde am 10. August 1803 in den preußischen Fürstenstand erhoben. Es ist derselbe, der 1806 als Gouverneur von Berlin wegen eines geheimen Briefwechsels von Napoleon zum Tode bestimmt, durch die Fürbitte seiner Gemahlin aber gerettet wurde. Er starb am 3. Febr. 1827 als Gesandter zu Wien mit Hinterlassung eines Sohnes.

2) Linie zu Wildenberg=Hessen.

Gottfried (1428 † 1458) hinterließ außer seiner Wittwe Jutta Weise v. Feuerbach, welche später mit Hermann v. d. Rabenau eine zweite Ehe einging, einen Sohn

Georg (1471 — 1519), der sich im pfälzischen Kriege auszeichnete und später zu der während Philipp des Großmüthigen Minderjährigkeit eingesetzten Regentschaft gehörte. Nachdem die regentschaftliche Regierung jedoch gestürzt worden und die Landgräfin Anna die Mitglieder derselben zu verfolgen begann, traf auch Georg dieses Geschick, und es wurden ihm außer mehreren andern Gütern, auch sein Theil von Burg und Stadt Hatzfeld unter Sequester gelegt. Hierzu kam noch ein anderer Streit, der zwischen Hessen und den v. Hatzfeld wegen des Dorfes Eifa entstanden war. Die v. Hatzfeld hatten gegen Ende des 15. Jahrhunderts verschiedene Güter zu Eifa (**Omeln Eyff**) theils von den v. Dersch, theils von den v. Biedenfeld erkauft. Da das Dorf damals wüst war, hatten sich die v. Hatzfeld zu dessen Wiederaufbau entschlossen und zwei Nassauer hierzu gewonnen. Als aber hierbei auch die landgräflichen Güter angegriffen wurden, und die v. Hatzfeld die hessische Oberhoheit nicht anerkennen wollten, vereitelte der Amtmann zu Battenberg das ganze Unternehmen. Nachdem pfälzischen Kriege griffen sie jedoch nochmals zu dem alten Plane und theilten die Wüstung 1503 unter 8 Männer, welche bis zum Jahr 1507 den Anbau vollendet hatten. Obgleich auch diesesmal der Amtmann zu Battenberg auf die Anerkennung der landgräflichen Oberhoheit drang, so blieb dieses doch um so fruchtloser, als nach dem bald erfolgenden Tode des Landgrafen Wilhelm II. (1509) Georg v. H. in die Regentschaft trat. Nachdem diese aber gestürzt worden und die landgräfliche Wittwe die Zügel der Regierung ergriffen hatte, änderten sich die Verhältnisse, und jener Beamte suchte die Ansiedler durch Pfändung und Einkerkerung zur Besuchung des Gerichts zu Battenberg und zur Zahlung von Dienstgeld zu zwingen. Von beiden Seiten wurden dadurch mancherlei Plackereien herbeigeführt. Als einst die Eifaer nach Battenberg dienten, kam Georg's Sohn, Gottfried, und zerschnitt einem derselben die Stränge mit den Drohworten: „Du sollst so gehorsam seyn, daß du vor mir niederfallen und mich als einen Gott anbeten sollst." Wenn der Pfarrer von Holzhausen zur Versehung des Gottesdienstes nach Eifa kam, gingen ihm die Eifaer nicht nur zur Beschützung entgegen, sondern er selbst führte auch stets noch eine Büchse mit sich, bis ihn einst Gottfried unter der Messe überraschte und ihm die Waffe entwand. Als er sich hierüber bei der Landgräfin beschwerte, antworte ihm diese: „Hättest Du ihn mir erschossen, ich wollte Dir ein lundisch Kleid geben." Einen der Ansiedler, welcher den Auflaurer für die v. Hatzfeld machte, ließ der Amtmann einfangen und in den Thurm des Kellerbergs werfen. Dieses Drängen und Quälen der Armen dauerte, bis Gottfried wieder mehrere derselben gefänglich einzog und die Landgräfin hierauf Truppen gegen ihn ausschickte. Schon nach dem vierten Schusse ergab sich Gottfried und wurde als Gefangener auf einem Pferde nach Schweinsberg geführt, wo er 6 Wochen lang, bis zu Landgraf Philipps Regierungsantritte, im Thurme saß. Durch einen Vertrag der am 30. März 1519 geschlossen wurde, gab Landgraf Philipp nicht nur Georg die mit Beschlag belegten Güter, sondern dessen Sohne Gottfried auch seine Freiheit wieder zurück; der letztere mußte jedoch eine Urfehde ausstellen und sich verbindlich machen, dem Landgrafen auf Erfordern mit 100 Pferden zu dienen. Auch kam eine Ausgleichung der Eifaer Irrungen hierbei zur Sprache, in dessen Folge man ein Austrägalgericht niedersetzte; da aber dieses zu keinem Ziele führte, verzog sich die Sache bis zum Jahre 1570, wo endlich die v. Hatzfeld auf alle obrigkeitlichen Rechte, welche sie in Bezug auf Eifa angesprochen hatten, verzichteten.

Georg's Söhne, Johann und Gottfried, theilten sich in 2 neue Linien.

a) Johann, der die wildenberg=schönstädtische Linie begründete, ehelichte 1516 Margrethe v. Fleckenbühl gen. Bürgel und erhielt von deren Brüdern statt der Aussteuer ein Viertheil des Gerichts Schönstädt, bei Marburg, verschrieben, während er ein anderes Viertel von dem Landgrafen an sich löste und dieses als Pfandlehen auf seine Nachkommen vererbte. Johann's Söhne, Kurt Daniel und Wilhelm trennten sich wiederum.

aa) Kurt Daniel verglich sich 1545 mit Georg v. H. wegen verschiedener Irrungen, wobei sie zugleich dem alten Burgfrieden mehrere Zusätze gaben und insbesondere Bestimmungen über den jährlichen Wechsel des Baumeister=Amtes und über die Verhütung der Unzucht zwischen dem Gesinde hinzufügten. Doch schon 1547 lagen sie von Neuem im Streite, und Georg beschuldigte seinen Vetter, daß er die Bürger eigenmächtig mit schweren Strafen bedränge, und deren Rechte beeinträchtige, weshalb er eine Theilung der

Bürger verlangte. Kurt Daniel beschuldigte dagegen Georg, daß er keine Rechnung ablege, daß er gemeinsame Güter unrechtmäßig an sich ziehe, daß er die St. Ciriax-Kapelle zu einer Heuscheune gemacht, daß er den Kelch aus der Kapelle über der Pforte entwendet ꝛc. Austräge entschieden sie auf den Grund des Burgfriedens. — Kurt Daniel zeichnete sich als hessischer Rittmeister vorzüglich im schmalkaldischen Kriege aus, nach dessen Beendigung ihm der Landgraf 15,251 fl, schuldete. Er starb am 9. Juli 1553 in der Schlacht bei Sievertshausen. Sein Sohn Johann Gebhard, der 1588 dem Landgrafen Ludwig von Hessen-Marburg für ¼ der Mühle zu Hatzfeld, einer Behausung zu Hatzfeld und des Hofs zu Biebighausen, sowie einige Zinsen zu Eifa, Leisa, Elsaf ꝛc., tauschweise seinen ⅜ Theil des Gerichts Brinkhausen, sein Hofgut zu Leisa und Elsaf ꝛc. gab, und sich in dem Besitze von drei Achttheilen an Hatzfeld befand, hinterließ wieder mehrere Söhne, von denen Konrad Daniels Ururenkel, Ernst Ludwig, 1772 seinen Antheil (³/₁₆) an Hatzfeld ꝛc. an Hessen verkaufte, der Urenkel Johann Daniels aber, Friedrich Karl Kasimir, nachdem er 1776 die letzten Güter (³/₁₆) seiner Familie zu Hatzfeld und Biebighausen an Hessen-Darmstadt verkauft, im Mai 1783 den ganzen Stamm beschloß.

bb) Johann's zweiter Sohn Wilhelm hatte eine Tochter hinterlassen, welche 1577 mit einem Ackerknecht entfloh, aber verfolgt, in Stadtberg erreicht und mit ihrem Geliebten verhaftet wurde. Unter dem 10. März deff. J. forderte der Landgraf den dortigen Magistrat auf, den Burschen gebürend zu bestrafen, das Mädchen aber ihren Verwandten auszuliefern, die es schon gehörig bewachen würden, damit es nicht wieder entflöhe. — Wilhelm's Sohn, Kraft Reinhard, wohnte zu Niederflörshain in der Pfalz. Als mit dessen Enkel, Georg Adam, diese Linie erlosch, kam die Schwester desselben, Anna Bilgen, verehelicht an Philipp v. Schollei, hess. Rath und Obervorsteher, mit Johann Gebhard von der andern Linie über ihres Bruders Viertheil am Gericht Schönstädt in Streit, der 1629 am 10. Febr. dahin verglichen wurde, daß sie und ihre Nachkommen im Besitze bleiben sollten, bis dieselben im männlichen Stamme erlöschen würden.

b) **Linie zu Wildenberg-Hessen-Krottorf.** Des Stifters Gottfried's (Sohn des Georg's) beide Söhne, Wilhelm und Georg stifteten 2 neue Linien.

aa) **Wilhelm** starb 1569 und hinterließ außer seiner Wittwe, welche sich mit dem bekannten Obersten Friedrich v. Reifenberg verehelichte, mehrere Kinder, von denen Sebastian von 1605—1616 mainzischer Vicedom auf dem Eichsfelde war, und wiederum mit Kindern reich gesegnet war. Zu diesen gehören namentlich Franz, geboren den 13. Sept. 1596, welcher am 7. Aug. 1631 zum Bischof von Würzburg, und am 4. Aug. 1633 auch zum Bischof von Bamberg erwählt wurde, und am 30. Juli 1642 zu Würzburg starb; sowie Melchior (n. 10. Okttbr. 1593 † 9. Jan. 1658), jener bekannte kaiserliche General des 30 jährigen Krieges. Der letztere erhielt von seinem Bruder

die Belehnung mit den 1632 dem Hochstift Würzburg heim=
gefallenen reichen Besitzungen der v. Rosenberg zu Halten=
berg, Stetten, Rosenberg, Schüpf und Waldmannshofen,
gleichwie 1641 die Pfandschaft über den Marktflecken Lau=
denbach nebst mehreren Dörfern. Mainz belehnte ihn und
seinen Bruder Hermann 1639 mit der Burg Gleichen
und den Herrschaften Blankenheim und Niederkranichfeld;
Sachsen desgleichen mit Maßbach, Völkershausen, Poppen=
lauer ꝛc. Vom Kaiser erhielt er 1641 die schlesische Herr=
schaft Trachenberg, sowie 1654 das Münzrecht, und wurde
1641 am 6. August sammt seinen Brüdern mit dem Prä=
dikate „Graf zu Gleichen und Hatzfeld" in den Grafenstand
erhoben. — Im Jahr 1636 faßten Melchior und sein Bru=
der der Bischof den Entschluß, ihren alten Stammsitz ent=
weder durch Kauf oder Tausch wieder an sich zu bringen
und sendeten zu diesem Zwecke einen Bevollmächtigten an
den Landgrafen Georg von Hessen=Darmstadt. So geneigt
dieser sich aber auch hierzu zeigte, so stand der Erfüllung
ihres Wunsches doch der hess. Hausvertrag von 1628 im
Wege, zufolge dessen nichts vom Hessenlande ohne die Ein=
willigung aller volljährigen Agnaten veräußert werden durfte,
ein Erforderniß, dessen Erledigung die damaligen Verhält=
nisse mit Hessen=Kassel nicht erwarten ließen. — Nach Mel=
chior's Tode gingen seine Besitzungen mit Ausnahme einer
Hälfte von Trachenberg, welche seine Schwester v. Nesselrode
erstritt, auf seinen Bruder Hermann über, dessen beide
Söhne Sebastian und Heinrich sich wieder in zwei
Stämme trennten, von denen jedoch der des erstern mit

seinem Sohne Lothar Franz 1722 schon wieder erlosch, und durch den andern, der in der Erbtheilung Trachenberg erhalten hatte, und 1698 die nesselrodesche Hälfte an Trachenberg durch Kauf wieder an sich brachte, beerbt wurde. Des Stifters Heinrich Sohn, Franz, erwarb zu seinem ohnedem schon bedeutenden Besitzthum, 1731 auch noch die böhmische Herrschaft Dlaschkowitz. Von seinen Söhnen erkaufte der jüngere, Karl Friedrich Anton, 1780 die Herrschaft Unter-Lukawecz, welche nach seinem Tode auf seines Bruders Söhne überging. Von diesen wurde der älteste, Franz Philipp Adrian (n. 1717 † 1779) 1741 vom Könige Friedrich II. von Preußen in Bezug auf Trachenberg in den schlesischen Fürstenstand, sowie 1748 vom Kaiser in den Reichsfürstenstand erhoben. Im 7jährigen Kriege hatte er viele Leiden zu ertragen: Trachenberg wurde mehrere Male geplündert, er selbst 1758 von den Russen aufgehoben und fortgeführt, sowie sein schöner Palast zu Breslau 1760 durch das laudon'schen Bombardement vernichtet, womit zugleich ein wichtiges Archiv, eine der reichsten schlesischen Bibliotheken, eine noch vorzüglichere Gemälde-Sammlung und ein prächtiges Gewehrkabinet zu Grunde gingen. Der Fürst baute hierauf den neuen hatzfeldischen Palast, der zu den schönsten europäischen Gebäuden gehört, und starb am 6. Nov. 1779. Sein einziger Sohn war Friedrich Karl Franz, geb. 1773. Nach dem Erlöschen des hessischen Stammes erhob derselbe Ansprüche auf das Stammgut Hatzfeld und erhielt auch 1783 die Belehnung damit, die jedoch um so weniger Werth hatte, als das Lehnsobjekt selbst nicht mehr vorhanden war. Mit seinem am 23. Mai 1794 erfolgten Tode erlosch sein Stamm, und Gleichen, Blankenheim und Kranichfeld fielen an Mainz; Haltenberg=Stetten an Würzburg, welches auch Laubenbach einlöste, und der Antheil an Wildenberg an den andern Stamm. Alles Uebrige ging durch Testament auf seinen Oheim, den Grafen von Schönborn=Wiesentheid, über.

bb) Von Georg's Söhnen starb Bernhard mit mit Hinterlassung zweier Söhne, Georg's († 1618), Probst zu Fulda, und Heinrich Ludwig's. Der letztere stand als Hofjunker in den Diensten des Landgrafen Moriz zu Kassel, wo er mit dem Hoffräulein Marie Katharine v. Eltz in ein Verhältniß kam, das leider zu vertraut wurde. Der Arzt, den diese über ihren Zustand, den sie selbst verkannte, zu Rathe zog, verordnete — Aderlässe und Arzneien zu einem unerreichbaren Zwecke. Nach einem heftigen Tanze gebar sie in der Nacht vom 9. Mai 1606 einen todten Knaben. Wer des Landgrafen sittliche Strenge kennt, wird sich nicht wundern, daß schon am nächsten Morgen die Einleitungen zu einem peinlichen Prozesse gemacht wurden, und obgleich der ärztliche Besichtigungsbericht die v. Eltz von dem vorsätzlichen Kindesmorde frei sprach, sie dennoch alsbald nach Ziegenhain in Gewahrsam geführt wurde. Auch Hatzfeld sollte verhaftet werden, doch er entfloh, gleich Moriz v. Rolshausen, gegen den ebenwohl ein Verhaftsbefehl erlassen worden war, weil man ihn gleichfalls des Umgangs mit der v. Eltz für verdächtig hielt. Vergeblich flehte Hatzfeld schriftlich um Gnade für seine Braut, indem er sie sofort zu ehelichen versprach. Sein Eigenthum wurde konfiszirt und Reiter zu seiner Verfolgung ausgeschickt; als diese ihn am 11. erreichten, hieb er sich durch; auch am 13. befand er sich in der Gefahr, in ihre Hände zu fallen. Der Amtmann von Ziegenhain wurde mit der Einleitung der Untersuchung beauftragt und am 13. fand das erste Verhör statt. Offen und reuig antwortete die v. Eltz und betheuerte hoch und mit den heiligsten Eiden nicht nur mit Niemand, als Hatzfeld Umgang gehabt zu haben, sondern auch mit ihrem Zustande unbekannt gewesen zu seyn. An diesem Tage wurde ein Brief Hatzfelds aufgefangen, in welchem er seiner Braut Geld schickte, und ihr nur Freiheit wünschte, um sie ehelichen zu können. Aber vergeblich suchte man in Belnhausen nach, wo der Brief geschrieben worden war, denn Hatzfeld hatte schon eine andere Zufluchtsstätte gefunden. Am 28. Mai wurden die Mitglieder des Gerichts ernannt. Doch weiter kam es nicht; die von allen Seiten einlaufenden Fürbitten bewogen endlich den Landgrafen am 11. August, die Sache in Betracht der Verdienste der v. Hatzfeld niederzuschlagen. Als am folgenden Tage das Gericht auf dem Rathhause zu Ziegenhain versammelt war, und der Fiskal eben seine Anklage vortragen wollte, traf das landgräfliche Begnadigungsschreiben ein, und nachdem die v. Eltz, nicht ohne Weigern, geschworen hatte, das Hessenland auf ewig zu meiden, wurde sie ihrer Haft entlassen, und Hatzfeld nahm sie nun sofort zu seinem Weibe. H. Ludw. trat später in kaiserliche Kriegsdienste und bekleidete 1630 als Oberst die Kommandantenstelle in Rostock. Hierher war ihm ein osnabrück'scher Advokat, Jakob Barmaier, gefolgt, der früher ein wohlhabender Mann gewesen, durch des Obersten Regiment aber all sein Eigenthum verloren hatte. Voll List wußte sich dieser zu Hatzfelds Hausfreund zu machen, um den Plan seiner Rache um so sicherer ausführen zu können. Denn als eines Tages der Oberst ihm einen Paß unterzeichnen sollte, benutzte B. die Gelegenheit, als H. sich zum Schreibtisch beugte, und hieb demselben mit einem Beile den Kopf ab. Der Mörder entfernte sich mit dem Kopfe, den er in ein Tuch gewickelt, in eines Rathsherrn Haus hinter einem Kasten verbarg, wurde aber bald ergriffen und gab seinen Geist unter den Peinigungen der Folter auf. — Heinrich Ludwigs einziger Sohn Wolf Heinrich blieb in einem Treffen.

Wie wir oben gesehen haben, kam die Hälfte von Burg und Stadt Hatzfeld durch das 1570 erfolgte Erlöschen des hatzfeldischen Stammes an Landgraf Ludwig von Hessen-Marburg. Der Antheil an der Burg lag damals schon in Trümmern, und wird als ein „steinerner Rumpf" bezeichnet. Ein anderes Achtel erwarb derselbe Fürst im J. 1588 von Joh. Ludwig v. H., von der Linie zu Merten, dessen Burgantheil auf die gleiche Weise als bereits zerfallen bezeichnet wird. Der hatzfeldische Besitz beschränkte sich sonach nur noch auf drei Achtel, welche sich in Joh. Gebhard's v. H. Händen befanden. Erst nach beinahe 200 Jahren, und zwar 1772 und 1776, erwarb Hessen auch diese Theile, und kam dadurch in den alleinigen Besitz der

Stadt, welche 1590 65 Bürger, also etwa 300 Seelen, zählte, die sich bis jetzt auf die Zahl von 1000 gesteigert haben.

Hoch bejahrte Leute erzählen, daß ihre Eltern noch in dem Schlosse getanzt, und daß sie selbst bei der Abnahme des Daches Hülfe geleistet hätten, so wie daß das Mauerwerk nach und nach abgebrochen worden sey, weil dasselbe mit dem Einsturze gedroht und man gefürchtet habe, daß die Stadt dadurch in Gefahr kommen würde.

Die Lehen der v. Hatzfeld im 15. Jahrhundert.

(I. bezeichnet den hatzfeldischen und II. den wildenbergischen Stamm.)

Hessische Lehen. Burg und Stadt Hatzfeld (I u. II). Burglehen zu Marburg, Wetter und Melnau, den Hof zu Ringshausen, den Zehnten zu Niederrosphe, den Wald zu Bettelnhausen (II).

Mainzische Lehen. Das Gericht Hatzfeld, nämlich das Stadtgericht, welches mit 6 Schöpfen besetzt war; das Gericht Bringhausen in den Birken, welches mit den vorigen vereinigt, auf dieselbe Weise an Hessen kam, jedoch mit dem Unterschiede, daß die letzten ⅜ schon 1588 von Johann Gebhard an Hessen vertauscht wurden; das Gericht zu Rengershausen, das Gericht zu Ho=

henlinden (Holinden) und Baumbach (Bam..ch); Güter, Zehnten und Höfe zu Eifa, Brecht, **Gysobe** (al. **Gylen** u. **Gysebell**), Bottendorf, Beltersberg, Oberwetter, Röbenau, Kehna, Amönau, Schönstädt ꝛc.; den Kirchsatz zu Christenberg; Burgsitze zu Amöneburg, Wetter und Melnau. Als ehemals bicken'sche Lehen: Zehnten zu Sarnau, Gosfelden, Mittelrosphe, Michelbach ꝛc. und Burgsitze zu Amöneburg, Wetter und Melnau (I u. II).

Ziegenhainische Lehen: Zehnten und Höfe zu Errdorf, Speckswinkel und Wambach (I u. II); einen Burgsitz zu Rauschenberg und einen Zehnten bei Treisa (I).

Nassauische Lehen: 42 fl. auf die Zehnten zu Hirzenhain, Iberthal und Eigershausen, welche 1466 und 1477 abgelöst und auf die Höfe zu Niederhatzfeld gesetzt wurden (I u. II); ein Burglehen zu Siegen; Höfe zu Achenbach, Untertan und Oberndorf.

Sainische Lehen: Wildenberg ꝛc. (II); seit 1407 50 fl. Manngelder, welche 1435 abgelöst und durch Höfe zu Niederhatzfeld und Biebighausen ersetzt wurden (I u. II).

Katzenelnbogensche Lehen: Burglehen zu Hohenstein und Rheinfels (I).

Solms'sche Lehen: ein Burglehen zu Hungen (I).

Hanauische Lehen: ein Burglehn zu Hanau (I).

Kölnische Lehen: ein Burglehn zu Arnsberg (I).

Fuldische Lehen: Zehnten und Güter zu Großenselheim, Florstadt, Derbach, Hesele, Roßberg.

Wormsische Lehen: Die Kirchen-Patronate zu „Heger,

Fronhusen, Drechelborf, Robe, Burgbach, Nunkirchen und Aspil, so wie den Zehnten zu Hophusen."

Das alte Wappen der v. Hatzfeld, von dem allein ich hier rede, bestand unverändert in einem mit dem Wappenzeichen der Herren v. Plesse, der v. Helfenberg, v. Breidenbach, v. Rodersen ꝛc. gleichen Bilde, welches die Heraldiker bald Wolfsangeln, bald Feuerhacken nennen. Die Helmzierden bestanden in zwei Flügeln, und nur der Stamm Guntram I. führte statt deren auf einem gekrönten Helme zwei Büffelshörner. Nach der Erwerbung von Wildenberg nahm der wildenbergische Stamm auch noch das wildenbergische, in drei Rosen bestehende, Wappen an.

Anmerkungen.

Ausser anderm, wie das geh. Staatsarchiv zu Darmstadt und die kindlinger'schen Handschriften zu Paderborn, habe ich hierbei auch die Sammlungen des Herrn Geh. Medizinalraths Dr. Nebel zu Gießen benutzt.

1) Gudenus cod. dipl. I. 430. — 2) 1223 das. p. 488, 1233 das. p. 548 und 1243 Varnhagens waldeck. Gesch. Ufbch. S. 84. — 3) Gudenus I. 602. — 4) Gudenus I. 484. Joann. R. Mog. II. 531, Wenck hess. L. G. Ufbch. S. 151 u. 163 und Entdeckter Ungrund ꝛc. Nr. 46. — 5) Wenck II. 21. S. 191. — 6) das. 205. — 7) Gudenus III. 1150. — 8) Series Praeposit. Fritzlar etc. — Wenck III. 175. — 10) Das. 177. — 11) Wenck II. 331, Gudenus I. 990, Würdtwein nova subsidia dipl. V. 92. Ein vierter Abdruck bei Wenck III. 192 und einige mir vorliegende Ab-

schriften haben, von den vorhergehenden abweichend, das Jahr 1332. Welches das richtigere ist, läßt sich nicht entscheiden. Siehe Anmerk. 30. — 12) Wenck III. 197. — 13) Lünig's Reichsarchiv Specileg. secular. II. 1929. — 14) Kopps Lehnsproben II. 237. — 15) Würdtwein nova subsid. VI. 308. — 16) Würdtwein subsid. dipl. VI. 266. — 17) Wenck II. 377. — 18) Limburger Chron. 32. — 19) Das. 32. — 20) Gerstenberger bei Schmincke Mon. hass. II. 481. — 21) Das Verhältniß dieser Forderung ist nicht klar, und die nachstehende Urkunde, welche sich darauf bezieht, vermag ich nicht zu erläutern: „Ich Guntram von Hatzfelt Rittir bekenne — daz der — her Heynrich Lentgrebe zu Hessen mir bezalet hat vunf hundirt gulden, die ich hatte vff dem Phande, daz he inne hat von mynes Heren des Kaysirs wen, vnd sal — der Lantgrebe — die vunf hundirt gulden widder nemen vnd vfheben von dem vorgenanten pande 2c. — MCCCLXVIII. den Dinstag nach sente Mertinis Dag." In einer anderen, dieselbe Sache betreffenden, jedoch älteren Quittung vom J. 1365 sagt Guntram: „von dem phande daz yme (dem Landgrafen) der kayser gesat hait." — 22) Siehe S. 149. — 23) Gerstenberger S. 500 u. 501. — 24) Lise nennt sich 1364: „Frauwe Lyze von Guyliche Frauwe tzu Hachinberg (einem sainischen Schlosse) vnd tzu Haitczfeylt" und ihr Siegel zeigt zwei neben einander stehende Schilde, rechts das mit dem hatzfeldischen, links das mit dem sainischen Wappen (einem aufrechtstehenden Löwen), und hat die zum Theil verletzte Umschrift: S' Lyse.... Gülche Fr.:.... In demselben Jahre, und zwar in ein und derselben Woche, findet man sie noch mit einem andern Siegel, auf dem eine weibliche Figur in der Rechten ein Schild mit einem sainischen Löwen und in der Linken den hatzfeldischen Helm mit den Büffelshörnern hält; auch die Umschrift ist anders: S' Lise uxor Gotfridi de Hetesfelde. In Urkunden von 1351 und 1357 findet sie sich als Gemahlin des Grafen Johann v. Sain: „Fraw Lyße von Gulich". (Kurzer Auszug — der Streitigkeiten — zwischen Sain und Chur und dem Erzstifte Trier 2c. 1645. S. 87—89.) In den solms'schen Fragmenten heißt es S. 244 in einer Urkunde von 1366: „Ich Johan von Seyne, Ailf von Graefschup, Godehard von Haizzvelt Rittern bekennen, — umbe dat niederliegen dat sie herrn Salentin von Sayne herin zu Homburch, unsen bruder vnd Schwagern," obgleich Graf Salentins Großvater der Bruder von Graf Johanns Vater war, also von einer so nahen Verwandtschaft nicht die Rede seyn kann. (S. über die Vieldeutigkeit der Verwandtschaftsbezeichnungen Arnoldi's Miscellaneen.) Die Genealogien nennen Gottfrieds Hausfrau Louise, die Urkunden Lise. — 25) Orig. Urk. Wenck III. S. 126 ec. u. Arnoldi's nassauische Geschichte I. 226 ec. — 26) Kopps Lehnsproben II. 238. — 27) Wenck II. 462. — 28) Maber die Burg Friedberg. I. 211. — 29) Ueber diesen Krieg s. Knapps Regenten und Volksgeschichte der Länder Cleve, Mark ec. II. 488. — 30) „Ich Johan von Hatzfeld der albe seligen Hern Craftes sun (Sohn) von Hatzfeld bekenne —, daz Her Heinrich von Obenrode vnd Her Gunthram von Hatzfeld min Vetter, in minre kintheit mich dar zu sprachen daz ich mit in reib bi minen Herren von Triere, der zu der zit des Stiftes von Meintze vormunder waz vnd nāmen mich vz der Schule, vnd wart da geteidingit, daz ich min teil des Huses zu Hatzfeld offente dem egenanten Stifte von Meintze da wurden mir vmb viertig pfunt Heller, Des han ich min teil des= selbin Huses min sunen gegeben die mugen ir lehen suchen, wo sie die von rechte suchen sullen ec. Nach Christi geburt dreize= hen hundirt in dem Sehstzigestem iar an sand Fribrez (?) tage." — 31) Gerstenberger S. 527. — 32) Arnoldi's nass. Gesch. II. 136. — 33) Nohe's wallensteinische Chr. Handschrift. — 34) Kremer's Gesch. des Kurfürsten Friedrich. Ukbch. S. 199. — 35) Die Angaben über Johanns Bestellung sind verschieden. S. Steinen's westfäl. Gesch. IV. S. 1088. Westphalia. Jahrg. 1825. S. 79 u. Schaten annal. paderborn. ad a. 1469. In den kindlinger= schen Handschriften zu Paderborn Bd. 71. S. 134 befindet sich sein Bestellungsbrief d. d. 1470 Montag nach Allerheiligen. Dagegen nennt ihn Landgraf Ludwig von Hessen schon 1469 Dienstag nach purificat. Mariae als Marschall von Westfalen. — 36) Kleinsorgen westfäl. Kirchengesch. III. 123, 165, 166, 254, 267 u. 364.

Zu der neuern Geschichte ist unter andern auch die Encyclo= pädie von Ersch und Gruber sub voc. Hatzfeld benutzt worden.

VII.

Melnau.

Mit einer Ansicht.

Nachdem durch König Heinrich Raspe's Tod der Mannsstamm der Landgrafen von Thüringen und Hessen erloschen war, hatte das Erzstift Mainz die dadurch erledigten Lehen für heimgefallen erklärt und war darüber mit den Erben in Streitigkeiten verwickelt worden, von denen die mit dem Markgrafen von Meissen zwar schon 1254 auf friedlichem Wege beigelegt wurden, die mit der Herzogin Sophie von Brabant aber, die als Vormünderin ihres Sohnes Hessen in Anspruch nahm, zu einem blutigen Kriege führten, in welchem 1256 Erzbischof Gerhard von Mainz gefangen wurde. In diese Zeit fällt die Erbauung sowohl von Frauenberg, als von Melnau. Die des letztern Schlosses wurde vom Erzbischofe unternommen, der hierzu eine schroffe Vorhöhe des Burgwaldes, 5/6 Stunden von dem alten Stifte Wetter, zwischen Marburg und Frankenberg, erwählte. Der ursprüngliche Name der Burg war Elnhoch, der aber im Laufe der Zeit sich in Melnau verwandelt hat ¹).

Die erste Sorge des Erzstifts nach Vollendung der Burg bestand in der Versehung derselben mit einer zahlreichen Burgmannenschaft, von welcher wir schon 1265 den Ritter Sideknibo und 1275 Meingot Knibo, Heinrich v. Dersch, Arnold v. Hohenfels und Kraft v. Hatzfeld ²) kennen lernen, von denen jedoch nur der letztere sein Lehn weit hinaus auf seine Nachkommen vererbte.

Beinahe das ganze nördliche Oberhessen, welches von den Grafen von Battenberg an das Erzstift Mainz gekommen war, führte ehemals den Namen der Grafschaft Wetter oder Stift, eine Bezeichnung, deren Gebrauch sich später jedoch auf die Stadt Wetter und das dazu gehörende Amt beschränkte. Die letztern waren schon seit langen Zeiten zwischen Hessen und Mainz gemeinschaftlich, und nachdem das Erzstift Melnau erbaut hatte, betrachtete es diese Burg als ein Zubehörungsstück seiner Hälfte, so daß deshalb deren Schicksale, insbesondere hinsichtlich des Besitzes, auch meistens Hand in Hand gehen.

Schon Erzbischof Mathias von Mainz hatte dem Ritter Konrad v. Elkershausen Melnau für eine Schuld von 750 Pfd. Heller verschrieben. Nachdem nun Mathias 1328 gestorben, berechnete sich Konrad im nächsten Jahre mit dessen Nachfolger, dem mainzischen Verweser, Erzbischof Balduin von Trier, über die dem Erzstifte geleisteten Dienste und die darin gehabten Kosten und Schäden, und man bestimmte dieselben auf 200 Pfd. Heller; zu diesen zahlte

Melrose.

Konrad noch 1250 Pfd. Heller und versprach für 200 Mrk. innerhalb zweier Jahre auf Melnau den Bau eines Thurmes, einer steinernen Pforte, einer Cisterne und anderer Nothwendigkeiten zu besorgen, wogegen Balduin durch eine zu Lahnstein am 21. Juni 1329 ausgestellte Urkunde, zu Melnau auch noch die Pfandschaft des Gerichts und der Herrschaft Wetter fügte ³). Später kam die Pfandschaft von Melnau an Hermann Herrn v. Lisberg und nachdem sie 1347 von diesem eingelöst worden ⁴), im Jahre 1348 am 6. Dezember an die v. Hatzfeld. Für langjährige Dienste und mancherlei darin erlittene Schäden, war das Erzstift den Gebrüdern Guntram und Kraft 3500 Pfund Heller schuldig geworden und gab ihnen jetzt dafür den mainzischen Theil an Wetter nebst Melnau ein ⁵). Auch in dem damals zwischen Hessen und Mainz schwebenden Kriege standen sie auf des letztern Seite und durchstreiften von Melnau aus, wo sie eine starke Besatzung hielten und namentlich Ritter Kraft den Befehl führte, verwüstend die hessischen Gerichte. Das Erzstift wurde ihnen für diese Kriegshülfe die Summe von 1325 Pfd. Heller schuldig und schlug dieselbe 1351 zu dem übrigen Pfandgelde ⁶).

Auch 30 Jahre später, in dem Kriege von 1380, finden wir jene Brüder wieder für Mainz gegen den Landgrafen in den Waffen. Vergeblich griffen die Landgräflichen Melnau und Hatzfeld an, sie wurden zurückgewiesen, und mußten sich mit der Verwüstung der Feldfluren begnügen. Als aber 1381 die Besatzung von Melnau keck bis an die Thore von Marburg vordrang, und alle benachbarte hessische

Gerichte verwüstend durchstreifte, sandte Landgraf Hermann gegen Melnau einen neuen Heereshaufen, der glücklicher, auch wohl zahlreicher, als der frühere, die Burg erstieg und sich in ihrem Innern festsetzte. Nur der Thurm widerstand noch und wurde vom alten Guntram v. Hatzfeld, in der Hoffnung auf nahe Hülfe, mit verzweifeltem Muthe vertheidigt. Schon hatten die Landgräflichen den Thurm durch Untergraben dem Zusammensturze nahe gebracht, als, in dem Augenblicke der höchsten Gefahr, die von Guntram ersehnte Hülfe anlangte, und nach einem heißen Kampfe den Landgräflichen die Burg wieder entriß. Dieses geschah am 31. März 1381. Noch jetzt sagt man in Oberhessen, um den Tod eines Menschen zu bezeichnen: „auch der ist nach Melnau gezogen," eine Formel, welche wahrscheinlich durch jene Niederlage entstanden ist.

Im Jahre 1382, den 11. August, wurde Melnau nochmals angegriffen und erst im folgenden Jahre sühnten sich die v. Hatzfeld wieder mit dem Landgrafen aus, der 4 Jahre später seinen Antheil von Wetter dem Ritter Kraft als Pfandschaft übertrug.

Wie lange die hessische Pfandschaft dauerte, läßt sich nicht bestimmen, aber sie hatte keinen Falls die Dauer der mainzischen, in deren Besitze sich Kraft's Sohn, Wigand, noch 1413 findet. Später kam ein Theil dieser Pfandan Joh. v. Löwenstein, dessen Brüder und Erben denselben 1460 an Gottfried v. Hatzfeld, des genannten Wigand's Sohn, verkauften. Ein anderer Theil, den bisher Johann v. Nordeck zur Rabenau besessen hatte, ging 1462 an Landgraf Heinrich von Hessen über, der gleich darauf den genannten Johann zum Amtmann darüber bestellte.

Damals focht Landgraf Heinrich für den Erzbischof Dietrich von Mainz und half ihm seinen Gegner, den Erzbischof Adolph, bekämpfen. Die Summen, die ihm Dietrich hierfür schuldig wurde, waren ansehnlich und überstiegen dessen Mittel zu sehr, als daß er sie baar zu zahlen vermocht hätte. Er griff deshalb zu dem damals gewöhnlichen Hülfsmittel, zur Verpfändung, indem er dem Landgrafen im Jahre 1464 den ganzen, nördlich von Marburg gelegenen, Theil der oberhessischen Besitzungen des Erzstifts einsetzte. Zu diesem gehörte außer der Hälfte von Wetter auch die Burg Melnau. Beide wurden dadurch ganz hessisch und blieben es auch für die Zukunft, da eine Wiederablösung der Pfandschaft von Seiten des Erzstifts niemals erfolgte.

Nachdem 1478 Joh. v. Nordeck von allen seinen Rechten, welche er an Melnau hatte, namentlich auch hinsichtlich seiner Amtmannschaft, abgefunden worden, folgte ihm in der letztern Kraft v. Hatzfeld, auf den wahrscheinlich auch die von seinem Vater, dem oben genannten Gottfried, 1460 erworbenen pfandschaftlichen Rechte an Melnau übergegangen waren. Mit Kraft's Tode, der um's Jahr 1496 erfolgte, schließen sich die Nachrichten über die Bewohner der Burg. Schon im 16. Jahrhundert begann deren Verfall und unter Landgraf Ludwigs von Hessen-Marburg Regierung wird die Zeit schon unvordenklich genannt, seit welcher die Burg verwüstet liege.

Deshalb kann auch der 30jährige Krieg auf sie keine

sonderliche Wirkung gehabt haben, obgleich Wetter und die Dörfer des Amtes schwer darunter litten, indem das erstere mehrere Male angezündet wurde, und die letztern über die Hälfte ihrer Bewohner verloren.

Im Jahr 1700 war die Burg bereits so sehr verfallen, daß nur noch der Keller einen Aufenthaltsort bot, den damals, so kümmerlich wie er auch war, ein armer Lumpensammler, in Ermangelung eines andern Obdaches, für sich und seine Familie erwählte und über 20 Jahre darin hauste, während denen er die Burgstätte urbar machte, wobei er auf ganze Haufen menschlicher Gebeine stieß.

Die von einem Gärtchen bedeckte Burgstätte bildet beinahe einen Kreis, und wurde früher von einer hohen jetzt nur noch stückweise erhaltenen Mauer umschlossen. Auch die Trümmer eines Thores sind noch sichtbar. Doch das Hauptstück des Ganzen ist ein hoher aus mächtigen Quadern aufgeführter Thurm von 31 Fuß Durchmesser und 11 Fuß starken Mauern, der auf der östlichen Seite steht und unter welchem sich das jetzt verschüttete, im vorigen Jahrhundert aber noch offene Burgverließ befindet.

Das jetzt vorhandene Dörfchen, welches sich von der Höhe in's Thal herabzieht, entstand erst lange nach der Burg, und zwar durch einzelne Höfe, welche theils für den ökonomischen Bedarf der Burg, theils von den verschiedenen Burgmannen angelegt wurden. Jene Höfe sind namentlich das Heppenberger Gut, der Viehhof, das Burglehn, der Ritterhof und das Rittergut.

Früher hatte die Burg eine eigene Kirche, welche von

dem Diakon von Wetter versehen wurde, und deren Stätte man noch 1719 zeigte. Erst nachdem diese baufällig geworden, erbaute man 1561 die noch gegenwärtig vorhandene im Dorfe.

Das Schloß scheint keinen Brunnen gehabt zu haben, denn die auf der Wettschaf bei Obersimmtshausen liegende Mühle war verpflichtet, den Wasserbedarf hinauf zu führen.

Die Aussicht, welche sich von der Burgstätte darbietet, gehört gerade nicht zu den außergewöhnlichen, obgleich die ringsum sich lagernden Gebirgsmassen dem Auge manche anziehende Punkte bieten. Am lohnendsten ist noch der Blick gegen Süden, wo die Schlösser von Marburg, Schweinsberg und Frauenberg und die felsenreiche Amöneburg sich zwischen den grünen Lahnbergen hervorheben, und in tieferer Ferne die Höhen des Vogelsberges sichtbar werden.

Anmerkungen.

1) Der Name findet sich unter folgenden Formen: 1265 Elenhoc, 1275 Elenhoch, 1283 Elnhog, 1294 Melenhog u. Melanhoug, 1299 Elinhoug, 1301 Ellenoch und Elben(h)och, 1232 Elnhoguna, 1333 Elnhoch, 1343 Elenhoig und Elenhouge, 1413 Elnhoig, 1423 Melnhauw, 1471 Melnaw etc. — 2) Gudenus cod. dipl. III. 1150. Später findet man noch als Burgmannen 1283 Konrad Milchling v. Michelbach und Theodrich Schutzbar Gebr., 1291 die Grafen v. Battenberg, 1294 Angelus extra muros Marburg, Milchling und die v. Treisbach, 1309 Ludwig v. Heppenberg, Ludwig v. Goßfelden, Johann Riedesel, Konrad v. Hohenfels gen. Schreiber, Konrad v. Heimbach und Mengot Knibo, von welchem letztern das Burglehn 1362 an Ritter Hermann v. Falkenberg kam, 1343 Andreas v. Fleckenbühl 2c. — 3) Wenck II. Urkb. S. 315. — 4) Würdtwein subsidia dipl. VI. 238. — 5) Würdtwein nova subsidia dipl. VI. 308. — 6) Wenck II. U. S. 377.

Nachdem die vorstehende Abhandlung bereits im Satze stand, erhielt ich Justi's neuestes Werk: Die Vorzeit. Marburg 1838 in welchem sich von S. 140—167 eine Beschreibung und Geschichte der Burg Melnau mit einer Ansicht derselben befindet, auf die ich hier nachträglich verweisen will.

VIII.

Gudensberg.

Vier kleine Stunden südlich von Kassel schmiegt sich das an der Heerstraße nach Frankfurt liegende Städtchen Gudensberg an den nördlichen und westlichen Fuß eines Basaltfelsens, welcher steil aus der Ebene aufsteigend, sich oben in zwei Gipfel theilt, auf denen ehemals zwei Schlösser standen: die Oberburg auf dem großen und die Wenigenburg auf dem kleineren Berge. Doch von beiden ist nur noch wenig übrig. Von der Oberburg zeigen sich außer den Resten der Mauern, welche sie mit den Befestigungswerken der Stadt in Verbindung setzten und zum Theil zur Deckung des aus der Stadt zur Burg heraufführenden Weges dienten, nur noch die Trümmer des Burgthores und die die Burgstätte umfassenden Widerlagsmauern. Die nicht ungeräumige Burgstätte bedecken dagegen nur hohe Schutthaufen.

Von der Oberburg zieht eine zum Theil noch erhaltene mit Thürmen versehene Mauer herab zu der Weni=

genburg, wodurch beide ehemals mit einander verbunden wurden. Von der Wenigenburg ist aber nichts mehr vorhanden, als die Spuren ihres Grabens, und an ihrer Stätte steht jetzt ein Haus, welches dem städtischen Thurm= wächter zur Wohnung dient.

Wenn auch die Trümmer selbst in ihrer Unbedeutenheit kaum ein Interesse zu erwecken vermögen, so ist ein Erstei= gen der Burgstätte doch in Bezug auf die Aussicht, welche sie bietet, um so lohnender, indem sich von hier dem Auge eine Gegend entfaltet, die nicht nur mannigfaltig an Na= turschönheiten ist, sondern auch eine Fülle von historischen Erinnerungen bietet, in der sie von keiner andern Gegend unseres Vaterlandes übertroffen wird.

Während sich nördlich und nordwestlich der schroffe Fel= sen des Scharfensteins und der kahle Odenberg mit seinen uralten Wällen und Gräben und seinen Sagen von Karl dem Großen erheben, steigen weiter entfernt über das üppige Grün des Gewäldes die alte Schaumburg und die kolossalen Trümmer des Weidelbergs, und näher wieder die Burgberge von Niedenstein und Falkenstein herauf. Südwestlich leuch= ten die Thürme von Fritzlar herüber und führen unsere Erinnerungen mehr als ein Jahrtausend hinauf. Denn hier verkündete einst Winfried den Christenglauben und fällte, mehr gegen Abend bei Geismar, jene heilige Eiche, mit deren Sturze der Glaube des Hessenvolkes an seine Götter sank; dort auf dem Büraberge gründete er ein Bisthum und baute in Fritzlar den Dom, in welchem Wigbert und Sturm predigten. Das Jahr 778 sah Fritzlar durch die Sachsen zerstört werden. Im Jahre 905 fiel hier der deutsche König Graf Konrad von Hessen unter dem siegenden Schwerte Alberts von Bamberg, und 14 Jahre später riefen im Dome zu Fritzlar die Häupter der Franken und Sachsen den in Deutschlands Geschichte so hoch glänzenden Heinrich den Vogler zum deutschen König aus. Auch später sah Fritzlar noch manche glänzende Versammlung, aber unter seinen Mauern auch oft hessische Heere, und mehr als einmal auf seinen Fluren durch diese den geistlichen Stolz seiner Erzbischöfe gebeugt werden.

Wenden wir das Auge nach Süden, so erblicken wir eine weite fruchtbare mit Dörfern besäete Ebene, aus der sich die Trümmer der Landsburg, der von Homberg, Felsberg und Heiligenberg erheben, und endlich am Fuße des hier steiler als auf der Stadtseite abstürzenden Burgberges das Dörfchen Maden, wahrscheinlich jenes **Mattium**, welches die Römer 9 Jahre nach Christi Geburt als den Hauptsitz der Katten zerstörten. Auch in späterer Zeit war dieses Maden gleichsam der Hauptort des eigentlichen Hessenlandes, indem hier die Malstätte sich befand, auf der das Landgericht des fränkischen Hessengaues gehegt wurde.

Wie nun im Thale die Gerichtsstätte war, so scheint auf dem Gudensberg die Stätte gewesen zu seyn, auf welcher das Volk den höchsten seiner Götter, den Schöpfer und Erhalter, auf welcher es Wodan verehrte, denn der Name Gudensberg, früher **Vdenesberg**, **Wuodenesberg**, **Wodensberg** etc. sagt nichts anderes als Wodansberg [1]). Die Geschichte von Gudensberg reicht deshalb auch in eine Zeit hinauf, über welche die Bücher unserer Geschichte schweigen, und lange Zeit, wohl Jahrhunderte, mag der Gudensberg schon bebaut und befestigt gewesen seyn, ehe wir die erste Nachricht von ihm zu geben vermögen. Erst im Jahre 1121 findet man seinen Namen genannt [2]).

Im 11. Jahrhundert stand das Gaugericht in Maden einem Grafengeschlechte zu, welches die Geschichtschreiber das wernerische zu nennen pflegen. So heißt es z. B. in einer Urkunde von 1045: **in pago Hesin atque in comitatu Werinheri Comitis scilicet Madanun** [3]), gleich wie in einer andern von 1061: **in Provincia Hassia in comitatu Wernheri qui dicitur Madena** [4]). Es kann deshalb auch wohl keinem Zweifel unterworfen seyn, daß diesen Grafen auch Gudensberg gehörte. Der letzte derselben, Graf Werner von Grüningen, stiftete an dem Zusammenflusse der Eder und Fulda das Kloster Breidenau, und gab, noch ehe dessen Einrichtung vollendet war, als er das Herannahen seines Todes fühlte, seine sämmtlichen Güter zwischen Rhein, Main und Werra dem mainzischen Erzstifte. Eine bis jetzt noch unbemerkt gebliebene Stelle in einem Verzeichnisse derjenigen Güter, welche unter dem Erzbischofe Adelbert (1111—1137) die Kirche zu Mainz erwarb, sagt darüber: **Comes Wernherus castra Holzhusun et Alstat et medietatem Brubachun, Abbatiam in Breidenowa cum omnibus prediis, qui habuit inter Renum et Mogonum et Werraha, cum** ministerialibus et familia Sancto Martino et Archiepiscopo dedit ⁵).

Nur Holzhausen, welches unfern Gudensberg lag, und Breidenau sind hiervon mit Sicherheit zu bestimmen; die beiden andern Orte scheinen Altenstadt unfern Friedberg und Braubach am Rheine zu seyn. Ob unter den nicht genannten Gütern auch Gudensberg und das Gaugericht von Maden begriffen waren, wage ich zwar nicht zu entscheiden, finde es aber um so wahrscheinlicher, als man später beide als mainzische Lehen findet und sich sonst kein Ereigniß darbietet, aus welchem die Entstehung dieses Lehnsverhältnisses füglicher erklärt werden könnte.

Nach dem Tode des Grafen Werner, der am 22. Febr. 1121 erfolgte, gingen dessen noch übrigen Besitzungen und namentlich auch jenes Gaugericht auf ein anderes Grafenhaus, auf das gisonische über, das ebenwohl schon lange in Hessen angesessen war und von welchem nun Graf Giso **IV.** den Namen eines Grafen von Gudensberg annahm ⁶). Aber nur kurze Zeit erfreute sich Giso seiner neuen Besitzungen, denn schon nach wenigen Monaten folgte er dem Grafen Werner zur Gruft ⁷).

Außer seiner Wittwe hinterließ Giso nur eine Tochter, Hedwig, welche, mit dem Grafen Ludwig von Thüringen vermählt, die Schwägerin ihrer Mutter wurde, indem diese nach Giso's Tode den Bruder ihres Schwiegersohns, den Graf Heinrich Raspo, zum Gatten nahm. Durch diese doppelte Verheirathung kamen die sämmtlichen gisonischen Besitzungen an jene Grafen, von denen Ludwig 1130 zum Landgrafen von

Thüringen erhoben wurde ³). Nur dieser letzte hinterließ Kinder, von denen der zweitgeborne Sohn Heinrich Raspo II. die Verwaltung der hessischen Güter übernahm und seine Residenz zu Gudensberg hatte, weshalb er sich auch bald Graf von Hessen, bald Graf von Gudensberg nannte. Als er kinderlos starb, kam Hessen wieder an seinen Bruder und blieb bis zum Aussterben des thüringischen Mannsstammes im Jahre 1247 mit Thüringen vereinigt, wo es auf Heinrich von Brabant, den Enkel der h. Elisabeth und ersten Landgrafen von Hessen überging ⁹).

Um diese Zeit wird uns auch die Stadt Gudensberg zuerst genannt, die sicher erst durch die Landgrafen von Thüringen entstanden war. Heinrichs Mutter, die Herzogin Sophie von Brabant, übergab, nachdem sie die hessische Erbschaft für ihren Sohn angetreten hatte, im Jahre 1250 dem Erben von Thüringen, dem Markgrafen Heinrich dem Erlauchten von Meissen, die Verwaltung von Hessen. Aber dieses freundschaftliche Verhältniß wurde bald getrübt, und Sophie hob die dem Markgrafen übertragene Verwaltung wieder auf. Doch nur theilweise gab derselbe das Land zurück und zu dem, was er in seinen Händen behielt, gehörte unter andern auch Gudensberg. Als die Herzogin 1254 ihre Tochter mit dem Herzog Albrecht von Braunschweig verlobte, setzte sie demselben als Unterpfand für die Aussteuer Schloß und Stadt Biedenkopf ein und bestimmte dabei, daß wenn sie die vom Markgrafen behaltenen Landestheile zurück erhalten haben werde, der Herzog dann statt Biedenkopf das Schloß und die Stadt Gudensberg als Pfand bekom=

men sollte [10]). Dieses ging auch später wirklich in Erfüllung und Gudensberg kam dadurch auf längere Zeit in braunschweigischen Besitz. In dem Pfandschaftsvertrage war zwar eine allmähliche Abtragung der Schuld festgesetzt worden, aber diese Bestimmung war entweder später geändert worden, oder gar nicht zur Ausführung gekommen, denn Gudensberg blieb in braunschweigischen Händen und Herzog Albrecht und Landgraf Heinrich starben, ohne daß man eine Ablösung zur Sprache kommen sieht [11]). Doch kaum war Landgraf Otto nach seines Bruders Johannes Tode auch zum Besitze von Niederhessen gekommen, als er auch sofort von Albrechts Sohne, dem Herzog Albrecht dem Fetten von Braunschweig, die Zurückgabe von Gudensberg forderte, und als dieser sich seinem Verlangen widersetzte, zu den Waffen griff, um Gudensberg zu erobern. Nachdem wahrscheinlich ein erster Angriff mißlungen war, entschloß er sich zu einer völligen Belagerung, deren Leitung Graf Heinrich von Waldeck übernahm. Am 24. Juli 1312 versprach derselbe durch eine im Lager vor Gudensberg (in castris ante Gudinsberg) ausgestellte Urkunde seinem Oheime, dem Landgrafen Otto, gegen den Herzog Albrecht von Braunschweig und dessen Sohn Otto und alle deren Genossen Hülfe zu leisten und insbesondere vor dem Schlosse Gudensberg auf eigene Kosten ein Schloß zu erbauen und zur Eroberung von Gudensberg mit Besatzung zu versehen, wogegen ihm der Landgraf 300 Mark durch die Verpfändung einiger Dörfer versicherte [12]). Während nun Graf Heinrich solchergestalt Gudensberg bestürmte, unternahm der Landgraf selbst einen Zug in die herzoglichen Lande und drang verwüstend bis Göttingen vor [13]). Die Chronisten schweigen zwar über den Erfolg dieses Krieges, aber aus einer Urkunde vom Jahre 1314 ersehen wir, daß der Zweck desselben erreicht wurde, denn dieselbe zeigt uns Gudensberg wiederum im landgräflichen Besitze [14]).

In dem Kriege des Landgrafen Otto gegen das Erzstift Mainz, im Jahre 1327, hatte derselbe den Grafen Heinrich von Waldeck zu seinem Kriegshauptmann bestimmt, und Landgraf Heinrich II. gab ihm später, 1330, für die, durch dieses Verhältniß entstandenen Kosten die Burg Schartenberg ein, indem er dem Grafen zugleich für die richtige Einhaltung der festgesetzten allmähligen Abschlagszahlungen „Gudinsberg beyde Burge vnd Stat" zum Unterpfande einsetzte. Es ist dieses die erste Erwähnung der kleinen Burg, obgleich dieselbe sicher schon seit weit früheren Zeiten vorhanden war. —

Von den Amtleuten, welche Gudensberg zu vertheidigen rc. hatten, findet sich 1306 u. 1309, also noch unter braunschweigischer Herrschaft, Hermann (Hund) v. Holzhausen, dem jedoch nach der Eroberung (1313) Thilo v. Elben folgte [15]). Im Jahre 1349 nennen sich Thilo v. Elben Ritter, Johann v. Linne und Thilo und Heimbrad v. Elben Amtleute zu Gudensberg, und scheinen dasselbe in gemeinschaftlichem Pfandbesitze gehabt zu haben, wie man daraus schließen muß, daß Landgraf Heinrich II. 1352 Gelder zu einer Einlösung von Gudensberg erborgt.

Während des Sternerkrieges befehligte hier Friedrich v. Felsberg, dem zugleich auch Felsberg und Homberg anvertraut waren.

Obgleich in den häufigen Fehden, welche die Landgrafen namentlich mit dem Erzstifte Mainz zu bestehen hatten, Gudensberg in Folge seiner Lage gegen Fritzlar, sicher eine wichtige Rolle spielte, so entbehren wir doch hierüber beinahe aller Nachrichten, und aus der ganzen Reihe der Kämpfe des Mittelalters sind nur zwei Fälle bekannt, in denen Gudensberg sich feindlich behandelt sah. Der eine Fall ist die schon erzählte Belagerung im Jahre 1312, der andere eine mainzische Belagerung im Jahre 1387.

Nachdem nämlich der Krieg von 1385, in welchem R. Werner v. Falkenberg Gudensberg vertheidigt hatte, durch einen schmählichen Frieden beendigt worden war, wurde derselbe vom Landgrafen, eben weil ihm die Erfüllung desselben zu drückend wurde, bald wieder verletzt, und es erschienen deshalb zum zweiten Male die thüringischen, mainzischen und braunschweigischen Heere im Monat August 1387 vor Kassel. Aber wie im Jahre 1385, so mißlang ihnen auch dieses Mal die Eroberung der Hauptstadt. Als sie am 2. September die Belagerung aufhoben, nahm Erzbischof Adolph von Mainz seine Richtung gegen Gudensberg und griff dieses noch an demselben Tage an. Nachdem er die Stadt erobert, gewann er auch die von Thilo v. Wehren vertheidigte Wenigenburg; aber seine Angriffe auf die Oberburg brachen an der Festigkeit ihres Befehlshabers, des Ritters Eckebrecht v. Grifte. Zwar erschien sogar die Landgräfin vor den Thoren der Burg und forderte von Eckebrecht die Uebergabe, um den schrecklichen Verwüstungen, welche im Lande geschahen, durch eine schnellere Beendigung des Krieges, Einhalt zu thun. Aber auch sie wurde von Eckebrecht zurückgewiesen, indem dieser ihr zugleich die Versicherung gab, daß er auch sogar einem ähnlichen Befehle des Landgrafen jetzt nicht gehorsam seyn würde. Der Erzbischof gab deshalb seine Angriffe auf, und zog, nachdem er die Wenigenburg und die Stadtmauern niedergebrochen, die Stadt selbst aber den Flammen übergeben hatte, am folgenden Tage gegen Niedenstein, wo er ebenfalls Schloß und Stadt eroberte und zerstörte. Zum Lohn für die von Eckebrecht bewährte Tapferkeit gab hierauf am 20. Oktober d. J. Landgraf Hermann dem Ritter Eckebrecht Stadt und Schloß Gudensberg als Pfand ein, und zwar für eine Summe von 20 Gulden, ein Betrag, der nur um den Besitztitel festzustellen, bestimmt worden zu seyn scheint.

Im Oktober des Jahres 1388 wurde Kassel von denselben Feinden zum drittenmale, obgleich wiederum vergeblich, belagert. Auch Erzbischof Adolph war wieder dabei, und als er nach wenigen Tagen (c. 9. Oktbr.) seinen Rückzug auf Fritzlar antrat, so griff er auch Gudensberg wieder an und zerstörte in der Stadt auch noch das, was er im vorigen Jahre verschont gelassen hatte. Diese Verwüstungen riefen das Sprichwort hervor: „Bischof Adolph, der beißet um sich wie ein Wolf" [16]).

Die Wenigenburg wurde nicht wieder hergestellt.

Eckebrechts v. Grifte pfandschaftlicher Besitz von Gudensberg war jedoch nur von kurzer Dauer, denn ihm folgte Bernhard v. Dalwigk, der seine Amtmannschaft schon 1391 wieder niederlegte.

Im Jahre 1406 am 7. Januar starb auf dem Schlosse Gudensberg Landgraf Hermanns zweite Gemahlin, welche von hier nach Marburg geführt und dort beigesetzt wurde [17]).

Im Jahre 1414 war Thilo v. Rudinshausen Amtmann zu Gudensberg.

Von den Schicksalen des Schlosses während der übrigen Zeit des 15. Jahrhunderts läßt sich kaum etwas Erhebliches bemerken. Schon in der letzten Hälfte desselben begannen die Bergschlösser auffallend in ihrer Bedeutung zu sinken und man wurde immer sparsamer in ihren Reparaturen, so daß viele schon in der ersten Hälfte des 16. Jahrhunderts in Verfall kamen. Auch das Schloß Gudensberg wurde im 16. Jahrhundert nur noch von dem nothwendigsten Gesinde bewohnt, und diente wenigstens schon unter Landgraf Wilhelm IV. zu einem Pulvermagazin. Als 1587 durch das Abschießen einer Schlüsselbüchse in der Stadt Feuer ausbrach, lagen 200 Centner Pulver auf dem Schlosse und man gab aus der Stadt eine Wache für dessen Sicherheit hinauf.

Im Anfange des 17. Jahrhunderts waren von der Wenigenburg noch einzelne Mauern vorhanden, dagegen die Gebäude der Oberburg, wenn auch baufällig, doch noch ziemlich erhalten. Nach den bei Dilich und Merian befindlichen Ansichten des Schlosses hatte dasselbe einen viereckten Thurm von nicht unbeträchtlicher Höhe, auf dessen weit vorspringenden Zinnen sich ein hohes spitz zulaufendes Dach erhob. Gegen Ende des 17. Jahrhunderts riß man endlich einen Theil der Gebäude nieder; es blieb jedoch noch immer so viel stehen, daß man diesen Rest auch ferner noch zu einem Pulvermagazin benutzen konnte, und im 7 jährigen Kriege 1761 in den Trümmern ein Häufchen Franzosen sich festzusetzen und eine 48 stündige Beschießung auszuhalten vermochte, nach der es sich erst am 14. Februar an den englischen General Lord Gramby als kriegsgefangen ergab.

Zu den für Gudensberg bestimmten Burgmannen gehörten die v. Elben, v. Wehren, v. Gudenburg, Meisenbug, v. Grifte u. v. a. Auch führten mehrere von dem Schlosse ihren Namen; so findet sich schon in der Mitte des 12. Jahrhunderts (zwischen 1145—1159) **Cûnradus et Erkengerus de Gûdenesberg** [18]); ferner 1205 im Gefolge des Landgrafen Hermann von Thüringen: **dominus Hermannus dapifer de Godensberg, dominus Guntherus frater suus** [19]), wahrscheinlich zwei Glieder der Familie v. Schlotheim, 1209 **Wiederhold de Wotensberg** [20]), 1211 **Sibodo miles de Gudensberg**, zwischen 1216—1220 **Hermanus miles de Gudenesberc meisenbuc.**

Obgleich schon oben von dem Gaugerichte zu Maden und dessen Grafen die Rede gewesen ist, so sehe ich mich doch veranlaßt, hier am Schluße noch Einiges in dieser Beziehung hinzu zu fügen. Außer den Gaugrafen waren nämlich auch noch Stellvertreter derselben, s. g. Vicecomites, vorhanden, welche ebenfalls ihren Sitz zu Gudensberg hatten, und, was gewissermaßen merkwürdig ist, beinahe zwei Jahrhunderte hindurch alle den Namen Giso führen. Der erste findet sich seit dem Jahre 1109 und scheint jene Stelle als **subcomes** auch nach dem Aussterben der Gaugrafen von Gudensberg unter deren Nachfolgern den Landgrafen von Thüringen behalten zu haben, für welche er auch noch die Vogtei über Hasungen verwaltete. Dieser erste bekannte Untergraf starb 1137 auf dem italienischen Feldzuge des Kaisers Lothar zu Palestrina, unweit Rom [21]).

Es ist dieses derselbe Giso, den man bisher stets als Sohn Giso des **IV.**, Grafen von Gudensberg, betrachtet hat, und wodurch man bei der Erklärung des Uebergangs der gisonischen Güter an das thüringische Haus in Räthsel verwickelt wurde, die nur durch eine gewaltsame Lösung zu beseitigen waren. Das ganze Verhältniß wird jedoch klar, sobald man ihn in seiner wahren Stellung genauer betrachtet.

Die erste Urkunde, welche ihn uns vorführt, und die seither für diesen Zweck noch unbeachtet geblieben ist, wird hierfür sogleich entscheidend. Es ist dieses eine Urkunde des mainzischen Erzbischofs Ruthard vom J. 1109, in welcher zugleich Graf Werner v. Grüningen als Schirmvogt von Fritzlar auftritt, bei deren Ausstellung nachstehende Zeugen zugegen waren: liberi homines Giso comes, Giso subcomes, Adelbrecht de Scowenburc' et fr.... etc. [22]).

Ob der **Giso junior advocatiam Herveldiae guber-**

nans, welchen man 1107 findet ²³), identisch mit unserm subcomes sey, wie aus der Bezeichnung als junior und aus dem gubernans, was auf etwas Vorübergehendes zu deuten scheint, vermuthen möchte, wage ich jedoch nicht zu entscheiden. Im Falle aber diese Vermuthung begründet wäre, so würden dadurch die von den Schriftstellern bisher angenommenen beiden Grafen Giso III. und IV. eine Person werden, und der vierte Giso also wegfallen müssen.

Nachdem durch des letzten Giso Tod die hasungische Schirmvogtei an den Grafen Ludwig von Thüringen übergegangen war, findet sich der Untergraf Giso auch als hasungischer Untervogt. In einer Urkunde des Klosters Hasungen vom Jahre 1122 heißt es: Ludovico aduocato, Gisone secundo aduocato ²⁴). In drei spätern Urkunden wird sich zwar in dieser Beziehung weniger bestimmt ausgedrückt, und Giso schlechtweg als advocatus bezeichnet, so 1123: Gyso aduocatus ²⁵), Giso aduocatus eiusdem Abbatie ²⁶), und 1131 Gyso aduocatus noster ²⁷), daß aber auch in dieser Zeit Landgraf Ludwig noch immer Vogt war, und Giso also nur dessen Stellvertreter seyn konnte, zeigen noch zwei andere Urkunden. In der einen vom Jahr 1131 werden beide, Ludwig und Giso, als Vögte genannt ²⁸), und in der andern, einem Güterverzeichnisse des Klosters, welches keine Jahrszahl hat, aber in dieselbe Zeit fällt, heißt es am Schlusse: Hec ex consilio domini Ludowici comitis colligendo descripsi etc. ²⁹).

Die im Vorhergehenden zusammengestellten Thatsachen

scheinen mir schon an und für sich das Verhältniß jenes
Giso's so klar zu bezeichnen, daß ich es nicht für nöthig
halte, mich noch weiter darüber auszulassen. Der sächsische
Annalist nennt ihn zwar bei der Erzählung seines Todes
Comes Hassiae, ein Titel, der freilich etwas anderes
voraussetzt, der aber von einem Chronisten gebraucht, nicht
einer eben so strengen Deutung, wie in der Urkunden=
Sprache unterworfen werden kann.

Nachdem dieser Giso beinahe schon fünfzig Jahre verstor=
ben war, findet sich an seiner Stelle ein anderer und zwar
gleiches Namens, der sich jedoch durch den Zusatz von
Gudensberg noch näher bezeichnet. In einem Tausch=
Vertrage des Landgrafen Ludwig III. von Thüringen mit
dem Kloster Hasungen vom Jahr 1182 findet sich nämlich
unter den Zeugen: **Gyso in Gudenesberc** [30]).

Einen dritten Giso, wenn dieser nicht mit dem Vorher=
gehenden eine Person ist, was ich bezweifle, findet man seit
dem Jahre 1205, wo er als **Giso de Goden(s?)berg**
und **de Gudin(s?)berg** in zwei Urkunden erscheint [31]);
1213 und 1217 wird er **Giso de Gudensberg** [32], in
einer Urkunde des Probstes Gumbert von Fritzlar vom
Jahr 1226 aber ausdrücklich **Gyso uicecomes de
wŏdens(berg)** genannt [33]).

Ob diese verschiedenen Gisonen alle zu einer Familie
gehörten, worauf der Name hinzudeuten scheint, und in
welchem verwandtschaftlichen Verbande sie zu einander stan=
den, darüber fehlen jedoch alle Nachrichten. Denn daß sie,
und namentlich der letztgenannte, nicht zu der Familie

v. Gudenburg gehörten, muß man aus der erwähnten Ur=
kunde von 1213 folgern, wo wir alle gudenburgischen Stämme
im Streite begriffen, jenen Giso aber nicht als Mitverwand=
ten und Genossen, sondern mehr als Vermittler auftreten
sehen.

Ein Anderes ist es dagegen mit dem vierten Giso, der
sich seit 1253 von Gudensberg nennt, und bis zum Jahre
1274 als Landrichter von Hessen, — judex provincialis
Hassiae — judex a domino Lantgravio per terram
Hassiae constitutus, — judex generalis, etc. —
erscheint. Dieser gehörte zu der Familie v. Gudenburg
und war ein Sohn Wilhelm's und ein Bruder Wer=
ner's v. Gudenburg, und führte außer seinem Familien=
Wappen auch noch ein Amtssiegel, auf welchem sich ein
Kopf mit langgelockten Haaren befand [34]).

Giso's Nachfolger war Graf Albert v. Waldenstein [35]),
mit dem sich die Reihe der hessischen Landrichter schließt,
an deren Stelle, nach der nunmehr völlig vollendeten Auf=
lösung des Maden=Landgerichts, die Landvögte traten, welche
man seit dem Ende des 13. Jahrhunderts findet, und deren
in der Regel drei waren, nämlich in Hessen, an der Werra
und an der Lahn.

Die Malstätte des Gaugerichts glaube ich zwischen Ma=
den und Gudensberg wieder gefunden zu haben. Hier er=
hebt sich nämlich, einige Hundert Schritte nordwestlich von
Maden, in dem s. g. Steinchensfeld, ein augenschein=
lich durch Menschenhände aufgestellter Stein von einer sehr
harten, gelblich weißen Wacke, von länglich viereckter Form,

8½ Fuß hoch über die Erde, durchschnittlich 4 Zoll dick und 1½, an einigen Stellen auch 2 Fuß breit, den die Sage durch Riesen hierher geschleudert seyn läßt. An diesem Steine suche ich die alte Malstätte, denn wie die Sitte allgemein war, die Gerichtsplätze durch ähnliche Steine zu bezeichnen, so findet sich hier auch kein anderer Ort, an welchem man jene füglicher hinverlegen könnte.

Anmerkungen.

1) Grimm's deutsche Mythologie S. 103. — 2) Wenck III. S. 79. — 3) Kopp's hess. Gerichtsverfassg. I. Beil. S. 47. — 4) Kindlinger'sche Handschriften. Bd. 141. S. 6. — 5) Gudenus cod. dipl. I. 397. — 6) ibid. pag. 119. erscheint in einer undatirten Urkunde als Zeuge: Comes Giso de Vdenesberc. Ueber das Datum vergleiche Wenck III. S. 79. — 7) Da Graf Giso erst nach Werner's Tode, den 21. Febr. 1131, zu dem Besitze von Gudensberg kam, im folgenden Jahre, 1122, aber schon der thüringische Graf Ludwig als Schirmvogt von Hasungen auftritt, so bestimmt sich hiernach die Zeit von Giso's Tode. — 8) Auch dieser nennt sich 1131 Ludewicus Comes de Wuodensberc. (Wenck II. S. 80.) — 9) Vergleiche hierüber, sowie über das wernerische und gisonische Grafenhaus überhaupt Wenck III. S. 11—89 und v. Rommel I. 198—206 nebst den dazu gehörenden Anmerkungen. — 10) Origines Guelfic. IV. praefat. p. 9 et 10 und Estor de ditione hass. ad Vierram p. 27. — 11) Es ist zwar auffallend, daß sich in dem langen Zeitraume von 1254—1312 keine Spur des braunschweigischen Pfandrechts findet. Auch ein Sühnevertrag von 1306 erwähnt nichts hiervon. — 12) Schmincke monimenta hass. II. 454. — 13) Dilich S. 183. Kuchenbecker Anal. hass. VIII. 264. — 14) Kuchenbecker anal. hass. IX. 185. — 15) Würdtwein Dioec. Mogunt. III. 444. — 16) S. die ver-

schiedenen heff. Chronisten. — 17) Gerstenberger in Schmincke mon. hass. II. p. 516. — 18) Varnhagens Gbl. z. wald. Gesch. Beil. S. 35. — 19) Wenck Ufbch. III. S. 95 und Lennep über die Landsiedelleihe. Cod. prob. p. 651. — 20) Annal. Saxo ad an. 1137. — 21) S. Wenck III. S. 81. v. Rommel I. Anmerk. S. 147 und Schmidt I. 305. — 22) Kindlingers Gesch. der deutschen Hörigkeit. Beil. S. 233. — 23) Wenck II. Ufbch. S. 55.— 24) Orig. Urk. — 25) Wenck II. Ufbch. S. 77. — 26) Orig. Urk. — 27) Zeitschr. des Vereins für hess. Gesch. u. Landeskd. II. S. 120. (13). — 28) Daf. S. 117. (10). — 29) S. das von mir in Wigand's westfäl. Archiv. VI. 280 abgedruckte Güter = Register. Das Verhältniß findet später eine Wiederholung, denn Konrad v. Elben, der sich 1251 ausdrücklich als Stellvertreter des Langrafen in der Vogtei Hasungen bezeichnet (Wenck III. Ufb. S. 125), nennt sich 1258 auch schlechtweg Advocatus ecclesie in Hasungen. (Lennep v. d. Landsiedelleihe. Cod. prob. pag. 795.) — 30) S. den II. Bd. d. Werkes S. 253. — 31) Varnhagen Beil. S. 35, Wigand westfäl. Archiv I. 1. 75. Ich vermuthe, daß in beiden Namen das s vom Abschreiber weggelassen worden, was um so leichter möglich ist, als dasselbe in den Urkunden selten ausgeschrieben, sondern meist nur durch ein Abbreviatur = Zeichen ausgedrückt wird. Eine Bestärkung dieser Vermuthung finde ich auch in dem b e rg, der steten Schreibart von Gudensberg, während der Name der v. Gudenburg meist Gudenb o rg oder b u rg geschrieben ist. Leider hat man seither bei dem Abschreiben von Urkunden den wesentlichen Unterschied beider Schreibarten zu oft aus den Augen verloren.— 32) Gudenus cod. dipl. I. 425 etc. und Or. Urk. — 33) Orig. Urk. — 34) S. die Geschichte der v. Gudenburg. — 35) Kopp's hess. Gerichts=Verfassg. I. S. 126. — 39) Vergl. Grimm's deutsche Rechtsalterthümer S. 802.

IX.

Holzhausen.

Eine alte in den Chroniken und einem Liede von Breitenau erhaltene Sage erzählt, daß der bekannte Graf Werner von Grüningen, welcher das Kloster Breitenau stiftete, über Haldorf, zwischen Grifte und Dissen, ein Schloß erbaut habe. Unmittelbar über Haldorf aber kann vermöge der örtlichen Verhältnisse wohl kein Schloß gelegen haben, dagegen zeigen sich in der Nachbarschaft desselben auf dem Gipfel des kegelförmigen Berges, an dessen Fuße das Dorf Holzhausen liegt, und der jetzt der Han (Hain, Hagen), in den Dorfbüchern des 16. Jahrhunderts aber auch die Holzhäuser Burg genannt wird, noch die deutlichsten Spuren von Gebäuden. Außer vereinzelten Mauersteinen und Mörtel sieht man auch noch den Umfassungs-Graben, und fand noch vor wenigen Jahren, als man hier Material zum Wegebau brach, viele menschliche Gebeine. Und diese örtlichen Zeugniſſe finden auch durch die Geſchichte eine Beſtätigung. In einem Regiſter, welches die unter dem Erzbiſchof Adelbert von Mainz (zwiſchen 1111—1137) von der mainziſchen Kirche erworbenen Güter verzeichnet, heißt es nämlich: **Comes Wernherus Castra Holzhusun et Alstadt — — Sancto Martino et Archiepiscopo dedit** [1]).

Dieſe Uebertragung mag Graf Werner kurz vor ſeinem Tode, der im Jahr 1121 erfolgte, vorgenommen haben. Gegen Ende deſſeben Jahrhunderts findet ſich Holzhauſen im Beſitze des Edelgeſchlechts der Hund, und zwar, wie man vermuthen muß, als mainziſches Lehen; unter den Lehen welche die Hunde von Heſſen trugen, iſt wenigſtens Holzhauſen nicht zu finden. Schon in früheſter Zeit waren die Hunde in zwei Stämme getheilt, von denen der eine zu Kirchberg ſaß, und den urſprünglichen Namen beibehielt, der andere aber zu Holzhauſen ſeinen Anſitz hatte, und ſich v. Holzhauſen nannte. Von dieſem letztern Stamme findet ſich Albert v. Holzhauſen ſchon im J. 1163 [2]). Als in der Mitte des 13. Jahrhunderts der holzhauſiſche Stamm erloſch, gingen deſſen Güter auf die Brüder Hermann und Otto Hund über, von denen des letztern Söhne ſich wiederum in 2 Stämme trennten, und der jüngere, Hermann, den Namen v. Holzhauſen annahm, wobei ſie jedoch hinſichtlich ihrer Güter in Gemeinſchaft blieben. Ob das Schloß Holzhauſen ſich damals noch in wohnlichem Zuſtande befand, iſt ungewiß. Im Jahre 1346 war dieſes wenigſtens nicht mehr der Fall, denn die hundiſche Familie bedingte in einem Vertrage, den sie in diesem Jahre mit dem Landgrafen schloß: „daz wir vnsen Berg, der da gelegen ist an deme Dorffe Holtzhusen, mogen vergeben oder verkauffen sullen ane (ohne) vnsirs — Herren von Hessen vnde syner erben willen" ³). Als im Jahre 1430 die Linie v. Holzhausen erlosch, kam ein Viertheil des Dorfes an Reinhard d. ä. v. Dalwigk und die v. Grifte, wodurch eine Ganerbschaft entstand, durch welche endlich das ganze Dorf im Jahre 1649 an die Landgräfin Amalie Elisabeth verkauft wurde.

Anmerkungen.

1) Gudenus cod. dipl. I. 397. Siehe die vorhergehende Seite 182. — 2) Justis hess. Denkwürdigkeiten. IV a. 38. — 3) Ledderhose kleine Schriften V. 240.

X.

Ludwigstein.

Eine Stunde südöstlich von Witzenhausen erhebt sich zwischen den Dörfern Wendershausen und Riede in einem Bogen der Werra, dem preußischen Dorfe Werleshausen gegenüber, ein hoher, steiler und isolirt stehender Kegelberg, dessen Gipfel das Schloß Ludwigstein krönt.

In seinem gegenwärtigen Zustande bildet das Schloß ein zusammenhängendes und ziemlich regelmäßiges Viereck, dessen Außenwände beinahe durchaus massiv sind und zum Theil eine Dicke von 5 bis 6 Fuß haben. Durch das auf der Westseite befindliche Thor tritt man in den in der Mitte des Schlosses liegenden Hof, und links zu den Stallungen und rechts zu den Wohnungen, welche jedoch nach der Hofseite hin nur aus Holz gebaut sind und nicht den angenehmsten Eindruck hervorbringen.

Zur Linken des Thores erhebt sich ein hoher und runder Thurm, der die Gebäude des Schlosses weit überragt.

Früher standen zu beiden Seiten des Thores noch mehrere Gebäude, und namentlich das Amthaus, doch sind diese schon vor langen Jahren abgebrochen worden und ihre Lage nur noch in den Grundmauern, sowie einigen Kellern, deren Gewölbe sich noch erhalten haben, zu erkennen.

Die Aussicht vom Ludwigsstein ist zwar nicht groß, weil die schroffen bewaldeten Berge, durch welche sich hier die Werra windet, dieselbe zu sehr versperren, aber um so anziehender und gegen Nordost, wo der Blick die großartigen Ruinen des Hansteins trifft, sogar erhaben. —

Nachdem Landgraf Ludwig I. im Jahre 1413 die Regierung von Hessen angetreten hatte, war eine seiner ersten Sorgen dem Rechte Kraft und seinen Unterthanen Frieden und Sicherheit zu verschaffen. Um das letztere mit größerem Nachdruck bewerkstelligen zu können, entschloß er sich gleich in den ersten Jahren seiner Regierung zu dem Baue mehrerer Burgen, und wie er an der entblößten hersfeldischen Grenze Ludwigseck und Ludwigsaue anlegte, verstärkte er die Reihe der Festen, welche die eichsfeldische Grenze deckten, durch die Aufschlagung des Ludwigsteins. Der Bau dieses Schlosses begann im Jahr 1415. Ob die nächste Veranlassung zu demselben eine Fehde mit der eichsfeldischen Ritterschaft und namentlich mit den v. Hanstein war, oder diese Ritter erst durch den Bau des Schlosses beunruhigt, das sich gleichsam als ein Wächter an ihren Grenzen erheben sollte, zu den Waffen griffen, um denselben zu verhindern, vermag ich nicht zu entscheiden, genug der Landgraf sah sich genöthigt, die erste Anlage und Befestigung unter dem Schutze eines Heeres zu bewerkstelligen. Nachdem Landgraf Ludwig am 27. Juni 1415 sich von Marburg nach Homberg begeben hatte, sammelte sich sofort die Ritterschaft, die Bürger und das Landvolk, und brachen am 4. Juli unter Führung des Landgrafen nach der Werra auf. Und als nun das Heer sich an den Ufern gelagert, wurde mit so rüstiger Hand an das Werk gegangen, daß schon nach wenigen Tagen der neue Bau des Schutzes des Heeres nicht mehr bedurfte und dieses schon am 11. Juli wieder zur Heimath entlassen werden konnte [1]).

Dieser rasche eilige Bau gab die Veranlassung zu der Sage, daß der Teufel dem Landgrafen dabei geholfen habe, zu deren Bestätigung man einen, in der nach dem Hanstein stehenden Wand des Schlosses in Stein ausgehauenen monströsen Kopf zeigt.

Der Verfasser der hessischen Zeitrechnung bemerkt in der 34. Fortsetzung derselben in Bezug auf diese Sage, daß ihm von alten Leuten erzählt worden sey: „daß der Land„graf, um denen damaligen v. Hanstein das schädliche Aus„streifen in Hessen zu verwehren, dieses Berg=Haus an die„sem da zu bequem=gelegenen Orte erbauet, und weil die „v. Hanstein denen Arbeitern am Tage nicht wenig Scha„den und Hinderniß aus ihrem Schlosse zugefüget, habe er „des Nachts meistlich daran arbeiten, auch das Holtzwerck „dazu in dem nechstgelegenen Walde gentzlich zurichten und „hernach bei Nacht=Zeit aufrichten lassen: Als nun seine

„Feinde geſehen, daß ihnen durch dieſes Haus nicht wenig
„ihr vorhero gehabtes Vortheil und ſchädliches Ausfallen
„gehemmt worden, ſo hätten ſie," jene Fabel erfunden,
wodurch der Landgraf bewogen worden ſey, jenen Kopf
aushauen zu laſſen. Uebrigens befindet ſich auch am Han=
ſtein ein ähnlicher nur noch größerer Kopf, welcher nach
dem Ludwigſteine herüber blickt.

Nach Vollendung der Burg, die ihren Namen von dem
ihres Erbauers erhielt, wurde ſogleich ein Amtmann für
dieſelbe ernannt, dem auch der Schutz des Amts Witzen=
hauſen übertragen wurde. Als ſolcher wurde am 28. April
1416 Hans v. Dörnberg beſtellt [2]). Obgleich dieſes nur
auf die Dauer von 2 Jahren geſchah, ſo ſcheint Hans dieſe
Stelle doch länger behalten zu haben. Nachdem im Jahre
1430 Hermann Diede Amtmann geworden, wurde das
Schloß ſammt dem nun völlig damit vereinigten Amte an
Hermann Meiſenbug für 1741 fl. verſchrieben, von wel=
chem daſſelbe 1455 Hermann und Wilhelm Meiſenbug,
Vater und Sohn, einlöſten. Im Jahre 1460 ging dieſe
Pfandſchaft auf den Hofmeiſter Hans v. Dörnberg und
4 Jahre ſpäter (1464) auf Georg v. Buttlar über, der zu
den von ihm gezahlten 1800 fl. 1466 noch weitere 300 fl.
lieh. Während ſeines 22 jährigen Beſitzes erbaute derſelbe
ein Haus und einen Keller auf der Burg und kaufte zu
Wendershauſen ein Vorwerk an, wodurch ſich die Pfand=
ſumme auf 2845 fl. ſteigerte.

Erſt im Jahre 1486 geſchah die Ablöſung durch Sittich
und Kaspar v. Berlepſch. Dieſen folgte 1488 Rabe v. Herda,

von welchem das Schloß 1503 an Ludwig und Hermann v. Boyneburg und dann an Sittich v. Berlepsch kam. Nachdem es von dessen Söhnen Jost und Hans wieder eingelöst worden, wurde es 1515 für 3500 Gfl. an Christian v. Hanstein, Amtmann zu Rüsteberg, verpfändet, und die Pfandsumme 1525 auf 5000 fl. erhöht.

Nach Christian's Tode, und nachdem noch das aus 100 Aeckern bestehende Vorwerk zu Wendershausen, welches dem inzwischen säkularisirten Wilhelmiten Kloster zu Witzenhausen gehörte, durch den Landgrafen zum Schlosse geschlagen worden war, kam dasselbe an Kurt Rommel, welcher es 1534 weiter für 4900 fl. an Christoph v. Steinberg verkaufte. Wie lange dieser letztere im Besitze des Schlosses blieb, ist mir nicht bekannt; im Jahre 1545 wurde dasselbe jedoch an Christoph Hülsing eingegeben.

Margarethe von der Sahl, die bekannte Nebengemahlin des Landgrafen Philipp des Großmüthigen, hatte nämlich noch eine Schwester, Barbara, für deren Unterkommen zu sorgen, sich der Landgraf nach vielfältigem Anhalten von Margarethens Mutter anheischig gemacht hatte. Um sich dieser Verpflichtung zu entledigen, bemühte er sich ihr unter dem Adel einen Mann zu verschaffen, und vermochte endlich 1445, nachdem viele deshalb gemachte Anträge fehl geschlagen waren, seinen Kammerdiener, Christoph Hülsing, einen gebornen Lüneburger, die genannte Barbara zur Ehe zu nehmen, indem er demselben das Schloß und Gericht Ludwigstein als Mitgift zusagte. Es war zwar anfänglich seine Absicht, dasselbe ihm nur als eine lebenslängliche

Amtmannschaft einzuräumen, aber die unabläſſigen Beſtürmungen Margarethens riſſen ihn endlich hin, das Schloß und Amt, nebſt manchen andern bedeutenden Vortheilen an Hülſing zu Mannlehn zu geben. Mit Verdruß hatten Philipp's Söhne dieſe Entäußerung einer unmittelbaren Zubehör des Fürſtenthums betrachtet, und als kaum 8 Monate nach Landgraf Philipp's Hinſcheiden auch Hülſing im November 1567 ſtarb, verweigerte Landgraf Wilhelm der Wittwe die Erneuerung des Lehns, obgleich Landgraf Philipp die Haltung der deshalb gegebenen Verſchreibung noch beſonders in ſeinem Teſtamente empfohlen hatte. Erſt nach langen Verhandlungen kam durch die Vermittlung des Kurfürſten von Sachſen am 29. Januar 1573 ein Vergleich zu Stande, durch welchen die Hülſings mit 20,000 fl. vom Ludwigſtein abgefunden wurden [3].

Die Wittwe zog nun mit ihren drei Töchtern nach der Vogelsburg bei Eſchwege, und verehelichte zwei derſelben, Barbare und Anne, an Hans Kurt Keudel und Wilhelm v. Harſtall, wogegen die dritte Tochter, Marthe, unverheirathet geblieben zu ſeyn ſcheint.

Ludwigſtein wurde hierauf wieder mit fürſtlichen Beamten beſetzt, bis es durch die Dotation der Quart an die Söhne Landgraf Morizens aus 2ter Ehe, an die heſſiſche Seitenlinie der Landgrafen von Heſſen=Rotenburg kam, bei welcher es bis zu deren Ausſterben im Jahre 1835 verblieb.

Jetzt dient es nur noch zu ökonomiſchen Zwecken. Unter ſeine Zubehörungen zählte es unter Landgraf Wilhelm **IV.**

außer ansehnlichen Waldungen, 6¾ Acker Gärten, 84 Acker Wiesen und 457¼ Acker Ländereien. —

Anmerkungen.

1) Die Chronisten geben die Zeit dieses Baues sehr verschieden an. Meine Nachrichten hierüber beruhen jedoch auf einer Homberger Rechnung des Jahres 1415. Darin heißt es unter anderm: Item uffen Dornstag noch Sente Petirs vnd Paulsztag, du zcoch men vsz zu buwende de Ludewygesteyn. — Item uffen Dornstag (darnach): uffe dy selben nacht, quam der foyd vsz dem here von Ludewygesteyn myd den burgkeschen (den von Borken) uffe (das) husz (Schloß Homberg); — ohne Tag-Angabe: It. VI. phund zu bruche von den von Werswyg (Wernswig) ge nomen ome vir sumenisse dinstes wegin gen Ludewygesteyn. — 2) Damals war das Schloß schon völlig bewohnbar wie ein Inventar desselben vom J. 1416 zeigt. Außer dem gewöhnlichen Hausgeräth nennt dieses noch ferner an Vertheidigungsmitteln: „thusint phile vnd drißig phile, czwo hantbüssen der hait eyne funft schoffze, eynen bubel mit puluer." — 3) Hessische Beiträge II. S. 390—407.

XI.

Schöneberg.

Nördlich von der niederhessischen Stadt Hofgeismar, und zwar eine starke Viertelstunde von derselben entfernt, erhebt sich in dem hier sehr beengten Thale des Esse=Flüßchens auf dessen rechtem Ufer zwischen dem Westberge und dem Reinhardswalde ein fast isolirter Basaltberg, welcher in zwei Kuppen, eine höhere und eine niedere ausgehet, und seiner schönen Form wegen nicht mit Unrecht seit uralter Zeit der Schöneberg (**Sconenberg**) genannt worden ist. Neben und zwischen lauter wellenförmig gestalteten Bergreihen, welche ihn umgeben, und großentheils an Höhe übertreffen, zieht dennoch eben er durch seine eigenthümliche, der Pyramide nahe kommende Gestalt, durch seine eigenthümliche Lage, welche das Essethal hier zu schließen scheint, und durch die dem Auge des Reisenden wohlthuende Farbenmischung und das kräftige Grün seines Waldbestandes, welches meist aus Buchen und stellenweise aus Aspen, Tannen und ein=

zelnen Eichen bestehet und den ganzen Berg bis zu seinen
Gipfeln gleichmäßig bedeckt, die Aufmerksamkeit eines jeden
Naturfreundes vor allen benachbarten Bergketten auf sich
und ladet dadurch die nahe und ferne Wohnenden freundlich
ein, ihn zu besteigen. Drei Wege führen auf seine Höhe:
ein Fußpfad, welcher von Süden her an der Nordgeismar-
Brücke über die Esse, ein anderer, der an der Nordseite des
Berges von dem nahe gelegenen Dorfe Hümme, und ein
Fahrweg (der alte Burgweg, welcher von Osten aus dem
Dorfe Schöneberg, einer französischen Kolonie, ehemals aber
einer Meierei, den Anfang nimmt. Auf dem letzteren, welchen der gewesene König von Westfalen in den Jahren 1810
und 1811 wieder fahrbar machen ließ, um vom hofgeismar'schen Gesundbrunnen aus (er liegt am südlichen Fuße
des Berges, und ist nur wenige Minuten von ihm entfernt)
diesen reizenden Punkt bequemer besuchen zu können, gelangt man, wenn gleich in einer längeren Zeit, doch auf
bequemere Art an der Südseite des Berges hin, bis an den
Platz, wo beide Berg=Kuppen sich scheiden. Wendet man
sich nun hier in einer tiefen Schlucht zur Rechten, so hat
man einen hohen Erdwall, neben welchem zu beiden Seiten
tiefe Wallgraben und spärliche Reste alter Ummauerungen
sich zeigen, zu übersteigen. Der Wanderer gelangt über sie
in den ersten Hof der alten Burg, welche einst hier stand
und den Namen des Berges trug. Links findet er einen
mit einem Geländer umgebenen Brunnen, welcher in den
hohen festen Basaltfelsen bis zum Niveau der tief unter dem
Berge dahin rauschenden Esse mit unendlicher Mühe vor

etwa 700 Jahren gehauen worden ist, und in den man bisher vergeblich so oft Reisig und ganze Bäume geworfen hat, um ihn zu füllen. Der Weg geht weiter in einer Serpentine terrassenförmig aufwärts in den zweiten Hof, vor dessen südlicher Gränze noch ein kleines niedriges Mauerstück an steiler Felswand stehet — der Rest der stolzen alten Burg. Abermals zur Rechten sich wendend, gelangt man auf die höchste Spitze des Berges, wo ein Kreis von fast begrabenen Steinen die Stelle eines Thurmes nachweiset, und eine reizende Aussicht nach Süden auf den Gesundbrunnen, die Stadt Hofgeismar, Grebenstein, Immenhausen, und eine große Zahl der um sie gelegenen Dörfer, Hügel, Berge, und die lange Westseite des Reinhardswaldes, im Schatten einiger alten herrlichen Buchen, welche mit lobenswerther Anerkennung dieses historisch-heiligen Ortes von der Forstbehörde gehegt werden und mit alten und neuen Namen bedeckt sind, der reiche Lohn für die angewendete Mühe des Ersteigens dieses Berges ist.

Außer dem erwähnten Brunnen, dem kleinen Mauerstück, den Wällen und den Spuren eines Thurmes, finden sich als Denkmale der alten Burg nur noch zwei Kellerlöcher, welche an der steilen Südseite der Burg zu Tage gehen und in meiner Jugendzeit noch mit eisernen Gittern versehen waren; so wie unter den niederen zur Linken gelegenen Bergkuppe neben dem Basaltsteinbruche der alte Todtenhof, welcher auch jetzt noch als solcher geehrt, und nicht mit Waldbäumen bepflanzt oder besäet worden ist [1]).

Unter den Besitzern des vielfältig zerrissenen hessischen Sachsengaues findet man im 11. Jahrhundert auch die Grafen von Reinhausen, welche hier einen eigenen Komitat hatten, der, wie sich aus spätern Nachrichten erkennen läßt, insbesondere das Land zwischen Diemel und Weser von Münden und Hofgeismar hinab umfaßte. Als dieses Grafenhaus erlosch, gingen seine Güter und namentlich auch die eben bezeichneten des Diemellandes auf des Grafen Elli II. Tochtersohn, den aus Baiern stammenden Grafen Hermann I. von Winzenburg über, der bis zum Jahre 1122 lebte und von seinem Sohne Hermann II. beerbt wurde.

So reich auch die Zahl der Burgen ist, welche wir schon zu Ende des 13. Jahrhunderts allenthalben über das Land zerstreut finden, so vereinzelt waren diese doch noch im Anfange des 12. Jahrhunderts, wo nur mächtigere Geschlechter erst solcher besaßen. Auch jene neuen winzenburgischen Besitzungen entbehrten noch einer Feste, von der dieselben den bedürftigen Schutz empfangen konnten, und erst Graf Hermann II. entschloß sich zu einem derartigen Baue. Er wählte zu diesem Zwecke den oben bezeichneten Berg, von dem er beinahe sein ganzes Besitzthum in dieser Gegend überschauen konnte, und erbaute auf dessen Gipfel mit großen Kosten und Mühen eine Burg, welche er nach dem Namen dieses Berges Schöneberg, oder, wie sie in den Urkunden genannt wird, Schonenberg nannte.

Nachdem der Bau zur Vollendung gediehen war, übertrug Graf Hermann — ob durch Politik oder fromme Absichten dazu verleitet, ist nicht bekannt — im Jahr 1151 die Burg dem heil. Martin zu Mainz, d. h. er machte dieselbe der mainzischen Kirche lehnbar, und starb mit seiner Gemahlin schon im folgenden Jahre am 29. Januar, wo einer von seinen Vasallen, aus Rache für die Schändung seines Weibes, beide bei nächtlicher Weile im Bette ermordete. Er hatte keine Söhne, und obgleich er sich, bei der Lehnbarmachung seines Schlosses, ausdrücklich vorbehalten hatte, daß in diesem Falle das Erzstift nach seinem Tode denjenigen mit demselben belehnen sollte, welchen er vorher dazu bezeichnen werde, so hatte ihn hieran doch sein jäher Tod verhindert, und Schöneberg fiel deshalb frei in die Hände der mainzischen Kirche.

Diese belehnte hierauf die Dynasten v. Eberschütz damit, welche seitdem sich v. Schöneberg nannten. Die ersten, welche von dem neuen Ansitze den Namen führten, sind Berthold (1170—1202) und Konrad (1180—1188), von welchen jedoch nur der letzte Söhne hinterließ, dessen Enkel Konrad (1249—1305) und Berthold (1249—1282) den Schöneberg in Gemeinschaft mit dem Grafen Ludolph von Dassel besaßen. Wie dieser Ludolph, der ebenfalls auf dem Schöneberg wohnte und sich deshalb auch von Schöneberg nannte, zu diesem Besitze gekommen ist, ob er denselben durch Kauf oder durch Erbschaft erworben, ist noch nicht ermittelt, doch möchte wohl das Letztere das Wahrscheinlichere seyn. Nachdem er denselben mindestens 10 Jahre benutzt hatte, verkaufte er 1273 dem Erzstifte Mainz seinen Antheil an dem Schlosse nebst seiner 28 Dörfer begreifenden Grafschaft, mit der Vogtei über die zu den Klöstern Lippoldsberg und Hilwardshausen gehörigen Güter, der Vogtei über das letztere Kloster und endlich einem Hofe zu Bursfeld, und versprach dabei seinen Bruder zu bekriegen, sofern dieser die Rechtmäßigkeit dieses Kaufes bestreiten wollte. Da später das Schloß Schöneberg sich wieder ganz in dem Besitze der v. Schöneberg findet, so scheint das Erzstift jenen dassel'schen Theil nach dem Ankaufe den v. Schöneberg eingegeben zu haben. Im Jahre 1303 erkennt sich der oben genannte Konrad v. Schöneberg hinsichtlich des Schlosses von Neuem als Vasall des Erzstifts Mainz, von dem es sowohl sein Vater als er zu Lehn erhalten, gelobt demselben die Oeffnung an Schöneberg und Trendelburg, und verspricht das erstere nicht zu veräußern, er habe es dann dem Erzbischofe vorher zu Kaufe angeboten.

Aber noch in demselben Jahre kam Konrad mit dem Bischof von Paderborn in Streitigkeiten, und verlor in der daraus erwachsenden Fehde sein Schloß, welches der Bischof sofort an die Familien Jude und v. Asseln versetzte. Zu schwach, um die Wiedereroberung seines Schlosses aus eigenen Mitteln hoffen zu dürfen, wendete sich Konrad deshalb an seinen Lehnsherrn den Erzbischof Gerhard von Mainz. So bereit dieser streitsüchtige Prälat aber auch war, der Bitte Konrads zu entsprechen, so hart waren jedoch auch die Bedingungen, welche er seinem bedrängten Vasallen auferlegte. Konrad mußte nicht nur 450 Mrk. Silber für die Kriegskosten versprechen und dafür die Hälfte von Trendelburg auf so lange eingeben, bis der Schöneberg wieder erobert seyn würde, wo dann jene Pfandschaft auf eine Hälfte dieses Schlosses übertragen werden sollte, sondern sich auch noch weiter anheischig machen, eine Ablösung nur mit eigenem — also keinem erborgten — Gelde zu bewerkstelligen, und wenn er dieses nicht binnen den nächsten 3 Jahren vermöchte, was voraussichtlich für ihn unmöglich war, dann die Pfandschaft in einen Erbkauf zu verwandeln, und auch noch die andere Hälfte von Schöneberg dem Erzbischofe zu verkaufen. Noch an demselben Tage, an welchem Konrad dieses alles gelobte, überwies der Erzbischof die Pfandschaft an den Grafen Otto v. Waldeck, der sich dagegen zur Eroberung des Schöneberg's verpflichtete.

Aber alle diese Anstalten waren vergeblich, und Konrad selbst verlor so sehr alles Vertrauen zu denselben, daß er noch kurz vor des Erzbischofs Tode sein System änderte, und 1305 (17. Febr.) dem Landgrafen Heinrich I. von Hessen den größten Theil seiner Besitzungen, nämlich Burg und Stadt Trendelburg, den Reinhardswald und die zu den Schlössern Schöneberg und Trendelburg gehörigen Gerichte und Dörfer mit der Befugniß verkaufte, auch die waldeckische Pfandschaft auf die Hälfte des Schlosses Trendelburg an sich zu lösen; ja er begab sich sogar alles Rechtes am Schlosse Schöneberg und machte sich im voraus verbindlich, im Falle der Landgraf dasselbe wieder erobern würde und vom Lehnsherrn erhalten könnte, seine Lehnschaft aufzusagen. Der Landgraf zog jedoch den Weg der Unterhandlungen, dem unsichern der Waffen vor. Er suchte die

Adelichen zu gewinnen, denen Paderborn das Schloß verpfändet hatte, und brachte noch in demselben Jahre (1305 3. August) einen Vertrag mit denselben zu Stande, worin diese ihm die Erbhuldigung und Oeffnung am Schöneberg gegen alle seine Feinde, nur den Bischof von Paderborn ausgenommen, gelobten und sich verbindlich machten, daß wenn sie des Pfandschillings bedürften, und der Bischof das Schloß nicht lösen wollte, dasselbe vor allen andern dem Landgrafen zur Lösung zu bieten. Und nachdem der Landgraf so viel gewonnen, that er einen weiteren Schritt, und knüpfte auch mit dem Bischofe von Paderborn Unterhandlungen an, in Folge deren beide 1306 einen Vertrag schlossen, durch welchen der Bischof dem Landgrafen die Hälfte vom Schlosse Schöneberg, und dieser jenem dagegen die Hälfte der Trendelburg und der andern von Konrad v. Schöneberg erkauften Güter überließ, und beide das Ganze in Gemeinschaft zu besitzen übereinkamen, wobei sich der Landgraf noch verbindlich machte, seine Hälfte von Paderborn zu Lehn zu nehmen.

Nach Landgraf Heinrich's Tode, wo Hessen unter zwei seiner Söhne vertheilt wurde, kamen die schönebergischen Güter mit Niederhessen an Landgraf Johann, und blieben dieses bis zu dessen Tode (1311), wo das Hessenland, weil Johann keine Söhne hinterlassen hatte, wieder unter einem Fürsten, dem Landgrafen Otto, vereinigt wurde. Dieser folgte deshalb seinem Bruder auch in jenen Gütern, und erneuerte 1312 mit dem Bischofe von Paderborn den Vertrag über den gemeinsamen Besitz, indem er sich zugleich mit seiner Hälfte von demselben belehnen ließ ²). Doch kurz nachher finden wir das Schloß im Besitze des Herzogs Albrecht von Braunschweig. Ueber die Art dieses Wechsels fehlen jedoch alle Nachrichten, und wir wissen nicht, ob er durch Kauf oder durch Eroberung veranlaßt wurde, obgleich das erstere das Wahrscheinlichere seyn möchte.

Wenn auch Mainz sich seither bei den Entfremdungen seiner Rechte, welche es an dem Schlosse hatte, beruhigt zu haben scheint, so kam es doch jetzt mit dem Herzoge darüber in Streit, und der Erzbischof beauftragte seinen Oberamtmann, den Grafen Heinrich von Waldeck, zur Wiedereroberung des Schönebergs.

Dieser schritt auch zur Belagerung desselben und baute zu dessen Bezwingung, nach damaliger Belagerungsweise, ein Schloß dem Schöneberg gegenüber (vor 1315), ohne jedoch dadurch zu seinem Ziele zu gelangen. Erst später verglich sich der Herzog mit Mainz und verkaufte 1318 dem Erzbischof Peter die Hälfte des Schönebergs für 900 Mrk. S., und zwar mit der gewöhnlichen Einschränkung, daß sie es beide in Gemeinschaft besitzen sollten. Von einer Erneuerung der mainzischen Lehnrechte an der braunschweigischen Hälfte war jedoch keine Rede, und auch in der spätern Zeit wird dieser nirgends mehr gedacht.

In den Streitigkeiten des Erzstifts Mainz mit dem Landgrafen Otto nahm dieser zwar auch den Schöneberg, doch vergeblich, in Anspruch, denn Schiedsrichter sprachen denselben 1324 dem Erzstifte zu ³).

Beide Theile blieben lange Jahre in ruhiger Gemeinschaft des Schlosses; denn eine Verpfändung der braunschweigischen Hälfte desselben an Mainz (1325) war nur von kurzer Dauer, während ein über den Burgfrieden entstandener Streit, durch einen Spruch des Kaisers, auf friedlichem Wege beigelegt wurde (1339).

Mit der Amtmannschaft über die mainzische Hälfte des Schlosses war in der Regel auch die über die Stadt Hofgeismar verbunden. Schon 1325 findet sich Ritter Otto Hund [4]) in dem Besitze derselben, und, als er starb, folgte ihm darin sein Sohn, Ritter Hermann Hund.

In einem 1342 zwischen Mainz und Köln entstandenen Kriege führte Hermann die Bürger von Hofgeismar unter dem mainzischen Banner gegen Marsberg [5]). Im Jahre 1345 trat jedoch Eckebrecht v. Grifte an seine Stelle, der auch zugleich die Amtmannschaft über Sababurg erhielt [6]), und in dem Kriege, welcher 1346 von Hessen, Paderborn und Braunschweig gegen Mainz erhoben wurde, und den für die beiden erstern die Vettern Konrad und Konrad Herren v. Schöneberg gegen die Stadt Hofgeismar leiteten, sowohl Sababurg und Hofgeismar, als Schöneberg zu vertheidigen hatte. Obgleich die Zeit der Dauer von Eckebrechts Amt auf 5 Jahre bestimmt worden war, so scheint derselbe doch schon früher wieder abgetreten zu seyn, denn 1349 findet sich Otto v. Falkenberg, der sich hiernach auch v. Schöneberg nannte, als Amtmann.

Später verschrieb Erzbischof Adolph den Antheil seines Stiftes an die v. Hardenberg, welche auch 1378 für ihn, mit den Bürgern von Hofgeismar verbunden, den Landgra=

fen von Hessen befehdeten; sowie, nachdem jene abgezahlt worden, im Mai des Jahres 1381 an Konrad Spiegel [7], jenen mächtigen Ritter, der sich damals schon durch eine am 16. September 1367 den Hersfeldern am Zusammenflusse der Eder und Schwalm unter der Altenburg bereitete Niederlage einen gefürchteten Namen erworben hatte. Im Jahre 1382 ernannte der Erzbischof Adolph denselben zugleich zum Oberamtmann über die mainzischen Besitzungen in Hessen, Sachsen, Westfalen, Thüringen und auf dem Eichsfeld, ein Amt, welches er bis zu dem Ausbruche des großen Krieges behielt, der 1385 gegen Hessen von alle dessen Nachbarn erhoben wurde, und an dem auch Konrad vom Schlosse Schöneberg und von Hofgeismar aus den thätigsten Antheil nahm. Wie lange Konrad aber den Schöneberg behielt, ist nicht bekannt.

Die braunschweigische Hälfte des Schönebergs befand sich schon 1333 in dem Pfandbesitze des Ritters Stephan v. Haldessen [8], und ging von demselben auf seine Nachkommen über. Als aber in Folge der Ermordung des Herzogs Friedrich von Braunschweig, die Fürsten von Hessen, Braunschweig und Thüringen gegen Mainz die Waffen ergriffen, riß Mainz die braunschweigische Hälfte des Schönebergs an sich. In dem Frieden, welcher 1405 zu Friedberg zwischen den kriegenden Parteien geschlossen wurde, versprach der Erzbischof zwar diesen Theil des Schlosses wieder an Braunschweig und an die Pfandinhaber desselben, Hans und Hermann v. Haldessen, zurückzustellen [9], wir wissen aber nicht, ob diese Zusage erfüllt worden ist, da

seitdem alle Nachrichten über den braunschweigischen Besitz
verschwinden, und müssen es um so mehr bezweifeln, als
das Schloß später nur noch im alleinigen Besitze des Erz=
stifts erscheint.

Später wurde das Schloß Schöneberg mit dem dazu
gehörenden Amte an den Ritter Johann Spiegel versetzt [10].
Im Jahre 1421 befehdeten dessen Brüder Hermann und
Friedrich den Landgrafen, wurden aber, als sie am 5. Mai
1421 vor Wolfhagen erschienen, von den landgräflichen
Amtleuten v. Hertingshausen, v. Röhrenfurt und v. Dal=
wigk, die das aufgebotene Landvolk von Niederhessen befeh=
ligten, nebst 21 ihrer Kampfgenossen gefangen und mußten
nach beinahe einjähriger Gefangenschaft, ihre Freiheit mit der
Lehnbarmachung ihrer Güter auf der Warme und im Ge=
richte Schartenberg erkaufen. Doch diese Niederlage pflanzte
einen unversöhnlichen Haß gegen Hessen in ihre Seelen und
schon 1424 brach die Feindschaft von Neuem aus. Wäh=
rend Heinrich Spiegel den Landgrafen bereits befehdete,
kam auch dessen Bruder Johann als Amtmann zu Schö=
neberg ebenfalls zu Kriege, und wurde darin sowohl
von der Stadt Hofgeismar, als den Grafen von Ravens=
berg und von Nassau, sowie den v. Malsburg, v. Asse=
burg, v. Harthausen u. a. unterstützt. Als ihm nämlich
die Grebensteiner die Zinsen von den Ländereien, welche sie
zu Kalden und Frankenhausen bestellten, vorenthielten und
auch seine Anmahnungen nichts fruchteten, erschien er plötz=
lich vor Grebenstein und raubte, während Graf Johann d. j.
von Nassau mit aufgerichtetem Banner seinen Rückzug deckte,

1451 Schafe, welche er nach Hofgeismar trieb, wo sie die Grebensteiner wieder einlösen mußten. An demselben Tage, wo jenes geschah, fiel auch Walter v. Kronenberg und der Domprobst von Mainz in das Amt Grünberg und plünderten und brannten die Dörfer desselben.

Nachdem später Johann auch des landgräflichen Schultheißen zu Schartenberg Feind geworden war, sendete er eine Verwahrung an den Landgrafen, und indem er diese, am Nachmittage des 3. Novembers 1424, möglichst entfernt, zu Kirchhain, abgeben ließ, erschien er, und zwar schon am Vormittage desselben 3. Novembers, mit dem Grafen von Ravensberg nochmals vor Grebenstein, und nahm wiederum 400 Schaafe, so wie einige Tage später, am 5. November, vor Trendelburg, auf welcher Heinrich Herr v. Schöneberg wohnte, zerstörte die Dörfer Eberschütz und Deisel und trieb 800 Schafe nach Geismar. Der Landgraf bemühte sich zwar den Erzbischof, mit dem er damals selbst in Vergleichs-Unterhandlungen stand, zur Beilegung dieser Feindseligkeiten zu bewegen, doch ohne Erfolg.

Als nun aber Johann mit den von Geismar in der Nacht auch ins Gericht Schartenberg fiel, die Schläge und Zäune unter der Burg zerstörte und das Dorf Fürstenwald einäscherte, da griff endlich auch der Landgraf zu den Waffen und zog in eigener Person mit fliegenden Bannern vor Hofgeismar. Er beschoß die Stadt, zerstörte mehrere Wartthürme und Mauern, und verwüstete ringsum die Felder und Baumgärten, in denen die Bäume theils abgehauen, theils geschält wurden, um sie wenigstens für immer zu verderben.

Auch wurden ferner den Spiegeln nicht nur 1100 Schafe genommen, ihre Kirchhöfe zu Sulzen und Willegodessen und 4 andere Dörfer verbrannt, sondern auch ihre Güter auf der Warme und im Gerichte Schartenberg mit Verbot belegt.

Alle diese Feindseligkeiten kamen in den Verhandlungen zur Sprache, welche zur Beilegung der Streitigkeiten zwischen Mainz und Hessen gepflogen wurden. Zwar wurden die Klagen den Schiedsrichtern übergeben, und auch von beiden Seiten darauf geantwortet, aber es führte dieses um so weniger zu einem friedlichen Ziele, als stets neue Streitpunkte entstanden und sich die Verhältnisse immer mehr verwickelten. Der Krieg wurde immer unvermeidlicher und brach endlich, nachdem Mainz und Köln sich am 19. November 1426 verbunden hatten, mit aller Heftigkeit aus.

In diesem Kriege focht Heinrich v. Schöneberg, der wenige Jahre später (1428) sein Geschlecht beschloß, als landgräflicher Hauptmann.

Am 25. März 1427 geschah vom Landgrafen ein verwüstender Zug ins Waldeckische; am 29. April wurde Fritzlar angegriffen, seine Felder verwüstet und die Warten zerstört. Nachdem am 11. Mai die Mainzischen vor Fritzlar wieder eine Niederlage erlitten hatten, in der Mitte des Monats Juni auf diese Stadt ein neuer Angriff geschehen, und Ende desselben Monats die bisher noch verschonten Fluren ebenwohl verwüstet worden waren, erklärte auch der Erzbischof am 21. Juli die Fehde, die erst nach zwei Niederlagen, welche die Mainzer am 23. Juli bei Englis, hin=

ter Fritzlar, und am 10. August bei Fulda erlitten, wieder gesühnt wurde. Auch die Spiegel hatten in derselben gegen Hessen gefochten, waren aber von dessen Bundesgenossen, dem Herzoge Otto von Braunschweig, schon im Beginne des Krieges niedergeworfen worden und Friedrich hatte in dem Gefängnisse sein Leben eingebüßt. Sie sühnten sich deshalb schon am 23. Juli mit dem Landgrafen aus, gelobten Urfehden und sowohl Johann und Balthasar (2. Juli), als deren Brüder Hermann und Konrad (27. Juli) versprachen demselben ihre Hülfe gegen den Erzbischof.

Wahrscheinlich kam damals auch der Schöneberg aus Johann Spiegels Händen. Aber wer ihm folgte, ist nicht bekannt.

Im Jahre 1447 war Hans Weiluth Vogt auf dem Schöneberg. Als damals sich zwischen dem Landgrafen Ludwig I. von Hessen und dem Herzoge Heinrich von Braunschweig-Grubenhagen ein Groll erhob, der bis zur Erklärung der Fehde stieg, äußerte sich Weiluth spöttisch, daß man den Herzog nicht zu fürchten brauche, indem man sich leicht mit einem Schocke hölzerner Schüsseln aus dessen Händen loskaufen könne. Diese und ähnliche Reden, welche dem Herzoge aus dem Diemellande durch seine Kundschafter zugetragen wurden, erbitterten aber denselben so sehr, daß er im folgenden Jahre (1448) plötzlich vor Hofgeismar erschien und dieser Stadt ihre Viehheerden nahm. Auf den Hülferuf der Sturmglocken, der sich schnell von Dorf zu Dorf verbreitete, griff zwar alles zu den Waffen, um die Braunschweigischen zu verfolgen, aber der Herzog hatte deshalb schon Vorkehrungen getroffen. Während er nur Wenige zum Treiben des Viehes bestimmte, deckte er dessen Zug mit seinem Hauptkorps, und wendete sich dann plötzlich, nachdem sämmtliches Vieh die Weser passirt hatte, gegen seine Verfolger und schlug diese siegreich in die Flucht. Unter den Gefangenen befand sich auch Weiluth.

In Folge dieses Ueberfalles verband sich der Landgraf mit Mainz und Braunschweig-Göttingen und brach, nachdem er sich trefflich gerüstet hatte, am 22. Juli 1448 mit 2000 Mann gegen Grubenhagen auf, und langte nach einem zweitägigen Zuge, am 24. Juli, unter den Mauern desselben an. Aber ungeachtet einer beinahe 4wöchigen Belagerung und einer heftigen Beschießung des Schlosses, vermochte er dasselbe doch nicht zu gewinnen, und sah sich genöthigt, die Belagerung aufzuheben. Als der Herzog den Aufbruch seiner Feinde bemerkte, ließ er die bei dem Zuge gegen Hofgeismar gemachten Gefangenen herausführen und schenkte ihnen sämmtlich, bis auf Weiluth, die Freiheit. Diesen aber bestimmte er zum Tode, und ließ ihn, ungeachtet ein Junker v. d. Malsburg 100 warburgische Mark für seine Lösung bot, an einem großen Eichbaume aufknüpfen, der noch lange nachher, als er schon verdorrt war, den Namen des Weiluthsbaums behielt [11]).

Bis zum Jahre 1462 blieb der Schöneberg in dem Besitze des Erzstifts Mainz. Damals stritten zwei Erzbischöfe um den Besitz des mainzischen Stuhls, Diether von Isenburg und Adolph von Nassau, von denen der erstere den Landgrafen Heinrich III. zu Marburg, der andere den Landgrafen Ludwig zu Kassel zum Bundesgenossen hatte.

Am 7. März 1462 vereinigten sich Landgraf Ludwig und Erzbischof Adolph in der alten erzbischöflichen Residenz zu Eltwill am Rheine und während der Landgraf 1500 Reisige und 1500 Trabanten zu einem einmonatlichen Feldzuge, so wie zu etwaigen kleinen Zügen 200—300 Pferde zu stellen versprach, sagte der Erzbischof demselben außer dem Solde 2c. 14,000 fl. zu und setzte ihm dafür Hofgeismar, Duderstadt, Giboldshausen und die Pfandschaften an Schöneberg und Gieselwerder mit der Bestimmung zu Pfand ein, daß er die beiden letztern von ihren Pfandinhabern lösen sollte. Doch nur Giselwerder, dessen früher durchs Feuer zerstörtes Schloß 1459 und 1460 wieder hergestellt worden war, kam ohne Gewalt in die Hände des Landgrafen, alle andern Orte aber hingen dem Erzbischofe Dietrich an, und nöthigten den Landgrafen, sie mit den Waffen zu unterwerfen.

Zuerst wendete sich Landgraf Ludwig gegen Hofgeismar. Am 15. Juni 1462 sammelte sich das Heer zu Grebenstein und rückte noch an demselben Tage gegen Hofgeismar vor, wo ein Theil desselben ein Lager bezog, während der größte Theil, und namentlich die Reiterei, nach Grebenstein verlegt wurde. Am 19. d. M. trafen auch 500 sächsische Trabanten und der Herzog Friedrich von Braunschweig mit 110 Pferden ein. Aber ungeachtet der Heftigkeit, mit welcher die Stadt bedrängt wurde, ging diese doch erst am 2. Juli, in Folge einer Kapitulation, in die Hände des

Landgrafen über, der noch vor der Besitznahme durch eine an demselben Tage im Feldlager ausgestellte Urkunde sie unter seinen Schutz nehmen und versprechen mußte, sie sofort nach abgetragener Pfandsumme wieder an Mainz zurückstellen zu wollen.

Ob während dieser Belagerung auch gegen den Schöneberg Angriffe gerichtet wurden, ist eben so wenig bekannt, als die Stärke der Besatzung, welche denselben zu vertheidigen hatte.

Nachdem das landgräfliche Heer schon am 2 July wieder von Hofgeismar abgezogen war, setzte jedoch die Besatzung des Schönebergs ihre Feindseligkeiten gegen Hessen fort. Als es derselben aber sogar auch glückte, die Stadt Hofgeismar wieder zu erobern, griff auch der Landgraf Ludwig wieder zu den Waffen, und, zog, in Begleitung des Erzbischofs Adolph, mit 269 Pferden zum zweitenmale gegen Hofgeismar, das hierauf weniger hartnäckig, als das erstemal, sich schon am 13. d. M. von Neuem unterwarf. Beide Fürsten hielten noch an demselben Tage, an welchem auch Adolph der Stadt ihre Privilegien bestätigte, ihren Einzug.

Erst nachdem so der Besitz von Hofgeismar gesichert worden, bereitete der Landgraf sich auch zur Eroberung des Schloßes Schöneberg vor. Nachdem er zu diesem Zwecke eine Menge Steigleitern machen lassen, und alles zu einer Belagerung Nöthige in Stand gesetzt worden war, entbot er seine Mannen, Bürger und Bundesgenossen gen Lichtenau, als dem von ihm bestimmten Sammelplatze des Heeres. Am 21. Oktober 1462 geschah der Aufbruch.

Außer den Fuldischen und Hersfeldischen, 150 Reitern des Grafen Heinrich von Schwarzburg, und dem Grafen Otto von Waldeck, welche sich schon zu Lichtenau angeschlossen hatten, langten ferner an dem bestimmten Tage noch der Herzog von Braunschweig mit 200 Pferden und den Städten Göttingen, Eimbeck, Nordheim, Uslar, Münden und Dransfeld zu Grebenstein an, dem am folgenden Tage seine Gemahlin, die Herzogin, mit 44 Wagen der Städte, deren jeder mit 6 Pferden bespannt war, nachfolgte, während der landgräfliche Hofmeister, Philipp v. Hundelshausen, 600 Trabanten von Langensalza über Eschwege heranführte, welche der Herzog Wilhelm von Sachsen schickte, und zu denen am 29. Oktober noch 100 Pferde unter Klaus v. Wangenheim stießen.

Es war also ein für jene Zeiten sehr bedeutendes Heer gegen den Schöneberg aufgeboten worden. Doch nur ein Theil desselben wurde zur unmittelbaren Belagerung verwendet. Schon nach einem am 22. Oktober versuchten Angriffe kehrten die Braunschweigischen mit 200 Pferden, 70 schwarzburgische Reiter, 800 Trabanten und 50 Wagen zurück, und nahmen ihr Lager zu Grebenstein, wohin ihnen am nächsten Tage auch 27 fuldische Reiter, und am 25. wiederum 309 Reiter folgten. Eine andere Abtheilung unter Friedrich v. Uslar, diente als Besatzung zu Trendelburg, wo auch ein Theil der Thüringer ihr Lager erhielt. Wie stark Hofgeismar besetzt war, ist dagegen nicht zu ersehen. Nur etwa 1000 Mann blieben im offenen Feldlager unter dem Schloßberge stehen.

In dem Heere befanden sich außerdem noch Zimmerleute zur Herstellung von Belagerungsgezeug, Steinhauer zur Anfertigung der steinernen Kugeln für das Geschütz, und die Knappen des Kupferbergwerkes zu Sontra zum Zwecke von Erdarbeiten.

Mit allem Ernste wurde das Schloß angegriffen, aber mit nicht mindern Muthe auch vertheidigt, so daß von beiden Seiten die Zahl der Todten und Verwundeten von Tage zu Tage sich mehrte. Doch ohne Hoffnung auf Entsatz, mußte die Kraft der Belagerten endlich erliegen, und nachdem noch am 4. November Friedrich v. Uslar getödet worden, fiel endlich am 6. November das Schloß in die Hände des Landgrafen. Nur die Fehde gegen Heinrich Spiegel dauerte noch fort, zu dessen Bekämpfung Georg v. Hopfgarten mit 50 thüringischen Reitern nach Zierenberg verlegt worden war, und bis zum 14. November daselbst stehen blieb, wo Spiegel sich zu Hofgeismar mit dem Landgrafen aussühnte.

Aber auf das Traurigste hatten diese drei Züge die Diemelgegend verwüstet. Nicht nur die Wiesen und Fluren waren verheert und die Erndte eines ganzen Jahres vernichtet worden, auch die meisten Dörfer lagen in Schutt und Asche. Während Deisel und Sielen nur zum Theil, waren Hümme, Haldungen, Ostheim, Lamerden, und Eberschütz gänzlich verbrannt, und der Landgraf schon unter der Belagerung genöthigt worden, die nahrungs= und obdachlosen Bewohner zu speisen. Und in diesen Verwüstungen hatten Freund und Feind gewetteifert. So heißt es z. B. von den Thüringern zu Trendelburg: „It. so dy Doringe dij

Schueszelen mit der spise vertrugen, so se gair mudwilligh waren, auch biȝ Stangen vß dem Hoppenberge alle jn biȝ Stad trugen vnd verbranten mit dem czune."

Die erste Sorge des Landgrafen nach Eroberung des Schlosses war dessen alsbaldige Sicherung, wozu er noch vor dem Abzuge des Heeres die nöthigen Anstalten traf. Indem er es reichlich mit Mundvorrath versehen ließ, gab er ihm eine Besatzung von 100 Mann, und bestellte Johann von Nataga zum Amtmann darüber. Auch mit dem Ausbaue der durch das Belagerungs-Geschütz vielfach beschädigten Gebäude wurde nicht gesäumt, und dieselben durchweg mit neuen Thoren, Fenstern und Dächern versehen, zu welchen letztern die Steinplatten von Helmarshausen herbeigeführt wurden.

Die Leiden der Diemelgegend waren jedoch noch nicht zu Ende, denn schon 1464 erhob sich eine Fehde gegen Köln und Paderborn, die mehrere Jahre dauernd, den ganzen Landstrich auf das Schrecklichste heimsuchte. Da aber das Schloß Schöneberg mit diesem Kampfe in keine unmittelbare Berührung kam, so unterlasse ich hier auch dessen Erzählung.

Nach Johann v. Nataga folgte im Amte über den Schöneberg 1465 Hans v. Stockhausen, und diesem wenige Jahre später Otto von der Malsburg.

Nachdem Landgraf Ludwig 1471 gestorben war, versetzte Landgraf Heinrich, als Vormund von dessen Kindern, im Jahre 1472 das Schloß Schöneberg mit dem Amte Hofgeismar an den Grafen Otto von Waldeck, und zwar mit der Bestimmung, daß diese Pfandschaft nach Otto's Tode wiederum frei und ledig zurück fallen sollte. Waldeck ließ die Verwaltung des Amtes durch Amtleute besorgen, welche meist aus dem benachbarten Adel entnommen waren, und auf dem Schöneberg ihre Wohnung hatten. Als solche findet man von 1480—1486 Hans v. Stockhausen, von 1486—1492 Dietrich v. Schachten, von 1492—1498 Thilo Wolf v. Gudenburg.

Am 14. Oktober 1495 starb Graf Otto v. Waldeck, und es war also die Zeit zur Erfüllung der bei der Verpfändung des Amtes gemachten Bedingung des freien Rückfalls eingetreten. Dessen ungeachtet setzte sich Otto's Vetter und Erbe, Graf Philipp von Waldeck, in den Besitz und erklärte, als Landgraf Wilhelm ihn 1498 zur Zurückgabe aufforderte, nur unter der Bedingung dazu bereit zu seyn, daß ihm das Pfandgeld erstattet werde. Dieses aber verweigerte der Landgraf, und indem derselbe die Einkünfte des Amtes mit Verbot belegte, untersagte er auch zugleich dem Schultheißen zu Hofgeismar die Hegung des Gerichts im waldeckischen Namen. Die Folge war ein weitläuftiger Schriftenwechsel, der sich endlich mit der hessischen Besitznahme des Schönebergs schloß. Schon 1501 findet man wieder einen hessischen Vogt auf demselben wohnend.

Im Jahre 1502 wurde der Pfandvertrag zwischen Hessen und Mainz erneuert und die Herstellung der Gebäude auf dem Schöneberg sowohl, als zu Gieselwerder beschlossen.

Im folgenden Jahr (1503) war Konrad Goldammer Vogt auf dem Schöneberg, der nebst dem dazu gehörigen Amte 1505 an die Ritter Heinrich und Hans Knuthen für 2500 fl. verpfändet, aber schon 1506 wieder eingelöst, und von Landgraf Wilhelm II. von Hessen an seinen natürlichen Bruder, den damaligen Thorwärter, spätern Freiherrn zur Landsburg, Wilhelm von Hessen [13] für 3000 fl. Gnadengeld zu Pfandlehen übergeben wurde.. Als dieser 1511 am 31. März drei seiner Knechte zum Zwecke einer Pfändung wegen rückständiger Gefälle nach Kalden schickte, verwundete einer derselben den Amtmann zu Grebenstein, Dietrich v. Schachten, durch einen Schuß in den Hals. Da Wilhelm am 13. d. M. von der Regierung zu Kassel zur Festnehmung seiner Knechte aufgefordert wurde, hatte er diese jedoch schon entlassen, und es wurden ihm deshalb bis zur Habhaftwerdung der Flüchtigen seine sämmtlichen Güter, und namentlich auch der Schöneberg, der durch etwa hundert Bewaffnete besetzt wurde, unter Sequester gestellt. Er selbst sah sich genöthigt das Land zu verlassen, und kehrte erst, nachdem die Landgräfin Anne die Regentschaft gestürzt und die Zügel der Regierung ergriffen hatte, wieder zurück, worauf diese, der schon allein sein Haß gegen die Regentschaft eine Empfehlung war, ihn auf sein Nachsuchen alle seine Güter zurückgab (1515). Doch sah man bald die Nothwendigkeit ein, ihn aus der Diemelgegend zu entfernen, und löste deshalb 1518 Schloß und Amt Schöneberg von ihm ein, über welches hierauf Dietrich v. Schachten zum Amtmann bestellt wurde, dem später Thilo Wolf v. Gudenburg (1531) folgte.

Wenigstens bis zum Ende der Regierung des Landgrafen Philipp wurde das Schloß noch bewohnt, wenn auch nur noch von dem nothwendigsten Gesinde; von da an ging dasselbe aber mit immer rascheren Schritten seinem Ende entgegen, so daß es etwa 20 Jahre später schon völlig unbewohnbar geworden war, und Landgraf Wilhelm IV. dadurch bewogen wurde, es in den Jahren 1582 und 1583 niederreissen zu lassen, um die dadurch gewonnenen Steine zu dem Baue der Mauer um den Thiergarten zu Zapfenburg verwenden zu können.

Erst in dieser Zeit hob Mainz durch den am 8. Sept. 1583 zu Merlau abgeschlossenen Vertrag die Pfandschaft auf, und überließ die sämmtlichen 1462 und 1464 an Hessen verpfändeten Orte dem Landgrafen zu erblichem Besitze.

Anmerkungen.

1) Die Ortsbeschreibung verdanke ich der Güte des Herrn Staats-Archivarn Dr. Falckenheiner. Im Allgemeinen beziehe ich mich auf Wencks hess. Landes-Geschichte Bd. II. S. 877 ꝛc. und Falckenheiner's Aufsatz über die Grafen v. Dassel in Wigand's westfäl. Archiv IV. 144 ꝛc. und 370. — 2) Wenck II. Ukb. S. 293. Wenck hat bei seiner Bearbeitung der Geschichte der v. Schöneberg diese Urkunde übersehen. Durch sie fallen deshalb auch die von ihm II. S. 910 ꝛc. aufgestellten Hypothesen hinweg. — 3) Wenck II. Urbch. S. 293. — 4) Das. S. 304, sowie zum J. 1333 das. S. 330. — 5) Kindlingerische Handschr. zu Paderborn. Bd. 48. S. 113 u. 114. — 6) Würdtwein Dioec. mog. III. 579. — 7) Wolf's Gesch. der v. Hardenberg. Ukbch. II. S. 52. 63 u. 67. — 8) Wenck II. U. S. 330. — 9) Joann. R. M. I. 722. Die v. Halbessen starben schon 1423 aus, und auch der Herzog war der letzte seines Namens. — 9) Das Nachfolgende ist beinahe Alles aus handschriftlichen Nachrichten entnommen. — 10) Rehtmeier's braunschw. Ch. S. 558. — 11) Die Angaben hinsichtlich dieser 3 Feldzüge sind aus gleichzeitigen Rechnungen geschöpft. — 13) Wilhelms Mutter, wahrscheinlich Margarethe v. Holzheim, ehelichte nach Landgraf Ludwig II. Tode Hildebrand Gaugrebe.

XII.

Die beiden Gudenburgen [1]).

In keiner Gegend unseres Vaterlandes, selbst in dem festenreichen Werrathale nicht, lassen sich so viele und mächtige Burgen zählen, als in dem Kreise Wolfhagen, wo auf 47 noch jetzt vorhandene Städte und Dörfer nicht weniger als 13 Bergschlösser kommen. Während im Süden über den Ufern der Elbe und Ems Falkenstein, Elberberg, Naumburg und Weidelberg sich zeigen, erheben sich auf den Bergreihen, welche längs den Ufern der Erpe und Warme hinziehen, und zwar über dem Erpethale die längst zum Theil spurlos verschwundenen Burgen Helfenberg, Rödersen und Elsungen, gleich wie die malerische Kugelburg; über dem Warmethale aber die hohe Malsburg, Schartenberg, die nur in ihren Gräben noch sichtbare Burg Falkenberg (zwischen Friedrichsaue und Oedinghausen) und endlich die beiden Gudenburgen. Nur von den beiden letzteren soll hier die Rede seyn.

Der Burgberg derselben liegt innerhalb jener Kette von Basalthöhen, welche sich vom Balhorner Walde in beinahe völlig nördlicher Richtung längs dem linken Ufer der Warme bis zu deren Vereinigung mit der Diemel herabziehet, und zwar zwischen dem Städtchen Zierenberg, der Kolonie Friedrichsaue, dem Hofe Oedinghausen und dem Dorfe Oberelsungen, und knüpft sich gegen Süden an den hohen Bärenberg. Steil aus der Tiefe hebt sich der dicht mit Buchen bewaldete Berg und theilt sich etwa in der Mitte seiner Höhe in zwei Gipfel, in den großen und den kleinen Gudenberg, die deshalb aus der Ferne dem Auge auch als zwei geschiedene Berge erscheinen. Auf beiden Höhen standen ehemals Burgen, von denen aber nichts weiter mehr übrig ist, als Haufen von Schutt und die die Burgstätten umschlingenden Wälle und Gräben. Alle Mauern sind dagegen verschwunden. Doch die Trümmerhaufen sind so mächtig, die Gräben und Wälle so zahlreich und tief, und die Burgstätten selbst von einer solchen Ausdehnung, daß wir daraus auf eine Größe der ehemaligen Burgen schließen müssen, wie sie sonst nur fürstliche Residenzen zu haben pflegten.

Schon im 12. Jahrhundert waren die Gudenburgen vorhanden [2]), und wurden von drei Geschlechtern bewohnt, den v. Gudenburg, den Wolfen v. Gudenburg und den Groppen v. Gudenburg [3]). Ob diese 3 Geschlechter aus einem Stamme hervorgegangen waren, läßt sich bei der Dürftigkeit der Nachrichten nicht beantworten, denn daß sie hinsichtlich eines Theils ihrer Lehen in Ganerbschaft saßen ⁴), genügt eben so wenig zu einer solchen Entscheidung, als daß die v. Gudenburg einige Jahrzehnte früher als die anderen Stämme genannt werden.

Auf der Burg des kleinen Gudenbergs wohnten die v. Gudenburg, auf der des großen Gudenbergs aber, welcher südlich von jenem liegt, und sich an den Bärenberg lehnt, die Groppe und die Wolfe v. Gudenburg ⁵).

Beide Burgen waren, gleich der Malsburg und Schartenburg, mainzisches Lehen ⁶), und bestanden bis in die letzten Jahrzehnte des 13. Jahrhunderts, wo sie Landgraf Heinrich I. von Hessen erstieg und zerstörte. Die Ursache ist unbekannt, und nur die Art und Weise der Zerstörung haben die Chronisten erhalten.

Auf dem großen Gudenberge wohnte ein Groppe, dessen schönes Weib, eine geborne v. Schonenberg, mit Eberhard v. Gudenburg, der auf dem kleinen Gudenberge wohnte, in sträflichem Umgange lebte. Als nun dieses der Gatte gewahrte, seine Warnungen aber vergeblich waren, schufen Rache und Eifersucht in ihm den Entschluß zu aller Verderben. Er brach in die Mauer seines Hauses ein heimliches Loch und ließ den Landgrafen, der wahrscheinlich schon vergebliche Versuche zur Eroberung gemacht hatte, durch dasselbe in der Johannisnacht das Schloß ersteigen. So in dem Besitze des obern Schlosses, wurde auch das untere gewonnen, und beide bis auf den Grund zerstört ⁷). Dieses scheint erst nach dem Jahre 1272 geschehen zu seyn ⁸).

Um dieselbe Zeit zerstörte Landgraf Heinrich auch die Schlösser Falkenberg neben den Gudenburgen, der Sitz eines schartenbergischen Stammes, der sich nach diesem Schlosse nannte und erst im vorigen Jahrhundert an der Weser erlosch, Rödersen bei Ehringen und Helfenberg bei Wolfhagen.

Die beiden Burgberge kamen schon frühe aus dem Besitze der v. Gudenburg.

Schon 1343 gab Landgraf Heinrich II. der Stadt Zierenberg das Beholzigungsrecht und die Hude sowohl an dem Schreckenberge und Bärenberge, als an den **beiden Gudenbergen**, gleichwie an den letztern 1352 auch die Groppe v. Gudenburg derselben Stadt ihr Erbrecht verkauften. Zwar werden noch jetzt die v. d. Malsburg als Lehnsfolger der v. Gudenburg nebst den Wolfen v. Gudenburg beide mit ihren Theilen des Berges Gudenberg und der dazu gehörenden Mark belehnt, ohne jedoch sich in dem Besitze derselben zu befinden, und obgleich die v. d. Malsburg auf ihren mainzischen Lehnbrief gestützt im 16. Jahrhundert den Besitz derselben der Stadt Zierenberg streitig machten, so führte sie ein langjähriger Prozeß doch nicht zu ihrem Ziele.

Ich habe dieses, um spätere Wiederholungen zu vermeiden, der Geschichte der einzelnen Stämme vorausgeschickt, und gehe nun zu dieser über, und werde die Geschichte der Groppe, weil diese am frühsten erloschen, zuerst erzählen, und dann die der v. Gudenburg, und zuletzt die der Wolfe folgen lassen.

Die Groppe von Gudenburg.

Die Groppe (olla [10]), finden sich zuerst im Amfange des 13. Jahrhunderts, wo zwei Brüder lebten, Herrmann und Theodrich, von denen der erstere schon 1209 genannt wird, und die wir beide wenige Jahre später in einem Streite sehen, in welchem sowohl sie wie ihre Ganerben, und der größte Theil ihrer Nachbarn verwickelt waren. Die Groppe, die Wolfe, die v. Gudenburg, v. Schartenberg, v. Gasterfeld (später v. Helfenberg genannt), v. Breidenbach, v. Brakel, v. Pyrmont, ein Graf v. Ziegenhain und Giso Hr. v. Gudensberg lagen sämmtlich miteinander in einzelnen Fehden.

Erst nach manchen Vergleichsversuchen brachte Erzbischof Sifried v. Mainz 1213 zu Fritzlar eine allgemeine Sühne zu Stande. Er bestellte 2 Richter; wenn diese binnen 6 Wochen die Streitigkeiten nicht schlichteten, sollte die Sache an ihn gehen, und er dann binnen 18 Wochen alles ausgleichen. Leider sind die streitigen Punkte darin so dürftig bezeichnet, daß es nicht möglich ist, sich eine klare Ueberficht derselben zu verschaffen. Nur das sieht man, daß es meist dem Besitz oder Gebrauch von Gütern galt, welche ihre Voreltern zum Theil gemeinschaftlich gehabt und später getheilt hatten. Hermann Groppe war unter anderm auch sein Haus auf der Burg entrissen worden, welches ihm zufolge des Vergleichs wieder zurückgegeben werden sollte. Auch sollte jeder auf seinem Theile der Burg ungehindert bauen können, sofern dadurch nicht die Befestigung derselben weder an ihren Mauern oder Planken, noch ihren Gräben verletzt würde [11]).

Im Jahre 1221 verkaufte Theodrich dem Kloster Hardehausen 2 Mansen in Hadebrachtshausen, dem jetzigen Mönchehof unfern Kassel [12]).

Um dieselbe Zeit verlor Theodrich (Dietrich) einen seiner Söhne. Als nämlich Landgraf Ludwig v. Thüringen im Jahre 1221 nach Hessen kam, fing er Dietrich Groppe's Sohn und einen Namens Pladecke Nasenkanne, welche seither zwischen ihm und Mainz häufige Streitigkeiten veranlaßt, und außerdem auch die Straßen durch Raub beunruhigt hatten, und stellte sie vor ein Gericht, worauf sie, nachdem dieses den Tod über sie ausgesprochen, nebst 12 andern enthauptet wurden [13]).

Im Jahre 1226 traf Theodrich mit dem Kloster Hasungen einen Vergleich, wodurch sie eine gegenseitige Verpflichtung, Theodrich die jährliche Lieferung von einem Eber und einem Paar Schuen, das Kloster einen jährlichen Zins von einer Hufe zu Rangen, aufhoben.

Von der paderbornischen Kirche trug Dietrich mit den Brüdern Widekind und Otto v. Heseberg ein Gut zu **Vesperthe** und 6 Mansen zu **Dietpoldinchusen** zu Lehen, welche er in Gemeinschaft mit jenen und seinen Kindern 1237 dem neuen Cisterzienser Kloster zu Paderborn überließ, und das Lehn durch 13 Mansen in Witmar (einem ausgegangenen Orte bei Volkmarsen) und Ostheim (bei Liebenau) ersetzte.

Noch kurz vor seinem Tode veranlaßte ihn der Gedanke an sein Seelenheil zu einer geistlichen Stiftung, zu deren Zweck er sein Patronatrecht über die Kirchen zu Witmar, Volkmarsen und Benfeld, welche er nebst dem dasigen Gerichte von den Grafen v. Eberstein zu Lehn trug, dem Kloster Arolsen übergab 14).

Während sein Bruder Hermann schon nach dem Jahre 1223 verschwindet 15) und ohne Kinder gestorben zu seyn scheint, lebte Theodrich hingegen bis zum Jahre 1240 16) und hinterließ eine Tochter, welche an Albert v. Schartenberg verehelicht war, und zwei Söhne Theodrich II. und Konrad. Ein dritter Sohn Hermann (1237) war kurz vor ihm gestorben.

Von jenen beiden Söhnen, welche wiederholt die Schenkung ihres Vaters an das Kloster Arolsen bestätigten, findet sich Theodrich 1256 als Vogt der Kirche zu Escheberg. Sowohl 1253, als auch bei dieser Gelegenheit nennt sich Theodrich von dem Schlosse Schartenberg (**Theodoricus Grope de Scardenberg**), ein Name, den auch einmal sein Vater 1226 führte (**Theodoricus olla de Scardenberc**). Sie scheinen hiernach schon damals einen Ansitz auf diesem, dem ihrigen gegenüber liegenden, Schlosse gehabt zu haben, der durch Heirathsverbindungen mit den v. Schartenberg oder als Pfandschaft an sie gekommen seyn mochte.

Jene Brüder, von denen Konrad (1284) den Zehnten zu Bislacht (im hannöverschen Amt Friedland) besaß 17), lebten bis in den Anfang des 14. Jahrhunderts, wo Konrad noch 1306 mit Gütern in Hilboldessen (bei Zierenberg) ein Seelgeräthe im Kloster Weißenstein stiftete. Aber nur Konrad setzte den Stamm fort. Er hatte einen Sohn Ludolph I., der 1307 dem Kloster Hasungen seinen Zehnten zu Hedwigsen (einem ausgegangenen Dorfe bei Zierenberg) für 120 Mk. schw. Pfenn. verkaufte, und denselben, weil er mainzisches Lehen war, durch 9 Mansen in Uffeln ersetzte. Nachdem derselbe Ludolph 1308 bei der Aufnahme einer seiner Töchter in das Kloster Ahnaberg diesem zu einem Seelgeräthe sein Patronatrecht über die Kirche zu Simmershausen, nebst andern Gütern daselbst und zu Barghausen gegeben [18]), beschenkte er im Jahre 1310 das Kloster Weißenstein mit Gütern zu Hilboldessen und Weimar, und verkaufte 1322 dem Landgrafen Otto von Hessen den Frankenberg bei Frankenhausen, 2½ Hufe daselbst, sein Recht (Achtwart) in dem Frankenhäuserholze, und alle seine Gefälle im Dorfe **Herkissen** [19]). Er lebte noch 1324, starb aber vor 1329. Mit seiner Hausfrau Gertrude hatte er 8 Söhne und 2 Töchter erzeugt, wovon jedoch nur 2 Söhne den Stamm fortsetzten: Konrad II. und Groppe, welcher letztere 1329 die Vogtei über das Kloster Hasungen für den Landgrafen verwaltete. Konrad hinterließ 2 Söhne Ludolph III. und Otto. Im Jahre 1352 verkauften diese mit ihren Oheimen Groppe und Johann der Stadt Zierenberg alle ihre Rechte an den Gudenbergen (alle vnsze guth nemlich die **Gudenberge vor dem Zyrnberge gelegen gemeinglichen vnd eigentlichen an dem berge vnd darvme**), ausgenommen je-

doch ihre Lehngüter zu Hedwigsen, Hilboldessen, Wichman=
sen, Nothfelden und Elsungen [20]).

Ungeachtet der Vergabung des Patronats der Kirche zu
Simmershausen, welches von dem Erzstifte Magdeburg zu
Lehn ging, ließ sich Ludolph dennoch 1367 wieder von
Neuem damit belehnen, kam aber, als er auch von dem
Präsentationsrechte Gebrauch machen wollte, mit dem Klo=
ster Ahnaberg darüber in Streit, das ihn am geistlichen Ge=
richte verklagte und von diesem in seinem Besitze geschützt
wurde. Die Groppe mußten deshalb 1373 von Neuem
darauf verzichten [21]). Nachdem Johann schon früher ge=
storben war, starb auch Groppe mit Hinterlassung zweier
Söhne Ludolph IV. und Hermann III.

Ludolph III. war um diese Zeit Amtmann zu Hom=
berg und wurde später (1381) Amtmann zu Spangenberg.
Otto, der 1376 sich mit dem Landgrafen wegen verschiede=
ner Forderungen verglich, war während der Kriege von
1385 — 1388, Amtmann zu Kassel, und erhielt 1388
vom Landgrafen das Haus „bij deme Torne uff der obir=
stin Burg zu Schartinberg daz Hern Albrachts von Schar=
tinberg vnd Herrn Stebins sins soens seligen waz, eyne
Hobestede in der nidbirstin Burg uff deme Rode" zu Burg=
lehen. Schon seit früher hatten die Groppe auch einen
Burgsitz auf dem Schlosse Grebenstein, welchen jetzt Otto's
Bruder, Ludolph, inne hatte, weshalb der Landgraf es
Otto frei stellte, nach seines Bruders Tode zwischen beiden
zu wählen. Bei dem im Jahre 1391 zu Kassel gehegten
peinlichen Gerichte war Otto Beisitzer, und erhielt einen

Theil der von den verurtheilten Bürgern eingezogenen Güter. Im Jahre 1395 war Otto nur noch der einzige seiner Familie. Da auch er keine Kinder hatte, und also mit seinem Tode das Erlöschen der Groppe bevorstand, sehen wir ihn seitdem nur noch bemüht, den Heimfall seiner Güter an den Landgrafen zu sichern. Schon 1395 erklärte er das Lehn der Kirche zu Ostheim [22]), wovon Liebenau damals noch Filial war, als ein althessisches Lehen seiner Familie, gab 1397 durch eine vor der Burg zu Kassel ausgestellte Urkunde seine Güter zu Westuffeln (20 Hufen und 14 Kothhöfe) dem Landgrafen zu Mannlehen auf und wiederholte noch auf seinem Todbette die Anerkennung der hessischen Lehnsherrlichkeit dieser Güter. Er starb 1398 in seinem Hause zu Kassel.

Während die hessischen Lehen als heimgefallen eingezogen wurden, gingen jedoch die mainzischen, ravensbergischen ꝛc. auf die Ganerben der Groppe, nämlich die v. Gudenburg und die Wolfe über [23]). Ueber die Besitzungen der Groppe, kann ich außer dem schon im Vorhergehenden Mitgetheilten, nur noch das hinzufügen, daß die von den Hausen, welche theils Edelleute waren, theils als Bürger zu Hofgeismar wohnten, den Hof zu den Hausen, der im Gerichte Schartenberg, wie es scheint bei Niedermeisser, lag, von ihnen zu Lehn trugen.

Das Wappen der Groppe v. Gudenburg hatte einen mit einem Henkel und mit drei Beinen versehenen Topf (Gropp, olla).

Die von Gudenburg.

Etwa zwanzig Jahre früher, als die übrigen gudenburgischen Stämme uns bekannt werden, lernen wir die v. Gudenburg kennen; denn schon im 12. Jahrhundert nennen die Urkunden die beiden Brüder Konrad und Eberhard. In einem Verzeichnisse der Erwerbungen des Erzbischofs Philipp von Köln, welcher von 1167 bis 1191 regierte, heißt es: Idem allodio Cunradi de Gudinberg & Everardi fratris sui iuxta Brilon valens annuatim VI marc. sexaginta marc. solut. [24] Eberhard, der sich auch noch in Urkunden von 1186, 1195 und 1196 findet [25], hatte, wie es scheint, Arnold I. und Wilhelm zu Söhnen, welche beide mit in den großen Streit verwickelt waren, der 1213 beigelegt wurde [26]. Im Jahre 1234 verzichteten dieselben in Folge eines Streites mit der Kirche zu Schützeberg auf das Patronatrecht der Kapelle zu Geppenhagen (einem zwischen Bühle und Hönscheid gelegenen schon seit lange verwüsteten Dorfe). Beide Brüder, von denen Wilhelm 2 Hufen in Altenstädt von den Grafen v. Felsberg zu Lehn trug [27] und sich 1253 zuletzt findet, hatten Söhne, welche sich in 2 Stämme theilten.

1) Arnold I., dem eine spätere Urkunde den Beinamen **Majorel** (Arnoldus dictus majorel de Gudenburg) zulegt, hatte 2 Söhne Johann I. und Arnold II., welche 1240 dem Kloster Lippoldsberg eine Hufe zu Nordgeismar gaben. Auch Arnold nennt sich **Magnus** und 1272 Konrad v. Gudenburg seinen Schwager (**affinis**).

Er lebte noch 1301, und verkaufte 1299 in Gemeinschaft mit seinen Söhnen Güter zu Obervellmar (bei Kassel). Diese Söhne waren Arnold III. und Eberhard II., von denen der erstere noch 1309, der letztere aber, welcher sich ebenfalls **Magnus** nennt, noch 1322 lebte [28]. Seit diesem Jahre aber verschwindet diese Linie.

2) Wilhelm's Söhne sind jedoch schwieriger zu ermitteln. Schon im Jahre 1231 heißt es in einer Urkunde des Landgrafen Konrad: **Gyso & Hoierus filii Wilhelmi de Gudenburc** [29]. Sowohl 1246 als 1250 findet er sich wiederum mit zwei Söhnen: **Willehelmus de Godenborg filii sui Conradus, Gisone** [30], von denen der erstere sich schon 1240 findet: **Conradus de Godenburch**, und 1272 als Schwager Arnold's **Magnus de Godenborch** bezeichnet wird [31].

Seit dem Jahre 1253 erscheint jener bekannte Giso v. Gudensberg, der als Landrichter von Hessen bis zum Jahre 1274 (wo man ihn wenigstens zuletzt findet) dem Gaugerichte von Maden vorstand, und in Folge dieses Amtes eines Ansehens genoß, welches ihn dem höhern Adel gleich stellte [32].

Neben diesem lebte 1253 ein Werner v. Gudenburg [33], der 1266 als Giso's Bruder bezeichnet wird. In einem, zwischen dem Landgrafen Heinrich von Hessen und dem Bischofe Simon von Paderborn am 6. Juni des genannten Jahres im Felde zu Elsungen geschlossenen Bündnisses, werden nämlich unter den Austrägen des Landgrafen auch **Giso de Gudensberg & Wernerus de Gu-**

denberc fratres, gleichwie unter den landgräflichen Bürgen: **Giso de Gudensberg et Wernerus de Gudenberc frater eius** aufgeführt [34]). Daß Giso ein v. Gudenburg gewesen sey, dafür spricht auch ferner sein Wappen, dessen ich weiter unten noch näher erwähnen werde.

Jener Werner ist sicher derselbe, welcher auch in Urkunden von 1247, 1256 und 1269 erscheint, und in denselben **de Gudensberg** genannt wird [35]). Er mochte durch seinen Bruder Giso ebenfalls einen Sitz zu Gudensberg erhalten haben.

In einer andern Urkunde von 1261, welche die Wolfe v. Gudenburg ausstellen, werden als Zeugen genannt: „**Domino Wernhero & Conrado Gisone & Arnoldo de Godenborg.**" Auch lebte damals (1257) ein magdeburgischer Domherr **Werner de Godemburg** [36]), gleichwie ein **Giso de Godenburg**, der meist in Wolfhager Urkunden genannt wird, und mit dem Landrichter v. Gudensberg nicht verwechselt werden darf. Man findet ihn namentlich 1264, 1267, 1269, 1270, 1271 und 1272 [37]). Im Jahre 1267 erscheint er mit dem Landrichter in ein und derselben Urkunde, und mit einem von dessen verschiedenen Siegel: **testes sunt Dominus Gyso de Gudensperch Judex Hassie. Dominus Giso de Gudenborg** etc.

Man sieht aus den im Vorhergehenden zusammengestellten Thatsachen, daß ein sicherer Blick über den verwandtschaftlichen Verband der einzelnen Glieder nicht möglich ist, und nur Giso v. Gudensberg, Hoier, Konrad und

Werner lassen sich mit einiger Sicherheit als Brüder betrachten ³⁸).

Erst nach dem Jahre 1280 wird es in der Geschichte dieses Stammes wieder heller, denn wir finden seitdem nur noch zwei Brüder Hermann und Werner II., sowie später einen von diesen verschiedenen Ritter Werner III., der, nachdem jene ohne Söhne gestorben waren, der Stammvater aller spätern v. Gudenburg wurde. —

Was zuerst die beiden Brüder Hermann und Werner II. betrifft, so scheinen sie mir Söhne des Landrichters Giso oder dessen Bruders Werner zu seyn. Sowohl die Uebereinstimmung ihres mit Giso's Wappen, als ihr Besitz eines gudensberger Burglehns, worauf auch schon der Name von Giso's Bruder Werner, der, wie schon bemerkt, gleichfalls v. Gudensberg genannt wird, hindeutet, scheinen mir Gründe, die zu einer solchen Annahme genügend sind.

Jene beiden Brüder, von denen Werner erst seit 1313 als Ritter erscheint, während Hermann schon seit seinem ersten Auftreten sich mit dieser Würde bekleidet findet, besaßen die Hälfte des Gerichts Elsungen und waren Vögte des Stiftes Kaufungen. Das Verhältniß dieser Vogtei ist jedoch dunkel, da die wenigen darüber sprechenden Urkunden zu einer Beurtheilung ihrer Eigenschaft nicht hinreichen, eine Vogtei in dem alten Sinne aber nicht wohl denkbar ist. Daß sie dieselbe aber von ihren Vorfahren ererbt, darf man wohl mit Sicherheit annehmen, obgleich keiner von diesen jemals in einiger Beziehung zu dem Stifte erscheint. Auch waren nur sie allein in diesem Besitze, und die beiden andern Linien ihres Stammes daran durchaus unbetheiligt. Nachdem sie schon 1282 die Vogtei über die Güter des Stifts zu Elsungen, Escheberg und Meisser dem Ritter Otto Hund, sowie ihr Vogtrecht über Ländereien zu Niederzwehren und Niederkaufungen dem Kapellane zu Kaufungen verschrieben hatten, verkauften sie 1297 die ganze Vogtei (advocatiam in Caufungen cum omnibus suis iuribus & pertinentiis) dem Landgrafen Heinrich I. von Hessen [39]).

Im Jahre 1291 übertrugen sie Ländereien zu Habamar dem Kloster Haina.

Vom St. Albansstifte besaßen sie die Vogtei über das Dorf Weimar, unfern Kassel, womit sie wiederum die v. Meinse belehnt hatten. Als diese nun 1307 dieselbe dem Kloster Ahnaberg verkauften, verzichteten sie auf ihre lehnsherrlichen Rechte [40]).

In demselben Jahre gab auch Hermann seinen lehnsherrlichen Konsens zur Veräußerung des Zehntens zu Schachtebich auf dem Eichsfelde [41]).

Später (1313 und 1323) finden sich beide mehrfach als Burgmannen zu Gudensberg [42]), wo Hermann 1323 auch in dem Besitze einzelner Ländereien erscheint.

Im Jahre 1323 schlossen sie mit ihren Blutsverwandten den Gebrüdern Heimbrad und Thilo v. Elben eine Ganerbschaft, indem sie sich mit ihren beiderseitigen, theils mainzischen, theils ravensbergischen Zehnten und Renten zu Unterbesse, Vellmar, Oberelsungen und Lohne gemeinschaftlich belehnen ließen. In gleicher Weise machten auch die v. Elben ihr Allodium zu **Kirchtusen** (wahrscheinlich Kirchdissen) 1324 zu hessischem Lehen.

Beide Brüder waren ohne Söhne, so daß ihre Linie nach 1333 mit ihnen erlosch. Eine Schwester von ihnen, Namens Jutta war Nonne im Kloster Ahnaberg zu Kassel. Auch zwei Töchter Hermann's hatten den Schleier genommen, von denen die eine, Gertrud, sich im Kloster Werbe, die andere, Hedwig, sich aber im Kloster zu Eschwege befand, und hier noch 1365 und 1370 sich als Aebtissin findet.

Neben jenen lebte Ritter Werner III., den ich wegen der Gleichheit des Wappens für einen Sohn Giso's v. Gudenburg halte. Man findet ihn seit 1291 häufig als Burgmann zu Wolfhagen. Von den Grafen v. Pyrmont trug er Güter zu Böhl in der Herrschaft Itter zu Lehen, welche sein Aftervasall, Heinrich v. Ense, 1307 dem Kloster Haina verkaufte [43]). Im J. 1309 erkaufte Werner drei Viertel des damals noch als Dorf bestehenden Ortes Elmarshausen, bei Wolfhagen, nebst dem dazu gehörigen Gerichte und Patronatrechte, und zwar von der älteren Linie des wolfhager Stammes der v. Helfenberg deren Viertheil und von dem wolkersdorfer Stamme dessen ganze Hälfte. Bei seinem nach 1311 [44]) erfolgten Tode hinterließ er 2 Söhne Heinrich I. und Werner IV., welche schon im Jahre 1300 genannt werden. Heinrich war 1329 Amtmann zu Schartenberg, 1330 aber Amtmann zu Wolfhagen und starb vor 1338, mit Hinterlassung zweier Söhne: Werner V. und Heinrich II. Diese verzichteten mit ihrem

Ohm 1348 auf Ansprüche, die sie in Bezug auf einen Zehnten zu **Tuisne** und drei Höfe bei Marsberg gegen das Kloster Breidelar gemacht hatten. Ihr Oheim war in den geistlichen Stand getreten und Pfarrer zu Niederelsungen geworden [45]), wo sie das Patronat der Kirche besaßen. In seinem im Jahre 1350 errichteten letzten Willen bestimmte er 12 Mk. zur Besserung der Stiftung seiner Kirche, und 12 Mk. zu dem Baue derselben; ferner 12 Mk. zur Stiftung eines Altars im Kloster Hasungen, 12 Mk. der Kirche in Geppenhagen und 6 Mk. zum Baue der Kirche zu Elmarshausen.

Von jenen Brüdern, Werner V. und Heinrich II., findet sich der letztere seit 1360 als Amtmann zu Wolfhagen, und leistete dem Landgrafen so ansehnliche Dienste, daß dieser ihm 612 Mark Silber schuldig wurde, deren Zinsen er bis zum Abtrage des Kapitals 1365 auf die Bede von Wolfhagen anwies [46]). Werner wurde später Landvogt von Hessen, und war dieses noch 1372, als sich der Krieg mit der Gesellschaft vom Sterne erhob, in welchem beide Brüder, für die Landgrafen streitend, gleich im Beginne desselben einen rühmlichen Sieg erfochten.

Als nämlich der Bischof von Paderborn, Heinrich Spiegel, in das Amt Wolfhagen fiel, warfen sie ihn am 17. Juli 1372 mit einem großen Theile der Seinigen nieder und führten ihn gefangen nach Wolfhagen. Ihr Antheil am Lösungsgelde betrug 100 Mk. S. — Werner starb kurz nachher, zwischen Anfang Oktobers 1372 und Augusts 1373. Heinrich, bis zu seinem Tode Amtmann zu Wolfhagen, starb dagegen erst nach 1380. Doch nur Werner hatte Söhne: Heinrich III. und Werner VI., von denen der erstere schon frühe wieder verschwindet. Werner brachte Elmarshausen völlig in seinen Besitz, indem er im J. 1403 auch noch das übrige helfenbergische Viertel von Rudolph v. Helfenberg, dem letzten seines Geschlechts, erkaufte, wozu er später noch die Stegmühle, eine Mühlstätte am Hucks=hoell und einen halben Hof zu Elmarshausen fügte, welche Stücke er 1420 von einem wolfhagischen Bürger erkaufte. Im Jahre 1409 wurde er mit den Burglehen zu Wolfha=gen belehnt, welche früher die v. Rodersen und die Basi=lius gehabt, und verkaufte 1414 eine steinerne Kemnate und 2 Hofstätten in der Burg zu Wolfhagen dem Land=grafen. Er findet sich zuletzt 1428 und hatte 2 Söhne: Werner VII., der schon vor dem Vater gestorben zu seyn scheint, und Heinrich V., sowie eine Tochter, Ag=nes, verehelicht an Simon v. Homberg.

Heinrich V. ererbte von seinem Vater einen geistli=chen Rechtsstreit, dessen Geschichte ganz dazu geeignet ist, ebensowohl den tiefen Widerwillen, mit dem jeder Laie die geistlichen Gerichte betrachtete, als das Streben der hessischen Landgrafen zu erklären, die geistliche Gewalt des mainzi=schen Stuhles in Hessen zu beschränken und ihr Volk vor dem richterlichen Arme der geistlichen Gerichte zu schützen. Sifried Schützeberg aus Wolfhagen, Priester und nachher **Vicarius perpetuus in ecclesia Moguntina**, hatte, vermuthlich vermöge eines mit Wernern geschlossenen Ver=gleichs, an denselben 4 fl. jährlicher Renten aus einem

Zehnten zu Sshringen zu fordern. Diese, ihrer Natur nach völlig weltliche, Sache wurde dennoch als eine geistliche betrachtet; denn der Kläger war ein Geistlicher und die Rente ruhte auf einem Zehnten. Sifried ging deshalb 1416 nach Konstanz und erwirkte bei dem dasigen Konzilium für den Dechanten von St. Gangolf zu Mainz den Auftrag zur Untersuchung und Entscheidung der Sache, nebst der Gewalt, das Urtheil durch Kirchenstrafen vollziehen zu lassen. Nachdem dieser die Sache durch alle Förmlichkeiten des geistlichen Prozesses laufen lassen, verurtheilte er 1417 Wernern zur Zahlung der seit 6 Jahren rückständigen Gülten und der entstandenen Kosten. Da sich aber Werner nicht fügen wollte, so bestellte Papst Martin V. Dietrich Vogel, Probst zu Worms, zum Exekutions-Kommissar, der, nachdem er vergeblich mit dem Banne gedroht, denselben 1421 wirklich verkündete. Dennoch kam die Sache zu einer weiteren Untersuchung und das Concilium zu Basel übertrug dieselbe dem Dechanten der St. Johanniskirche zu Mainz. Dieser erkannte nun zwar den Beklagten in **possessorio** zur Entrichtung der eingeklagten Renten für schuldig, sprach ihn aber von den übrigen Klagpunkten frei und behielt demselben das **petitorium coram judice competente**, nämlich nicht vor den weltlichen Gerichten, sondern, wie er selbst erklärte, vor ihm oder einem andern kompetenten Richter, vor. Dessen ungeachtet verurtheilte er Wernern zur Zahlung der sämmtlichen Prozeßkosten. Dieser, der wahrscheinlich so wenig wie wir zu begreifen vermochte, wie man Jemand theils verurtheilen und theils frei sprechen und dennoch zu den sämmtlichen Kosten verurtheilen konnte, appellirte hierauf an das Konzilium und dieses nahm, obgleich der Kommissar die Berufung für erloschen erklärte, dieselbe dennoch an, und bestellte einen neuen Kommissar in der Person des fritzlarischen Kantors Nikolaus Trott. Dieser hob nun das Urtheil als nichtig auf, sprach Werner von der Klage frei und verurtheilte Sifried in die Kosten. Doch letzterer unermüdet, appellirte ebenfalls an das Konzilium und dieses bestellte nacheinander 3 neue Kommissare, von denen der letzte das Urtheil des ehrlichen Kantors wieder aufhob, und dagegen das des Dechanten der St. Johanniskirche von neuem herstellte. Unterdessen starb Werner und der Streit ging auf Heinrich und Agnes über. Auf die Bitte Sifrieds, um Vollstreckung des Urtheils und Beitreibung der Kosten, beauftragte das Konzilium hierzu den letzten Kommissar. Doch kaum hatte dieser die Beklagten auf eine nicht befolgte Vorladung für ungehorsam erklärt, als der achte Kommissar bestellt wurde. Nachdem dieser die Sache nochmals untersucht und auch Zeugen vernommen hatte, lud er die von Gudenburg vor, um der Ausfertigung der Exekutorialen und der Feststellung der Kosten beizuwohnen, und als dieselben nicht erschienen, wurden die Kosten in ihrem Ungehorsam auf 64 fl. bestimmt, eine Summe, die nach dem damals üblichen Zinsfuße, Zehn von Hundert, anderthalb mal die Hauptsumme überstieg. Im Jahre 1438 wurden auch die Exekutorialen ausgefertigt, Heinrich v. G. und seine Miterben mit dem Banne, dessen Aggravation und Regravation, bedroht, den

Erzbischöfen, Bischöfen und der übrigen Geistlichkeit die Bekanntmachung und Vollstreckung der Erekutorialen, bei Strafe der Suspension, des Interdikts und der Erkommunikation, auferlegt, den weltlichen Ständen, deren Beamten und Unterthanen, unter Androhung des Interdikts, die Austreibung des rebellischen Heinrich's v. G. befohlen, die weitere Hülfe des weltlichen Schwertes von den geist= und weltlichen Reichsständen, unter Bedrohung aller genannten Strafen begehrt, ja selbst der Kaiser nur mit gar geringer Mäßigung behandelt, und das alles von einem — **Decretorum doctore Manuële de Gnallis!**

Im Jahre 1440 erschien endlich der neunte Kommissar. Dieser lud Heinrich und seine Schwester vor, um entweder die Erledigung des Urtheils nachzuweisen, oder dem Vollzuge der gedrohten Strafen gewärtig zu seyn. Hiermit enden die vorhandenen urkundlichen Nachrichten und wir wissen nicht wie die Sache endlich beigelegt worden [47]).

Man sieht aus dieser Erzählung das ungemein Drückende, welches die geistlichen Gerichte in ihrem Verfahren hatten. Um 4 fl. jährlicher Rente stritt man sich 24 Jahre und des Klägers Kosten allein stiegen auf 64 fl., während vor dem weltlichen Gerichte die Sache in einem Tage und wohl kaum mit 2 fl. Kosten abgemacht gewesen wäre; denn diese richteten noch nach den alten Rechtsgewohnheiten der Väter, die geistlichen Gerichte aber nach dem, auf den Grund des römischen Rechts gebauten, kanonischen Rechte.

Heinrich besaß einen Drittheil des Dorfes Ehringen von den Grafen von Waldeck als Pfandschaft, wofür ihm

1438 der Hof zu Engelbrechteſſen (bei Viſebeck) eingegeben wurde. Im Jahre 1440 erhielt er den waldeckiſchen Theil der Wetterburg, welchen er bis 1450 beſaß. Nachdem er ſich 1442 von dem Landgrafen die Erlaubniß erwirkt hatte, zu Elmarshauſen eine Burg erbauen zu dürfen, begann er in dem Thale am Ufer der Erpe den Bau des noch gegenwärtig vorhandenen Schloſſes, das jedoch 1471 noch nicht vollendet war. Im Jahr 1446 erkaufte er eine Kemnate zu Viſebeck.

In den Jahren 1453, 1454 und 1455 wurde das Heſſenland hart von der räuberiſchen Ritterſchaft Weſtfalens bedrängt. Die Brand- und Raubzüge deſſelben zogen ſich von Biedenkopf und Frankenberg bis gen Trendelburg, und der Schaden und das Unglück dieſes Landſtrichs, die durch die Niederlage auf dem Sinnfelde (1455) noch erhöht wurden, waren außerordentlich. Auch Heinrich litt; unverwahrt, wie der Räuber, fiel Dietrich v. Meſchede in's Dorf Lüdersheim (im Waldeckiſchen bei Ehringen) plünderte daſſelbe, nahm 5 Männer gefangen und trieb ſchändlichen Unfug [48]). Heinrich ſchlug den Schaden auf 426 fl. an, zu deſſen Erſatze er auf dem Wege ſchiedsrichterlichen Spruches zu gelangen hoffte. Doch ſein Vertrauen hierauf täuſchte ihn. Während der Verhandlungen überfiel Gobert v. Meſchede bei Nacht den Hof Elmarshauſen, und ſteckte Vorwerk, Scheunen, Ställe und die Mühle in Brand, ſo daß alles in Aſche ſank. Nicht allein aller Hausrath und der ganze Fruchtvorrath, ſondern auch die Pferde, Kühe, Schweine, Schafe und Eſel kamen in den Flammen um, außer einem Pferde, das er nebst den Knechten und dem Müller mit fort führte. Wolfhager Bürger schlugen ihren Schaden an den ihnen hierbei verbrannten Schafen und Rindern auf 120 fl., dagegen Heinrich den seinen auf 800 fl. an. Auch Bründerſen, ein Dorf des Kloſters Haſungen, wurde in derſelben Zeit völlig eingeäſchert.

Rabe v. Kalenberg beſaß als heſſiſche Lehen die Dörfer Breuna, Oberliſtingen und Roda, unter dem Kugelberg, ganz, Ober- und Niedereſſungen, Niederliſtingen und Wetteſſingen aber zur Hälfte. Ohne Kinder, ſah er das Erlöſchen ſeines Stammes voraus, und entſchloß ſich deshalb dieſe Güter zu veräußern, um noch ſo viel wie möglich ſeiner Gattin zu retten. Er trat zu dieſem Zwecke mit Heinrich v. Gudenburg in Unterhandlungen und ſchloß, nachdem Anne, Rabe's Hausfrau vor einem auf dem Kalenberg gehegten Gericht nach alter Weiſe mit aufgelößtem Haupthaar, die rechte (vordere) Hand auf ihre linke (luchterne) Bruſt gelegt, auf ihre Leibzucht verzichtet, und Rabe mit einem geſtaabten Eide auf ein Feldgefängniß gelobt, den lehensherrlichen Konſens binnen 6 Wochen beizubringen, am 18. Oktober 1457 den Kaufvertrag auf 1800 fl. ab. Aber, obgleich ſchon am 19. November deſſ. Jahres Landgraf Ludwig I. ſeine lehnsherrliche Einwilligung zu dieſem Handel ertheilte, ſo erklärte Landgraf Ludwig II., als Rabe ſtarb, jene Lehen dennoch für heimgefallen, und gab dieſelben ſeinem Amtmanne Hans v. Stockhauſen. Erſt nach mancherlei Verhandlungen fügte ſich Hans zu einem Vergleiche und verzichtete gegen 550 fl. und ein Pferd auf ſeine Rechte. Als der Landgraf hierauf

1471 Heinrich mit jenen Gütern belehnte, behielt er sich jedoch für den Fall, daß er den Kalenberg besitze, das Recht vor, dieselben mit 600 fl. an sich lösen zu können. Auch seine ebersteinschen Lehen, welche Rabe 1451 von den Runsten erkauft hatte, überließ derselbe bei jener Gelegenheit an Heinrich. Dieser der noch zuletzt waldeckischer Amtmann zu Rohden war, starb um's Jahr 1476, seine Wittwe Adelheid und 2 Söhne, Philipp und Eberhard **III.** hinterlassend. Außer diesen hatte er noch einen unehelichen Sohn Namens Heinrich, der von seinem Bruder Philipp brüderlich bedacht wurde. Eberhard **III.** focht beinahe in allen damaligen Kriegen der Landgrafen mit. In der Vertheidigung von Neuß (1475) litt er jedoch bedeutende Verluste, indem die steigende Noth mehrere seiner Pferde zur Küche verurtheilte, und er selbst aus dem eben so langen als verzweifelten Kampfe eine schwere Wunde davon trug. Der Tod auf dem Felde der Ehre war ihm hier jedoch nur für wenige Jahre aufgespart, denn schon im July 1477 blieb er während der dreiwöchigen Belagerung von Volkmarsen.

Eberhards Bruder, Philipp, verehelichte sich 1485 mit Dorothea Schlegrein, nach deren Tode aber mit Dorothea Hund, und verkaufte 1487 die Wüstung Geppenhagen, unfern Wolfhagen, dem Grafen v. Waldeck. Bei seinem frühen Tode hinterließ er nur einen unmündigen Sohn Eberhard **IV.** Dieser, der gleich seinem Vater zu Elmarshausen wohnte, verkaufte 1515 den Hof zu den Hausen an Hermann v. d. Malsburg, sowie in Gemeinschaft mit den

Wolfen die Wüstung Oedinghausen an Gerd v. d. Malsburg, focht 1522 mit gegen Franz v. Sickingen und starb, obgleich verehelicht, doch kinderlos, im Jahre 1534 [49]) als der Letzte der v. Gudenburg.

Eberhard's Allodialerben waren die v. Berlepsch und v. Bodenhausen [50]). Die Lehengüter aber wurden sämmtlich für heimgefallen erklärt und kamen beinahe alle in die Hände des hessischen Marschalls Hermann v. d. Malsburg, der sich deshalb 1567 mit Allodialerben verglich.

Die Güter der v. Gudenburg bestanden bei ihrem Erlöschen, so weit sich dieselben ermitteln lassen, in Folgenden: (Die Kreuze bezeichnen, daß die genannten Orte nicht mehr vorhanden sind.)

1) **hessische Lehen**: Die Dörfer Breuna, Oberlistingen, und die Wüstung Rhöda ganz; die Dörfer Ober- und Niederelsungen, Niederlistingen und Wettesingen zur Hälfte. Burglehen zu Wolfhagen.

2) **mainzische Lehen**: (zufolge eines Lehnbriefs von 1423) die Kirchlehen zu Ostheim [51]) und Kalden [52]), und 27 Hufen am letztern Orte [53]), Güter (theils Zehnten, theils Hufen) zu Rangen [54]), Altenbaune, Zwehren, Rorbach († bei Zierenberg) [55]), Schützeberg († bei Wolfhagen), Bodenhausen [56]), Nothfelden und Altenhasungen; ein Viertel der Mark zu Hessenberg [57]), einen Theil des Berges und der Mark des Berges Gudenberg [58]), die Dörfer Meinbressen [59]) und Oedinghausen, und endlich Güter in beiden Elsungen. Ferner: den halben Zehnten zu Niederbesse (Siehe S. 247) und Zehnten zu Ehringen und Gasterfeld. Diese

Lehen trugen die v. Gudenburg mit den Wolfen gemeinschaftlich, und gingen, als die erstern ausstarben, zur Hälfte 1538 auf Hermann v. d. Malsburg über, obgleich die wolfischen Lehnbriefe auch ferner noch stets über das Ganze sprechen;

2) waldeckische Lehen: (zufolge des Lehnbriefs von 1529) den ganzen Hof zu Röhda nebst 2 Hufen; 1 Hufe Land zu Ehringen von den v. Engern herkommend; 1 Hufe Land zu Witmar († bei Volkmarsen, im Kurhessischen); den Zehnten zu Geppenhagen († unfern Wolfhagen, zwischen Bühle und Hönscheid); 5½ Hufe zu Langel († bei Wolfhagen); 1 Hufe zu Renlevessen († bei Elmarshausen); einen halben Hof zu Niedernothfelden (das jetzige Nothfelden); 1 Garten vor Wolfhagen; die Güter der v. Bobenhausen zu Ehringen; die Lehngüter, welche von den v. Mederich auf die Runst und von diesen auf die v. Gudenburg gekommen, mit Ausnahme des Holzgreben-Amts über den Hessenwald, das die Grafen für sich behalten; alle runstschen Güter und namentlich auch die, welche von Werner v. Escheberg verledigt worden, und sich in Friedrich Runst's Besitze befunden hatten; die Hälfte der Lehngüter der v. Brunhardessen und der v. Escheberg; die altrunstischen Güter nämlich: den Zehnten zu Esbeck († bei Adorf), 4 Hufen zu Forste († im Kurhessischen bei Volkmarsen), 2 Hufen zu Mederich († zwischen Volkmarsen und Herbsen an der waldeckischen Grenze) den Zehnten zu Elendhausen (auch Ellinghausen, jetzt Ellingsen, dicht unter Ehringen), 2 Hufen zu Herbsen im Waldeckisch nördlich von Külte), sowie

den dasigen Hof, den die v. Brobeck an die Nunst veräußert, 2 Meierhöfe zu Mederich, den Zehnten zu Almern († bei Volkmarsen), Höfe und Güter zu Välle (unbekannt), 15 Hufen zu Witmar, das Kirchlehn zu Külte, 5 Hufen zu Eisthausen († bei Herbsen), die den v. Mederich gehört, ein Viertheil des Zehnten zu Neckeringhausen († bei Meineringhausen), 1 Hufe zu Möln (unbekannt), 1½ Hufen zu Almern († im Kurhessischen bei Volkmarsen), 1 Hufe zu Ehringen, einen freien Stuhl zu Reigerlützen († zwischen Külte und Herbsen), Ländereien in den Wassersohlen vor Volkmarsen, und im vordern Wetterfelde (an der waldeckischen Grenze bei Wetterburg), 1 Hufe zu Heiligforste († bei Volkmarsen), 4 Hufen zu Ostheim (bei Liebenau), 1 Hof und 2 Hufen zu Mederich †, 1 Hof zu Forste †, 2 Hufen und einen halben Zehnten zu Witmar †, 1 eschebergschen Hof zu Hoddorf (zwischen Lengefeld und Alleringhausen), 3 Viertel des Zehnten zu Wetter († bei Wetterburg), das Gericht zu Nutteln und 1 Hof daselbst (unbekannt), 1 Hof zu Asphe (unbekannt), 2 Hufen zu Wrersen (nördlich von Rohden), 1 Hof zu Holzhausen († vor Rohden), 4 Hufen zu Osterhausen († an der Twiste); Ländereien zu Hollichforst († bei Volkmarsen) ꝛc. Ferner: der Hof zu Roderfen und Güter zu Ehringen, Horichforste, Heiligforste, Mederich und Witmar, Güter, welche Philipp v. Gudenburg seinem natürlichen Bruder Heinrich zu Lehn gegeben hatte.

Von diesen waldeckischen Gütern ging namentlich der nach Volkmarsen gelegene Theil in Folge eines zu Honscheid am Freitage nach Oculi 1542 geschlossenen Vertrages an Hermann v. d. Malsburg über.

3) ebersteinische später braunschweigische Lehen:
a) Elmarshausen mit Gericht und Kirche.

b) Die Hälfte des Zehnten zu Mederich, die runstschen Güter zu Ehringen und das Kirchlehn nebst Gütern zu Breuna. Diese Güter trugen die Hrn. v. Itter von den Grafen v. Eberstein zu Lehn, und diese hatten die Runst damit belehnt, welche letztere sie 1451 an Rabe v. Kalenberg verkauften, von dem sie kurz nachher an Heinrich v. Gudenburg käuflich überlassen wurden. Der malsburgische Lehnbrief von 1541 verzeichnet diese Güter jedoch anders und fügt namentlich noch hinzu: die Kapelle St. Anton vor Warburg, die Kapelle auf dem Bruche vor Volkmarsen und einen Altar im Kloster Wormeln, 1 Hof zu Rodwerffen unter Kalenberg, die Wüstung (jetzt Dorf) Grimmelsheim, das Dorf Mederich mit Gericht ꝛc., und das Röhdaer Rod (unter der Kugelburg). Ein späterer Lehnbrief von 1659 (s. Ledderhosens kl. Schriften V. 309) ist wiederum verschieden und enthält mit Weglassung mehrerer der vorgenannten Güter, ferner noch: die Dörfer Herlingshausen (beim Kalenberg) und Welde (nördlich von Volkmarsen), sowie die ausgegangenen Orte Witmarsen († bei Wolfhagen), Renleveffen († bei Elmarshausen), und Helffen († unbekannt); dann 9 Hufen zu Horichforst und Heiligforst († vor Volkmarsen), Güter zu Röhda, Hoddorf († bei Lengefeld), zu Roßbrotte, Jeßkoppe, Neu, und Wobberinghausen auf dem Mattfelde.

Diese Güter erhielt Hermann v. d. Malsburg nach vielfältigen Bemühungen 1541 von Braunschweig zu Lehen.

Die Wappen der v. Gudenburg: a) die arnoldische Linie führte ein in 2 Felder queergetheiltes Schild, wovon das obere 2 nach auffen blickende Adlerköpfe, das untere aber 2 horizontale Queerbalken hatte. b) Giso der Landrichter, führte anfänglich und zwar bis zum Jahr 1257 ein nach der Länge in 2 Felder getheiltes Schild, rechts mit einem stehenden gekrönten Löwen, links mit 4 horizontale Queerbalken ausgefüllt. Erst seit 1266 findet man statt dieses Wappens, einen Kopf mit lang gelockten Haaren. Hermann und Werner hatten das erstere Wappen wieder. c) Giso des II. v. Gudenburg (1264 — 1272) Wappen bestand aus einem in kleine Vierecke getheilten Schilde, über welche sich ein von der obern Rechten nach der untern Linken mit Blumen geziertes Band zog. Dasselbe Wappen führte auch Ritter Werner III., so wie dessen Söhne; Werner's Enkel aber legten es ab, und setzten an dessen Stelle einen mit den Spitzen nach oben gekehrten Halbmond, sowie auf den Helm einen hohen Federbusch mit einem gleichen Halbmond.

Schon oben habe ich erwähnt, daß Heinrich V. v. Gudenburg einen unehelichen Sohn Heinrich hinterlassen habe. Dieser Heinrich erhielt 1484 von seinem Bruder Philipp von den waldeckischen Lehen den Bauhof zu Horichforst, 1 Hufe Land daselbst, den Teichhof zu Mederich, Antheil an den Zehnten zu Witmar und Wetter, Güter zu Ehringen und den Hof zu Roderfen zu Afterlehen. Auch belehnte ihn Landgraf Wilhelm d. ä. 1490 mit einem Erbburglehn zu Wolfhagen. Er war zweimal verehelicht (mit Jutte und Regula) und hinterließ einen Sohn Johann, der Stadtschreiber zu Wolfhagen wurde. Dieser ererbte die oben aufgeführten Lehen, wurde aber in seinen unmündigen Jahren aus den ihm von seinem Bruder verliehenen Güter durch Ebert v. Gudenburg verdrängt, der dieselben zum Theil, und namentlich den Zehnten zu Röversen an Thönges v. Gemmeden verpfändete. Als jedoch 1534 mit Ebert das Geschlecht der v. Gudenburg erlosch, und Graf Philipp d. j. von Waldeck die Inhaber der gudenburgischen Lehen nach Wildungen vorlud, meldete sich auch Johann, und erhielt dieselben auf Vorbitte der gudenburgischen Allodialerben [60] von Neuem zu Lehn. Zwar nahm Hermann v. d. Malsburg diese Güter als gudenburgischer Lehnsfolger in Anspruch, der darüber erhobene Streit wurde jedoch 1548 zu Johann's Gunsten entschieden. Johann's Nachkommen, welche noch jetzt die Zinsen von jenen Gütern beziehen, leben noch gegenwärtig in Naumburg, zwischen Wolfhagen und Fritzlar.

Das Wappen Heinrichs sowohl, als seines Sohnes Johann war mit dem der v. Gudenburg übereinstimmend.

Die Wolfe von Gudenburg.

Gleich wie die Groppe v. Gudenburg, so werden auch die Wolfe v. Gudenburg uns erst durch den Sühnevertrag bekannt, welchen Erzbischof Sifried v. Mainz im

Jahre 1213 errichtete. Damals lebten zwei Brüder, von denen uns aber nur der eine mit seinem Namen genannt wird. Es ist dieses Arnold I. Im Jahre 1230 stiftete derselbe für seine beiden verstorbenen Frauen Gertrude und Bertha Seelenmessen in der Kirche zu Schützeberg durch die Uebergabe von 2 Mansen zwischen **Helserien** und **Hiddesheim**, und zu **Volcardinchusen**, gleich wie er derselben Kirche 1239, in Gemeinschaft mit den v. Helsenberg, v. Elben und v. Hohenfels, Güter zu Bodenhausen und Gepenhagen schenkte [61]). Auch das Kloster Arolsen bereicherte er mit Gütern zu Münchhausen und Wangerinhausen [62]). Er starb kurz nach 1248 und hatte 2 Söhne Theodrich I. und Eberhard I., welche schon seit 1237 genannt werden, und später häufig in dem Gefolge der Herzogin Sophie v. Brabant erscheinen [63]). Im Jahre 1253 nennt sie Ludolph v. Arnheim (**Arnem**) seine Blutsverwandte (**consanguinei**).

Man findet sie öfter in der Umgegend von Frankenberg, wo sie, wie es scheint, durch Verbindungen mit den v. Keseberg zu Gütern gekommen waren. So gab Eberhard mit seiner Hausfrau Walpurge 1268 dem Kloster Haina Güter zu Wisende, bei Frankenau, sowie mit seinem Bruder und dessen Hausfrau Hildegunde 1272 Güter zu Geismar dem Kloster St. Georgenberg bei Frankenberg [64]). Theodrich I. hinterließ 2 Söhne, Arnold II. und Theodrich II., welche aber beide ohne Söhne starben, und Eberhard 5 Söhne: Arnold III., Ludwig I., Eberhard II., Konrad und Theodrich III. Die letztern vertauschten 1286 ihren Zehnten zu Haversvorde dem Kloster Amelunxenborn gegen dessen Hof zu **Snetingehusen**, wobei sie den Probst Konrad v. Eimbeck und Ludwig v. Rosdorf ihrer Mutter Brüder (avunculi) nennen, verzichteten 1291 gegen das Kloster Lippoldsberg auf ihre an eine Hufe zu Nordgeismar gemachten Ansprüche, gleichwie Arnold III. im Jahre 1300 auf Ansprüche, welche er wegen der von seinem Vater dem Kloster Haina vergabten Güter zu Wisende erhoben hatte. In demselben Jahre (1300) entsagte auch Arnold in Gemeinschaft mit seinem Bruder Eberhard II. gegen den Landgrafen Heinrich auf alle Rechte am Ehrstnerwalde (Erstenwolt) bei Ehrsten.

Im Jahre 1310 verkauften beide Brüder dem Landgrafen Johann von Hessen ihre Güter in den um Grebenstein gelegenen, sämmtlich aber nicht mehr vorhandenen Dörfern **Dythardsin, Helkirsin, Kirchstroford, Aldinstroford** und **Rikirsin** für 100 Mk. Pfenn [65]. Bei diesem Verkaufe hatten sie sich nur das Kirchlehn zu Kirchstroford vorbehalten, doch auch dieses überließen Eberhards Söhne Eberhard III., Arnold IV. und Ludwig II. 1322 dem Landgrafen Otto, der ihnen dagegen alle seine Rechte in **foro montis Gudinberg** abtrat [66]. In dem Kriege, der 1346 sich zwischen Hessen und Mainz entspann, fochten die Wolfe auf des erstern Seite und Ludwig hatte den Unfall von den Mainzischen gefangen zu werden [67].

Von diesen Brüdern hatte nur der mit Agnes v. Brakel verehelichte Arnold IV. Kinder: Thilo und wahrscheinlich auch Arnold, der bereits 1385 Abt zu Hasungen war und 1396 zum Abte des Stifts Korvei erwählt wurde, wo er 1398 starb. Sein Grabmal erhielt die Inschrift:

Inter Corbejae miracula nonne refertur,
Quod cubet in tumulo hoc pastor, ovesque lupus.

Zu deutsch etwa: „Zu den Wundern Korveis gehört es wahrlich, daß hier im Grab' in einer Person Hirte und Schaf liegt und Wolf" [68]).

Keiner von allen Gliedern des wolfischen Stammes aber hat entscheidender für den Wohlstand desselben gewirkt, und, soweit die spärlichen Nachrichten ein Urtheil in solcher Beziehung erlauben, wenigstens bis dahin ein größeres Ansehen genossen, als Thilo, obgleich er mit seiner Knappenschaft zufrieden, niemals zur Ritterwürde gelangte. Er erwarb nämlich die Herrschaft Itter. Dieses eben so gebirgige als rauhe von dem Fürstenthume Waldeck ringsumschlossene Dynastengebiet war seit etwa 1357 in den gemeinsamen Besitz von Hessen und Mainz gekommen. Während Mainz seine Hälfte den Grafen von Waldeck verschrieb, verpfändete Hessen seinen Antheil an die Vettern Stephan und Hermann v. Schartenberg, von denen derselbe 1376 an Hermann v. Schartenberg überging.

Aber auch Waldeck bedurfte seines Geldes und verpfändete seine Pfandschaft 1381 weiter an unsern Thilo für 3585 Goldgulden, der, als wenige Jahre später Hermann v. Schartenberg als der letzte seines Geschlechtes starb, im Jahre 1383 auch den hessischen Antheil für 395 Mk. S. und 300 Schillinge Tournosse vom Landgrafen verschrieben erhielt. Thilo hatte zwar bei dieser letzten Erwerbung noch einen Theilhaber, Friedrich v. Hertingshausen, den er jedoch später abfand und dadurch die ganze Herrschaft in seinem Besitze vereinigte. Er vererbte dieselbe auf seine Nachkommen, und diese erhielten 1450 die hessische Hälfte sogar zu Pfandlehen.

In dem Jahre 1385 wurde Thilo Amtmann zu Kassel und nahm an dem damals ausbrechenden Kriege den thätigsten Antheil. Um ihn zu belohnen, gab Landgraf Hermann 1391 ihm mehrere, der von den verurtheilten Bürgern von Kassel eingezogenen, Güter, mit denen seine Nachkommen auch noch jetzt belehnt werden.

Im Jahre 1395 schuldete ihm der Landgraf 1000 Pfd., für deren Zahlung die Stadt Zierenberg Bürge wurde. Als 1398 die Groppe v. Gudenburg erloschen, folgte er nebst den v. Gudenburg in deren erledigten Lehen, wovon er die mainzischen am 30. Januar 1400 zu Frankfurt [69], die ravensbergischen aber am 24. Mai 1400 zu Köln empfing. Er starb zwischen 1404 und 1406, und hinterließ mit seiner Hausfrau Jutta eine Tochter Jutta, welche an Friedrich v. Padberg verehelicht wurde, und 2 Söhne Wolf I. und Arnold VI., denen bereits 1388 das Stift Kaufungen seine Güter zu Obermeiser und Escheberg verpfändet hatte. Wahrscheinlich war auch Johann Wolf, der dem Abte Arnold Wolf als Abt zu Hasungen folgte, ein Sohn von Thilo.

Im Jahre 1406 verglichen sich jene mit ihrem Vetter, Werner v. Gudenburg, wegen eines Zehnten zu Niederelfungen, und verpfändeten im Jahre 1433 einen Theil ihrer Güter zu Meinbreffen. Als mit Erasmus v. Itter sich dessen Stamm seinem Ende näherte, wendeten sich beide Brüder an den damaligen Abt v. Korvei, Arnold v. d. Malsburg, und erhielten, indem sie noch dessen Bruder Johann mit in ihr Interesse zogen, mit diesem gemeinschaftlich 1441 eine Anwartschaft auf die itter'schen Lehen, und, nachdem auch der Graf v. Waldeck, welcher diese Lehen als Vorlehen besaß, seine Einwilligung dazu gegeben hatte, und Erasmus von Itter gestorben war, im Jahre 1443 die wirkliche Belehnung [70]).

Beide Brüder starben 1459, aber nur **Wolf** hinterließ mit seiner Hausfrau Margrethe v. Dernbach Kinder: **Thilo II.** und **Arnold VII.** Im Jahre 1466 bestellte Erzbischof Ruprecht von Köln **Thilo** zum Amtmann über seinen Antheil an dem Schlosse **Padberg**, als welcher ihm sein Bruder folgte (1472). Demselben Erzbischof lieh **Thilo** 1200 fl., um die Kugelburg von den Meisenbug abzulösen; als aber die Rückzahlung in den bestimmten Fristen nicht erfolgte und **Thilo** die Bürgen zu mahnen begann, kam der Erzbischof mit ihm überein, und indem **Thilo** noch weitere 200 fl. zahlte, räumte ihm jener im Jahre 1472 am 5. April die Kugelburg mit dem Amte Volkmarsen, sowie 8 Tage später für 1000 fl. auch den Zehnten zu **Rüden** als Pfand ein. Doch scheinen diese Pfandschaften von sehr vorübergehender Dauer gewesen zu seyn.

Mit dem Kloster Haina hatte **Thilo** lange Streitigkeiten, die sein Sohn durch Besitzstörungen des Klosters, namentlich in dessen Jagdgerechtsamen, veranlaßt hatte. Statt ein Urtheil des Landgrafen, welches dieser 1476 gab, zu befolgen, vermehrte Thilo nur noch seine Gewaltthaten, und vergeblich waren alle Bemühungen des Landgrafen ihn zu friedlicheren Gesinnungen zu bewegen, so daß, als das Kloster endlich klagbar wurde, der Landgraf sich genöthigt sah, einen förmlichen Prozeß einzuleiten. Da aber Thilo auch auf 4 gehaltenen Rechtsklagen nicht erschien, erfolgte 1479 ein Urtheil, wodurch die Klage des Klosters für gerechtfertigt erkannt und Thilo verurtheilt wurde. Thilo starb zwischen 1479 und 1481. Er hinterließ fünf Söhne Wolf **II.**, Arnd **VIII.**, Johann, Thilo **III.** und Georg. Auch scheinen die Aebtisin Margarethe im Kloster Schacken und die Priorissin Katharine im Kloster Eppenberg (1519) Töchter von ihm gewesen zu seyn.

Der älteste von jenen Brüdern, Ritter Wolf **II.**, der 1487 seine Tochter Edeling dem Kloster Schacken gab, wurde landgräflicher Hofmeister. Thilo findet sich 1506 als hessischer Verweser der Obergrafschaft Katzenelnbogen und erhielt im Jahre 1508 vom Landgrafen Wilhelm das Schloß und Amt Schartenberg für 4000 Goldfl. verschrieben, eine Pfandschaft, welche er etwa 10 Jahre besaß. Von 1492 — 1498 war Thilo waldeckischer Amtmann auf dem Schöneberge und zu Hofgeismar. Später, im Jahre 1512, findet man ihn als Hofmeister des Herzogs Erich v. Braunschweig.

Als Landgraf Philipp ihn im Jahre 1519 als Gesandten zu den Herzogen v. Mecklenburg schickte, fing ihn Herzog Heinrich v. Braunschweig-Lüneburg auf und legte ihn in Haft. Die Ursache bestand in einer Forderung, die der Herzog an den Landgrafen machte; es waren nämlich seiner Mutter 3000 fl. mit jährlich 200 fl. Zinsen zur Morgengabe auf Großgerau verschrieben, aber nicht gezahlt worden. Es blieb Thilo nichts übrig, um wenigstens vorerst aus seiner Haft zu kommen, als den Herzog zu befriedigen, zu welchem Zwecke seine Brüder verschiedene Darlehen aufnahmen. Am 3. Nov. 1519 verglich sich deshalb Thilo mit dem Landgrafen, der ihm bis zur Wiedererstattung des gezahlten Geldes den Flecken Gerau als Pfand einsetzte.

Im Jahre 1522 wurde Thilo, der damals (1523, 1525) Statthalter zu Kassel war, vom Landgrafen Philipp mit dem Schlosse Weidelberg und der Wüstung Ippinghausen belehnt, und erhielt 1528 von demselben 50 fl. jährlicher Renten für ein Darlehn von 1000 fl. auf Zierenberg angewiesen, sowie später für 8000 fl. auch den Zoll zu Kassel verschrieben. Um dieselbe Zeit hatte er auch das Schloß Hessenstein, unfern Frankenberg, pfandweise im Besitze, und behielt dasselbe bis 1531, wo es von ihm wieder abgelöst wurde, und wir ihn auch als landgräflichen Amtmann auf dem Schlosse Schöneberg finden. Im Jahre 1534 verkaufte ihm Graf Philipp v. Waldeck das Schloß Norderna mit dem Grund Astinghausen, welche er jedoch schon 1536 wieder an Joh. v. Hanxleden veräußerte [71]). Thilo wohnte zu Lauterbach in der Herrschaft Itter, wo er den dort noch jetzt vorhandenen Hof und ein ansehnliches Eisenwerk anlegte. Er hinterließ 2 Söhne Johann, der zu Böhl wohnte, und schon frühe und zwar kinderlos starb, und Christoph.

Im Jahre 1540 war Georg Sachse von Bamberg der Stadt Nürnberg Feind geworden, weil er sich von derselben in einer Erbschaft beeinträchtigt glaubte, und durchstreifte mit Hülfe eines aus Hessen, Franken, Wetterauer und Fuldenser bestehenden Haufens Abentheuerer beinahe ganz Mitteldeutschland, um dem nürnbergischen Handel Abbruch zu thun. Schon Ende April d. J. hatte er, unterstützt von Daniel Scheuernschloß, Jobst v. Kolmatsch, des Statthalters von Oberhessen Sohn, Eberhard d. j. und Johann Schenk zu Schweinsberg u. a., im Königsteinschen, unfern Wiesbaden, 6 Wagen beraubt, auf welchen sich Waaren für Augsburg, Straßburg und Nürnberg befanden, aber Landgraf Philipp jene hessischen Edelleute, durch die Androhung sie als Landfriedensbrecher zu behandeln, zum Ersatze des Geraubten gezwungen, als Sachse mit etwa 60 Berittenen am 8. Juni schon wieder einen Waarenzug auf der Straße von Büren nach Warburg bei dem Dorfe Disdorf auf dem Sindfelde überfiel und beraubte. Er erbeutete bei dieser Gelegenheit 19 Silberkuchen, wogegen er das Tuch und den Sammt nur theilweise nahm, den andern Theil aber zerriß und den Pfeffer völlig umherstreute. Obgleich diese Waaren den von Breslau und Leipzig gehörten, so glaubte er sich doch zu dem Raube berechtigt, weil die von Nürnberg mit diesen Städten in Handelsverbindungen ständen. Da ein großer Theil von Sachsens Helfern im Itterschen angesessen war, und nicht nur wolfische Knechte dabei thätig gewesen waren, sondern die Wolfe selbst auch einen Theil des Geraubten geborgen hatten, so fiel dann auch der Unwille des Landgrafen Philipp ganz insbesondere auf diese, und vergeblich war all' ihr Widerstreben, vergeblich die Versicherung ihrer Unschuld, sie sahen sich gezwungen, den Beraubten beinahe alles zu ersetzen; denn als die Geduld des Landgrafen zu reißen begann, und er Anstalten traf, die Waffen gegen sie zur Eroberung ihrer Güter zu erheben, war jedes längere Zaudern gefährlich, und schnelle Unterwerfung das einzige Mittel der Rettung.

Als im J. 1534 der Mannsstamm der v. Gudenburg erlosch, hätte wohl Niemand begründetere Ansprüche auf eine Folge in deren Lehen gehabt, als die Wolfe, und mit Sicherheit läßt es sich annehmen, daß ihnen diese Erbschaft nicht entgangen wäre, wenn nicht ebenso unverzeihliche Verläßigungen, als unbegreifliche Thatlosigkeit und Verkennung ihrer Rechte sie darum gebracht hätten. Nicht nur hinsichtlich vieler Güter mit den v. Gudenburg in Ganerbschaft sitzend, trugen sie namentlich auch die mainzischen Lehen sogar zu gesammter Hand, hatten aber dieselben seit dem Tode des Erzbischofs Berthold (1504) nicht wieder erneuert, welches zwar von Eberhard aber nur hinsichtlich seines Antheils geschehen war. Auch als Eberhard starb, verharrten sie in sorgloser Ruhe, und wurden erst dann aufgeschreckt, als Hermann v. d. Malsburg mit seinem neuen Lehnbriefe erschien und von Eberhard's Antheil Besitz nehmen wollte. Erst jetzt wendeten sie sich nach Mainz, und nur mit Mühe gelang es ihnen, wenigstens ihre Hälfte der Güter noch zu retten. Aber auch dieses geschah nicht ohne Opfer, und sie mußten dieselben im J. 1543 nicht nur zu neuem Mannlehen empfangen, sondern auch auf alle Ansprüche und Forderungen, so sie zu solchen und andern Lehngütern haben könnten, welche von Eberhard herrührten, feierlich verzichten, und sich verbindlich machen, daß wenn Jemand ihres Stammes an das Erzstift um diese Lehen Forderungen machte, dasselbe in und ausserhalb Rechtens zu vertreten und schadlos zu halten.

Nicht lange nach diesem wurde die Herrschaft Itter von den Wolfen abgelöst. Schon oben ist erzählt worden, auf welche Weise sie diese Pfandschaft von Waldeck und Hessen erworben hatten. Nachdem sie den hessischen Theil 1450 unter dem Vorbehalte der Ablösung zu rechtem Mannlehen erhalten, und in dem Lehnbriefe von 1459 auch sogar dieser Vorbehalt nicht wieder aufgenommen worden war, glaubten sie ihren Besitz durch nichts mehr gefährdet und nannten sich bald nicht nur Wolfe v. Gudenburg zu Itter, sondern fügten zu dem ihren auch noch das altittersche Wappen mit dem stehenden Löwen [72]. Ohnedem war auch das Schloß Itter ihr Hauptansitz geworden und erst als die Zahl der Familienglieder sich vergrößerte, hatten Einzelne auch anderwärts im Itterschen, wie zu Vöhl, Höringhausen, Lauterbach ꝛc. sich Wohnungen erbaut. Um so größer war deshalb aber auch die Ueberraschung, als Waldeck seine Pfandschaft bei ihnen kündigte, und ihnen nicht zu verargen, daß sie Alles aufboten, um die Verwirklichung der Ablösung zu verhindern. Aber nur eine Ver=

zögerung gelang ihnen, und nach langen Verhandlungen und nach einem für sie ungünstigen Spruche der Juristen-Fakultät zu Leipzig, fügten sie sich endlich auf einem am 8. Dezember 1542 zu Korbach gehaltenen Tage und erhielten von Waldeck das Pfandgeld. Nur über einzelne Theile, welche die Wolfe, als nicht zur Pfandschaft gehörig, in Anspruch nahmen, blieben sie noch im Streite, und als Waldeck 1552 bei dem Hofgerichte zu Marburg ein günstiges Urtheil erlangte, appellirten die Wolfe nach Speier, wo der Prozeß das Schicksal so vieler andern erfuhr, indem er unerledigt in Schlummer versank.

Doch die waldeckische Ablösung hatte auch Hessen seine Rechte wieder in Erinnerung gebracht, so daß auch Landgraf Philipp 1554 den Wolfen den hessischen Theil kündigte. Hatten diese sich aber schon der waldeckischen Ablösung widersetzt, so war ihr Widerstand in Bezug auf die hessische doch noch in weit höherem Maße der Fall, denn hier konnten sie auf die klaren Worte ihrer Lehnbriefe gestützt sich schon eher einen günstigen Erfolg versprechen. Im Jahre 1554 wurde ein Austrägalgericht niedergesetzt, bestehend aus 9 hessischen Edelleuten und gelehrten Räthen, die ihren Pflichten entlassen wurden. Dieses Gericht sprach zwar auch 1556 dem Landgrafen das Recht der Wiederablösung ab, und entledigte die Wolfe von aller deshalb gegen sie erhobenen Klage, aber der Landgraf appellirte an das Reichskammergericht, und dieses reformirte 1562 das Urtheil und gestattete dem Landgrafen die Lösung, in dessen Folge derselbe nach erkannter Exekution sich sofort in den Besitz der hessischen Hälfte setzte. Die Wolfe erhielten 3662 fl. — Doch blieben noch immer einzelne Punkte der Entscheidung des R. K. Gerichts vorbehalten, bis auch diese 1568 durch einen gütlichen Vergleich beseitigt wurden, durch welchen die Wolfe neben der Vergütung mancherlei Baukosten, das halbe Dorf Höringhausen, vorbehaltlich der hessischen Landeshoheit, zu Mannlehen erhielten, und ihnen die Befugniß ertheilt wurde, auch fernerhin das ittersche Wappen zu führen. In der Sache der itterschen Lehnleute sollte dagegen der Ausgang des vorerwähnten, zwischen Waldeck und den Wolfen am R. K. Gerichte noch schwebenden, Prozesses abgewartet werden. — Diese Ablösungen und die damit verknüpften Streitigkeiten vernichteten den Wohlstand der Wolfe für immer, und was diese noch nicht vermocht, das vollendete die große Vermehrung der Familie, indem vier von Thilo's Söhnen männliche Nachkommen hinterlassen hatten.

Georg's Sohn, Georg, der von seiner Mutter Dorothee v. Grafschaft unter andern auch einen Antheil an der Vogtei Grafschaft ererbte, und 1565 vom Herzoge Erich von Braunschweig das Kloster Mariengarten verpfändet erhielt, starb, nachdem auch sein Bruder Philipp schon kinderlos gestorben war, am 8. Februar 1583 zu Höringhausen ohne Söhne, indem er nur Töchter hinterließ. — Auch Arnold's Stamm ging schon in seinen Enkeln, Hartmann und Wilhelm (von denen der erste im Mansfeldischen, der zweite aber zu Höringhausen wohnte) wieder aus.

Des Ritters Wolf Nachkommen dauerten dagegen schon länger und bildeten die Linie zu Meimbressen. Sein Sohn Philipp hatte 2 Söhne Eitel und Franz. Des letztern 4 Söhne starben sämmtlich ohne männliche Nachkommen, und nur Eitel, der als Rittmeister im schmalkaldischen Kriege diente, setzte den Stamm durch einen gleichnamigen Sohn fort. Dieser, geboren 1549, machte in seinem 15. Jahre eine Fußreise nach Frankreich und trat dort in die Dienste eines Adelichen, der jedoch 1572 in der Bluthochzeit sein Leben verlor. Nach Hessen zurückgekehrt, nahm er zwar hessische Dienste, wurde aber 1589, wegen eines zu Meimbressen begangenen Mordes flüchtig. Als er 1610 zu Meimbressen starb, lebten von seinen 7 Söhnen welche er in zwei Ehen erzeugt hatte, nur noch zwei, von denen einer Raab Moriz war, mit dessen Enkel Ernst Moriz die meimbresser Linie im Jahre 1671 sich schloß.

Von allen leben allein nur noch Thilo's Nachkommen, welche sich zur Unterscheidung von der meimbresser Linie während deren Bestehens als die höringhäuser Linie bezeichneten. Schon oben ist von Thilo und seinen beiden Söhnen die Rede gewesen. Auch die Belehnung mit dem Weidelberg und der Wüstung Ippinghausen ist schon erwähnt worden. Nach Thilo's Tode erneuerte zwar Christoph dieses Lehen, ohne jedoch, wie es scheint, in dem Besitze des Lehnsgegenstandes zu seyn, denn schon in der letzten Hälfte des 17. Jahrhunderts befand sich dieser seit unvordenklichen Jahren in den Händen der Landesherrschaft; zwar versuchten die Wolfe die Zurückstellung des

Lehns zu erwirken, da sie aber keine Nachweisung ihres ehemaligen Besitzes beizubringen vermochten, und nach der letzten Belehnung auch mehrere Fälle, wo das Lehen hätte erneuert werden müssen, versäumt worden waren, so wurde eine neue Belehnung verweigert, und ist seitdem unterblieben. Christoph hatte von seinem Bruder Johann eine Forderung von 4000 fl. an den Herzog von Mecklenburg ererbt, die er nach mancher vergeblichen Anmahnung endlich mit Schand= und Schmähbriefen von den eingesetzten Bürgen einforderte. Von Christoph's Söhnen erreichte nur Otto ein höheres Alter, der als Erbe seiner Mutter Margrethe, die Verlassenschaft von deren Bruder, Burghard v. Boineburg, erhielt. — Als im Jahre 1610 zwischen den Wolfen und den Bauern zu Meimbressen sich ein Streit wegen des Holzes am Hasselberge erhob, und die wolfischen Knechte das den Bauern angewiesene Holz wegfahren wollten, widersetzten sich die Bauern, in Folge dessen es zwischen ihnen und Otto Wolf, Philipp Raabe Spiegel und Adrian Winter und deren Dienern und Knechten zu einem Kampfe kam, in welchem sich die Wolfe ihrer Feuergewehre bedienten und zwei von den Bauern erschossen. Der Ausgang des sofort eröffneten peinlichen Prozesses ist mir nicht bekannt. Otto's Sohn, Adam Herbold, ererbte durch seine Gattin, Anne Katharine v. Buchenau, deren väterliches Viertheil an den buchenauischen Gütern und namentlich Ansitze zu Buchenau und Langenschwarz, die auf seine Söhne übergingen, von denen Otto Moriz längere Zeit fuldischer Rath und Oberamtmann war, und jene Güter später in Gemeinschaft mit seinen Brüdern dem Stifte Fulda käuflich überließ.

Otto Moriz's Nachkommen leben noch gegenwärtig,

Der jüngste Sohn eines Arnd Wolf v. Gudenburg, wahrscheinlich Arnd des **IV.**, soll sich am Unter=Rheine nie= dergelassen, und so einen eigenen Stamm begründet haben. Sein Sohn Gotthard habe die Erbtochter der v. Metternich geehelicht und sich seitdem Wolf gen. Metternich genannt. Dessen Enkel aber habe die Herrschaft Gracht bei Andernach erheirathet. Doch kann ich für alle dieses keine historischen Be= lege beibringen, obgleich auch eine Inschrift zu Gracht jene Auswanderung bezeuget.

Güter der Wolfe v. Gudenburg.

So ansehnlich diese auch früher gewesen, so sehr sind sie doch jetzt zusammen geschmolzen, und der noch übrige Rest kaum mit dem weiland Ganzen zu vergleichen, denn auch von den Gütern, welche ihre Lehnbriefe verzeichnen, und mit denen sie noch heute belehnt werden, befindet sich kaum noch die Hälfte in ihren Händen. Auch diese letztern nur werde ich aufführen.

a) Kurhessische Lehen: Zinsen von 4 Hufen zu Kirchditmold.

b) Großherzoglich=hessische Lehen: das Dorf Höringhausen und den Hof Neudorf. Wie sie zu der ei= nen Hälfte derselben gelangt, habe ich oben S. 274 erzählt, dagegen ist mir aber der Erwerbstitel der andern Hälfte unbe= kannt. Beide Orte haben 109 Häuser und über 800 Einwohner.

c) **Ehemals mainzische Lehen:** Die Hälfte des Kirchlehns in Kalden und 9 — 10 Hufen (die Lehnbriefe nennen 27 H.) daselbst; Zehnten und einzelne Güter zu Rangen, Altenbaune, Oberzwehren, Nothfelden, Ober= und Niederelsungen, und das Dorf Meimbressen, mit einem ad=lichen Sitz und dem Patronatrechte.

d) **Ehemals korveiische Lehen:** Einzelne Güter im Waldeckischen.

Das Wappen der Wolfe v. Gudenburg bestand bis zum Ende des 13. Jahrhunderts aus einem s. g. Feuer=haken (wie das der v. Röderfen, v. Helfenberg, v. Hatzfeld ꝛc.), seit dem Anfange des 14. Jahrhunderts aber führten die Wolfe statt dessen einen Wolf, und nahmen nach der Er=werbung der Herrschaft Itter, doch erst nach Thilo's Tode (c. 1479) noch den itterschen Löwen hinzu. Ihr gegen=wärtiges Wappen zeigt ein durch einen Kreuzschnitt in 4 Felder getheiltes Schild, 1 und 4 weiß mit dem stehenden gekrönten itterschen Löwen, 2 und 4 roth mit dem stehen=den gekrönten Wolfe. Die Helmzierde besteht aus einem halben gekrönten Wolfe.

Anmerkungen.

1) Da sowohl zu Gudensberg, als zu Gudenburg zwei Burgen waren, so hat man beide meist verwechselt, und das was sich auf die letztern bezog, als die erstern angehend betrachtet, eine Ver=wechslung, die um so leichter war, als das Vorhandenseyn der Gudenburgen den meisten Forschern unbekannt war. Man s. Wenck **III.**

S. 80. u. Schmidt II. S. 87. Aber beide lassen sich bei einiger Aufmerksamkeit ohne sonderliche Schwierigkeiten scheiden, denn Gudensbe¹g zeichnet sich stets durch sein s aus, und wird nie burg geschrieben, wogegen die Gudenburgen, namentlich im 13. Jahrhundert sich immer als Godenburg, Gudenburg etc. finden. Wo es im 13. Jahrhundert anders ist, beruht dieses in der Regel auf Lese= oder Schreibfehlern. Vergl. S. 196. Anmerk. 31. Erst im 14. Jahrhundert findet sich auch die Schreibart Gudenberg. — 2) Wie dieses die Namen ihrer Bewohner beweisen. Eine Urkunde aus der ersten Zeit des 13. Jahrhunderts nennt die Brüder Arnold und Wilhelm castellani de Godenborhc. Varnhagen Gdl. z. Waldeck. Gesch. Beil. S. 9. Wigands westph. Archiv III. 1. S. 90. — 3) Was die Chronisten noch von Füchsen, Rossen u. a. v. Gudenburg erzählen, ist ohne allen Grund. — 4) Daß sie in ganerbschaftlichen Verbindungen zu einander standen, läßt sich schon aus ihrem gemeinsamen Stammsitze schließen, doch auch urkundliche Belege lassen sich hierfür beibringen; als die Groppe ausstarben, gingen wenigstens ihre mainzischen und ravensbergischen Lehen auf die v. Gudenburg und die Wolfe über, welche beide mit denselben zu gesammter Hand belehnt wurden. Doch scheint sich dieses ganerbschaftliche Verhältniß nur auf vereinzelte Güter bezogen zu haben. — 5) Dieses erzählt wenigstens das Chron. thuring. & hass. ap. Senckenberg selecta jur. & histor. III. 338. — 6) Noch jetzt werden die Wolfe und die v. d. Malsburg mit ihren Antheilen an den Gudenburgen zu mainz. Lehen belehnt, obgleich sie schon seit Jahrhunderten den Besitz verloren haben. — 7) S. insbesondere Senckenbg. a. a. O. — 8) Das Chron. th. & hass. nennt gleich den meisten andern Chroniken kein bestimmtes Jahr der Zerstörung. Nur die Congeries ap. Kuchenbecker anal. hass. I. S. 2 bezeichnen ausdrücklich 1269. Daß die Zerstörung aber erst nach 1272 erfolgte, schließe ich aus einer Urkunde d. J., in welcher Arnoldus magnus dictus de Godenborch bekennt, quod Conradus meus affinis dictus de eodem castro Godenborch etc. Auch 1263 stellen die Groppen eine Urkunde auf der Gudenburg aus. Spilcker S. 139. — 9) Hess. Zeitrechnung. Fortsetzung 18. — 10) Der Name Groppe, in lateinischen Urkunden durch olla übersetzt, bezeichnet nichts anderes als einen Topf. Noch jetzt heißen z. B. in Kassel die Töpfer auch Gröper. — 11) Gudenus cod. dipl. I. 425. — 12) Schmincke mon. hass. IV. 639. — 13) Rothe ap. Mencken Script. R. G. 1704. Gerstenberger ap. Schmincke I. 308. — 14) Spilcker Gesch. d. Gr. v. Eberstein Beil. S. 87, 96, 101 u. 139. Der S. 96. genannte zweite Dietrich scheint mir einem Lesefehler sein Daseyn verdanken zu haben. — 15) Gudenus l. c. I. 488. — 16) Es scheint wenigstens derselbe zu seyn, der in einer Urkunde das J. 1240 noch als Zeuge aufgeführt wird. Gnd l. c. 565., welches eine Urkunde bei Wigand a. a. O. III. 1. S. 92 zu bestätigen scheint. Im J. 1241 wird er hingegen ausdrücklich als todt bezeichnet. Spilcker S. 87. — 17) Spangenbergs vaterl. Archiv. 1826. II. S. 71. — 18) Ungedruckte Urkunde — 19) Wenck II. Urkbch. S. 285. Ich würde das Dorf Herkissen mit der Wüstung Herren, früher auch Herkessen, zwischen Rothfelden und Oberelsungen, für identisch halten, lägen nicht die übrigen Güter alle bei Grebenstein. — 20) Heff. Zeitrechg. Fortsetzung 18 u. Urk. Abschrift. — 21) Lennep l. c. 703. — 22) Ostheim war jedoch mainzisches Lehen, und sowohl die Wolfe v. Gudenburg, als die v. d. Malsburg werden noch jetzt damit belehnt, obgleich sie sich nicht in dem Besitze befinden. Schon 1410 übte der Landgraf das ihm in Folge jener Erklärung durch Otto's Tod zugefallene Präsentationsrecht. — 23) Die Belehnung der Wolfe erfolgte sowohl von Mainz, als Ravensberg im J. 1400, von ersterm am 30. Jan. zu Frankfurt (Würdtwein nova subs. dipl. IV. 388.) von letzterm am 24. Mai zu Köln (Alte Abschr.) — 24) v. Ledebur dipl. Geschichte der Stadt u. Herrschaft Blotho. Beil. I. S. 109. — 25) Falke Trad. Corbeiens. 889. Schaten annal. Paderborn. 907. Lünigs R. A. Spec. eccl. II. 17. S. 739 Varnhagen. Beil. S. 28. — 26) Gudenus. l. 425. Die Brüder Arnold u. Wilhelm werden in dieser Urkunde de Curterich genannt. Da sie niemals wieder mit diesem Namen erscheinen, auch nirgends ein solcher Ort sich findet, so muß hier ein Fehler zu Grunde liegen. — In einer andern Urkunde werden sie castellani de Godenborg genannt, siehe Anm. 2. Diese Urkunde hat zwar die Jahrzahl 1171, sie fällt aber in den Anfang des 13. Jahrhunderts. — 27) Heff. Beitr. I. S. 26. — 28) Kuchenbecker anal. hass. II. 410. — 29) Nach dem Original. Der Abdruck in Schmincke mon. hass. III. 254 ist fehlerhaft. In einer andern Urkunde von 1239 heißt es: dominus Wielmus (sic) de Godenbure & filii sui. — 30) Ungedr. Urk. u. Varnhagen. Beil. S. 92. — 31) S. Anmerkung 8. Konrad findet sich auch in Urkunden der Jahre 1255 und 1258

(Lennep cod. prob. 794.) — 32) Er steht in der Regel dem höhern Adel voran und wird meist vir nobilis genannt. Er findet sich in vielen ungedruckten und gedruckten Urkunden. Von den letztern bemerke ich hier: 1253 Kopp heff. Gerichtsverfassung I. Beil. S. 122. — 1256 Wenck II. Ufbch. S. 181. — 1263 Gudenus c. d. I. 703. — 1266 Kopp a. a. O. 126 u. Spilcker a. a. O. 142—144. Siehe auch den Anhang zur Geschichte v. Gudensberg, S. 194 d. Bds. — 33) Wigands westph. Archiv III. 1. 93. — 34) Spilcker a. a. O. S. 143. 144. — 35) Ungebr. Urk., Schaten l. c. II 83 u. 89. u. Origines Guelf. IV. praefat. p. 13. — 36) Scheid Anmerkg. zu Mosers braunschw. Staatsrecht. 915. Erath Cod. dipl. Quedlinbg. 209. Ludwig reliqua manuscr. II. 232. — 37) Ungebr. Urk. u. Wigand a. a. O. V. 334 u. 335. Spilcker a. a. O. 151. — 38) Zwar findet sich in dem Repertorium über die Urkunden des Klosters Haina eine Urkunde von 1280 d. in convers. St. Pauli angezeigt, durch welche Giso v. Gudensberg und Hermann und Werner dessen Brüder einen jährlichen Zins zu Mehlen an das Kloster Haina verkaufen, da aber die Urkunde selbst nicht mehr zu Haina vorhanden ist, so wage ich mich nicht auf diesen Auszug zu stützen, und beschränke mich, spätere Forscher darauf aufmerksam zu machen. — 39) Ledderhose kl. Schr. IV. 284. Auch hier nennen sie sich schlechtweg advocati Ecclesie in Koiffungen. Wenck II. Ufbch. S. 242. — 40) Lennep cod. prob. p. 756 — 759. — 41) Wolfs eichsfeld. Urkbch. S. 23. — 42) Würdtwein Dioec. Mog. III. p. 444. So wie in einer andern ungedruckten Urkunde v. J. 1323: Herrmanus & Wernherus frat. milites de Gudenbg — castellani in Gudensperg. — 43) Kopp von den Hrn. v. Itter 236 u. Urk. im Landeshospital Haina. — Wenck III. Ufbch. S. 178. — 45) Schon 1325 findet sich Werner als Pfarrer zu Elsungen. Siehe auch Kopp heff. G. V. S. 151. — 46) Dieses geschah erst 1545, wo die Stadt Wolfhagen die Zinsen durch Zahlung des Kapitals an die gudenburgischen Erben ablöste. — 47) Kopps heff. G. V. S. 68 — 100. — 48) Ueber die Plünderung Lüdersheim's ("luttersen") sagt Heinrich v. Gudenburg: „vnd heuet dar genome „perde vnd foge, den frouwen vß gethogen er cleider vnd er bubel „vnd gelt gesuchet vnd genomen an vnthemellichen (unziemlichen) „stedden, potte, kettel, pauen, fanen vnd alleß daz en wegh „gedregen vnd gefort rc." — 49) Gewöhnlich wird Eberhards Todesjahr auf 1535 gesetzt. Daß er aber schon 1534 todt war, ersieht man aus der nachstehenden Bekanntmachung des Grafen v. Waldeck, welcher der letzte Lehnbrief von 1529 vorangesetzt ist: „Dweill alzu obgmelter Ebert (sc. v. Gudenburg) sonder manlehns leibs erben In Gott verscheiden vnd vns verleddigt, Hierumb heischen vnd fordern wyr alle die Jeingen ßo sollicher guther Inhaben bey verlust derselbigen daß sie vff den montag nach presentationis Marie zu Wildungen vffm Rathauß mit Ihrer Ankunft Siegeln vnd brieuen erscheinen dieselben guther von vns zu lehen entphahen, gepurliche lehenphlicht gelubde vnd Eyde vnd alle das Jenige ein getrewer Lehenmann seyen lehenherren zu thun schuldig vnd phlichtig ist thun vnd erzeigen, das wollen wir euch alßo in bestendiger form verkundigt haben. Geben vnder vnßern hierunder vffgedruckten Ingesigill Freitags nach Martini Anno ꝛc. XXXIIII." — 50) „Wyr Gunther von Berlipßen vnd Bode von Bodenhausen geuettern bekennen In diesem offin brieue das Wyr mitsampt dem Erntuesthen Sittichen von Berlipßen Erbkemerer ꝛc. auch In beywesen Neynecken de Wendes vnd Fridrichs Westualen seligen vnßer bruders vnd vettern dem Ersamen Johan Gudenberger burger zu Wolffhagen vnßerm verwanthen diener etzliche brieue Ime zustendig, welche wyr hinder vnßerm Vettern Eberthen von Gudenberg seligen nach seynem absterben funden haltende vnther andern vber etzliche guther zu Eringen wissiglich haben zugestalt vnd behendigt der gestalt Nachdem sein Johans Vatter dieselben guther nach inhalt sollicher brieue zu Lehen getragen vnd er Johan In seynen kindlichen tagen daruon gedrungen, Dweill den der Wolgeborn Herrn Philips der junger Graue zu Waldeck sollich gudt als verleddigt lehen durch s. g. ausschreiben jngefordert, So möchte sich gmelter Johan mit sollichen brieuen bey s. g. verfügen, ob er (als bey s. g. von wegen etzlicher Dienste bekant, auch durch guther Freunde vorbitt) sollich lehen zu seynen handen bringen müchte, Dann ßo wyr sampt oder besonders als Erben zu obgemelts Eberts seligen nachlaß kommen vnd demnach das pfantgelt damit Ebert dasselb gut beschwert hatt vns vßzulegen gepuren wölt, ßo wollen wyr es lieber fur Ihnen Johan, dann für eynen andern der es von wolgmeltem Herren entpfangen vnd erlangen möchte, leddig machen. In Vrkundt ꝛc. Datum am Sonnabent nach Anthonii Anno dni. XVᶜ. XXXVIII.

Gunther von Berlepßen mein eigen Handt.
Bode von Bodenhusen mein Handt."

— 51) S. die Anmerkung 22. — 52) Das Kirchlehn zu Kalden war schon im 16. Jahrh. zwischen der Landesherrschaft und den Wolfen getheilt; die v. d. Malsburg aber haben nie Theil daran gehabt. — 53) Auch diese Güter haben nicht die v. d. Malsburg, sondern die Wolfe. — 54) Der hiesige Zehnte getheilt mit den Wolfen. — 55) Auch die Güter an diesen 3 Orten kamen nicht in malsburgischen Besitz. — 56) Wie 53. — 57) Sollte dieses wohl nicht Escheberg heißen müssen? Die Vasallen erklären den Ort für unbekannt. — 58) Siehe oben Seite 240. — 59) Haben ebenwohl nicht die v. d. Malsburg, sondern die Wolfe. — 60) Siehe Anmerkung 50. — 61) S. Band II. S. 27. Anmerkung 7. Wo es jedoch in Folge eines Druckfehlers utam, statt viam heißt. — 62) Varnhagen, S. 29. — 63) Ledderhosens kl. Schr. IV. 277. Estor. Diss. de Ditione hassiaca ad Vierram 27. Wenck II. U. 172. Orig. Guelf. IV. praefat. p. 9. Wenck II. Ufbch. S. 173. — 64) Kuchenbecker v. d. hess. Erbhofämtern. Beil. f. — 65) Kopp hess. G. V. S. 244. — 66) Wenck III. S. 187. Was man unter diesem forum verstehen soll, ist mir zweifelhaft. Noch jetzt heißt die durch die beiden Burgberge südwestlich gebildete Bucht: der Märkergrund, und ein hier entquellendes und bei Oberelsungen in die Duse fallendes Wasser der Marktborn. Es ist möglich, daß hier ein wirklicher Markt bestand, denn auf eine bloße Gerichtsstätte möchte es sich weniger beziehen lassen. — 67) Würdtwein subsid. dipl. VI. 233. — 68) Arnold führte wenigstens das wolfische Wappen. S. Falke Entwurf einer Hist. Corbeiensis p. 25. u. Troß Westphalia II. 1825. S. 45. — 69) Würdtwein nova subsid. dipl. IV. 388. — 70) Kopp von den Hrn. v. Itter. S. 170. — 71) Kopp von den heimlichen Gerichten 551. 559. — 72) Ritter Wolf findet sich damit zuerst, und zwar 1482.

XIII.

Rodersen[1].

Zwischen den beiden Städten Volkmarsen und Wolfhagen, liegen südlich von dem Dorfe Ehringen, der Stätte der verwüsteten Stadt Landsberg gerade gegenüber, auf einem Vorsprunge des Abhangs der sich längst dem rechten Ufer der Erpe hinziehenden dichtbewaldeten Bergwand, die Trümmer der Roderserburg, oder wie sie wahrscheinlich schlechtweg genannt wurde, der Burg Rodersen. Die einzigen noch übrigen Reste derselben bestehen aus einem hohen Schutthaufen mit einzelnen zerstreuten Mauerresten, welcher von einem tiefen Graben umschlungen werden, von dem sich noch zwei andere Graben an dem südlichen und westlichen Abhang des Berges bis zum Thale herabziehen.

Unter dieser Burg am Ufer der Erpe lag der Hof Rodersen, von dem jetzt nur noch vereinzelte Spuren sichtbar sind.

Die Burg Rodersen wurde von einem eigenen Geschlechte bewohnt, welches von ihr den Namen v. Roder=

sen ²) führte. Der erste, welcher von demselben bekannt wird, ist Arnold, den man im J. 1240 mit seiner Hausfrau Sophie, einer Tochter des Ritters Adam v. Asche, und zwei Söhnen Arnold und Heinrich findet. Im J. 1262 verkaufte er die von seinen Vorfahren ererbten Zehnten zu **Valhusen** und **Harderadessen** im Waldeckischen an das Kloster Arolsen, wozu später Graf Otto v. Eberstein seine lehnsherrliche Einwilligung ertheilte. Bei dieser Gelegenheit wird nur noch der eine Sohn Heinrich genannt.

Um diese Zeit wurde durch Landgraf Heinrich I. von Hessen die Burg Roderſen zerſtört.

Heinrich v. R., der mit einer Lutgarde verehelicht war, findet sich später häufig in den Urkunden als Burgmann zu Wolfhagen, und verkaufte 1306 mit Einwilligung seiner Söhne Adam (Ade) und Heinrich dem Kloster Hasungen eine Rente aus einer Mühle bei Zierenberg, gleichwie er 1310 demselben seinen Zehnten zu Escheberg auf den Zeitraum von 10 Jahren überließ. Nächstdem verschrieb er einen Hof zu Elmarshausen dem Priester Konrad v. Rannenberg, wozu seine Kinder und Schwiegersöhne 1314 ihren Konsens gaben, sowie 1325 ebenwohl mit deren Einwilligung die Hälfte eines dasigen Hofes, dessen andere Hälfte das Kloster Volkhardinghausen besaß, an einen wolfhager Bürger. Die Urkunde von 1314 nennt als Heinrich's Kinder Giſo, Probst in Wilboldessen, 1325 Mönch in Hasungen und später Abt in Flechdorf, Adam, Rektor der Kirchen in Elſungen und Remsfeld (**Reinegoldes-**

welde), 1325 Dechant zu Bergheim, Sophie, Hausfrau Konrads Schultheißen v. Helmern, Adelheid, Hausfrau Hartrad's v. Reichenbach, Ermengard, Hausfrau Ulrich's v. Escheberg, und Gertrud, welche 1325 mit Herold v. Amelunxen verehelicht war. Heinrich's Sohn Heinrich war 1314 schon todt, und jener deshalb der letzte männliche Laie seines Geschlechts, das, nachdem auch er 1337 gestorben war, später mit Giso's, seines Sohnes, Tode erlosch. Am 5. Oktober 1337 gab Ritter Heinrich noch seine Güter in Oberelsungen dem Kloster Hasungen zu einem Seelgeräthe, wobei außer seinem Sohne, dem Abte Giso v. Flechdorf, auch seine Enkel der Ritter Hartrad v. Reichenbach und der Knappe Konrad v. Helmeren, welche er beide als seine Erben („heredes mei") bezeichnet, gegenwärtig waren. Am 27. Oktober 1338, wo die beiden letztern jene Stiftung bestätigten, lebte er nicht mehr [3]).

Das Wappen der v. Roderfen, war mit dem ältesten der Wolfe v. Gudenburg, wie der ebenfalls zu Wolfhagen und dessen Umgegend angesessenen v. Helfenberg übereinstimmend, und zeigte den in der Heraldick gewöhnlich s. g. Feuerhaken.

Der Hof zu Roderfen und das Burglehn zu Wolfhagen finden sich später in dem Besitze der v. Gudenburg [4]), welche den erstern nach dem Aussterben der v. Bobenhausen [5]) (die ihren Stammsitz in dem ausgegangenen Dorfe Bobenhausen zwischen Niederwildungen und Zwesten gehabt zu haben scheinen) von den Grafen von Waldeck zu Lehn erhalten hatten. Schon 1463 wird Heinrich v. Gudenburg „mit den Güthern der von Bobenhusen In dem Felde zu

Eringen gelegen" belehnt. Der Lehnbrief vom J. 1529 für Ebert v. Gudenburg sagt: "Die Güther der von Bobenhusen In dem Felde zu Eringen gelegen, Item den Zenden vff dem Hoff zu Aberoldessen vorm Landeßberg gelegen." In welcher Beziehung dieser Name mit dem von Rodersen stand, kann ich zwar nicht sagen, daß er aber nichts anderes bezeichnete, als den erwähnten Hof, zeigt eine Urkunde vom J. 1484. In diesem J. gab nämlich Philipp v. Gudenburg seinem natürlichen Bruder Heinrich v. Gudenburg und dessen Hausfrau Jutte unter andern auch diesen Hof zu Lehen: "Item mit dem Buwehoff zu Rodersßen genannt Aberoldeßen vorm Landesberge gelegen mit zween Kathenstedden Im dorffe zu Eringen vnd solliche garden vnd landt, als Hermann Scheffers itzunt vorm selben dorff Eringen hat, Sollich Hab (Hof) zu Rodersßen die Katenstedde Im dorffe vnd garthen vnd landt daruor In Zyden der von Bobenhusen geweft sein, als mir dießße vorgeschrieben guther dan alle von wederolde, wederoldes seligen (sohn), vnd den anbirn wederolden loyß gestorben vnd verlebbigt sein, Nachdem sie die vnd ander mher güther meynem vatter seligen vnd myr byßher verheimlichet, verholen vnd veruntruwet haben." Von diesem Heinrich gingen diese Güter auf dessen Sohn Johann Stadtschreiber zu Wolfhagen über, der, als 1534 Ebert v. Gudenburg gestorben war, den Grafen v. Waldeck dahin vermochte, ihm diese Lehen nunmehr unmittelbar zu reichen. Herrmann v. d. Malsburg machte zwar als gudenburgischer Lehnsfolger ihm diesen Besitz streitig, doch fiel 1548 die

Entscheidung des darüber vorhandenen Streites zu Johann's Gunsten aus, dessen Nachkommen noch bis auf heute die Zinsen von den zu dem ehemaligen Hofe gehörenden Ländereien beziehen.

Anmerkungen.

1) Im Allgemeinen verweise ich auf meine Abhandlung über den Landsberg in der Zeitschr. des Vereins für hessische Gesch. u. Landeskunde II. S. 25—30., bei deren Abfassung mir jedoch die beiden im Text erwähnten Urkunden von 1337 und 1338 noch nicht bekannt waren. — 2) Der Namen der v. Roversen findet sich unter nachstehenden Formen: 1240: Roderkessen; 1262: Rodikesen; 1267 u. 1298: Roderikessen; 1291: Roderecksen; 1297: Roderikissen; 1295, 1306, 1307, 1337 u. 1338, Roderixen; 1307: Roderschen; 1310 u. 1325: Roderiksen; 1311: Rudixen; 1314: Rodrissen, und 1409: Rodelssen. — 3) In der betreffenden Urkunde heißt es nämlich: Ego Hartradus de Rychghenbach miles, & Conradus de Helmerde famulus, filius quondam Conradi Scultheti militis — profitemur — — quod donationem quandam factam Ecclesie in Hasungen per awm (avum) nostrum bone memorie quondam dominum Heinricum de Roderixen militem etc. Konrad hatte noch einen Bruder Heinrich, der Konventual zu Hasungen war, und eine Schwester Gertrud (Trudeke), verehelicht an den Knappen Berthold v. Asseburg. Sein mit den v. Mederich gleiches Siegel, ein Fischhacken, hat die Umschrift: S. Conradi sculteti de Warberg. — 4) Daß die v. Roversen ein gudenburgischer Stamm seyen, wie ich in der Anm. 1. angeführten Abhandlung vermuthet habe, ist zwar möglich, doch scheinen mir die dort dafür angeführten Gründe jetzt nicht mehr genügend genug, und neue zu finden, ist mir noch nicht möglich gewesen. — 5) Vor

den v. Bobenhausen scheint der Hof sich in den Händen der wolfhagenschen Burgmanns=Familie Basilius befunden zu haben; ein undatirter Auszug aus einem walbeckischen Lehnsbuche sagt wenigstens: **Wigandus Basileas (sic) — quintum dimidium mansum in Roderssen cum suis appendiciis.** Dieser Wigand lebte um die Mitte des 14. Jahrhunderts.

XIV.

Schwarzenfels.

In dem östlichen Theile der kurhessischen Provinz Hanau breitet sich an beiden Seiten der Sinn das, östlich an das baierische Brückenau grenzende, Amt Schwarzenfels aus, in welchem, etwa 2 Stunden von Brückenau und $2^3/_4$ Stunden von Schlüchtern über dem linken Ufer der schmalen Sinn, das verfallene Schloß Schwarzenfels mit dem gleichnamigen Dorfe liegt. Der Burgberg, der steil von dem Ufer der Sinn emporsteigt, hat eine konische Form und verknüpft sich östlich mit dem Bergrücken, welcher die breite und die schmale Sinn von einander scheidet. Am westlichen Fuße des Berges liegt die bekannte Blaufarben-Fabrik und von dieser zieht sich ein Fahrweg empor, der zuerst zu dem Dorfe, das sich an den östlichen Gipfel lehnt, und von da zu dem Schlosse führt. Dieses breitet sich auf der geräumigen Platte des Gipfels aus, und besteht aus zwei Theilen, nämlich der eigentlichen Burg, welche in Trümmern liegt, und der Vorburg, welche sich noch jetzt in durchaus wohnlichem Zustande befindet, und zum Sitze der Renterei dient. Die letztere, nämlich die Vorburg, liegt auf der östlichen Seite und bildet ein großes Viereck mit einem sehr geräumigen Hofe, in welchen man durch ein Thorgebäude tritt, das, außer dem Thore, noch eine Pforte hat, deren Schlußstein die Inschrift: **Anno domini MCCCCLV.** zeigt. Dieses Thorgebäude schließt die Ostseite des Hofes, die Nordseite wird durch Oekonomie-Gebäude, die Südseite aber durch ein großes massives Gebäude geschlossen, welches zufolge der über einer Pforte, ferner an der Thüre des runden Treppenthurmes und an einem vierecken Vorbau angebrachten Jahrszahlen 1555, 51.., und 1558, in der Mitte des 16. Jahrhunderts erbaut worden ist.

Die eigentliche Burg, welche die Westseite jenes Hofes schließt, liegt auf der äußersten westlichen Spitze des Berges und ist beinahe durchaus bis auf die Erdgeschosse verwüstet. Die äußere mit frei stehenden Säulen und dem hanauischen und isenburgischen Wappen gezierte Pforte, welche die Jahrzahl 1621 trägt, und in den innern Burghof führt, hat zur Rechten den Hauptthurm, der ebenso ansehnlich in seiner Höhe als seinem Umfange ist, doch bereits sehr gelitten hat. Zu beiden Seiten des innern schmalen Hofes, erhoben sich ehemals die einzelnen am Abhange hinlaufenden Burggebäude, von denen die rechts beinahe ganz verschwunden sind. Von einem hier gestandenen Thurme, der wahrscheinlich die Treppe zu den Gebäuden enthielt, ist nur der untere Theil mit der Pforte noch erhalten, welche an ihrem Schlußsteine neben dem hanauischen Wappen den waldeckischen Stern und die Jahreszahl 1580 zeigt.

Von dem auf der Westseite gestandenen schiefwinklichen Gebäude sind nur noch wenige Mauerreste übrig, und nur die Südseite ist noch in den untern Stockwerken erhalten, und wird von 2 zum Theil verfallenen Treppenthürmen überragt, an welchen man die Jahreszahlen 1553 und 1557 sieht.

Das Schloß Schwarzenfels habe ich zuerst 1280 genannt gefunden. Damals hatte dasselbe Gottfried v. Steckelberg als Amtmann (Gottfridus advocatus de Schwarzenfels miles) zu verwalten und zu vertheidigen [1]). Derselbe (G. miles scultetus de Swarzenvels) erkaufte 1265 von Ulrich v. Steckelberg Güter zu Mittelsinn, Nuwenbruouwe (?), Sannerz und Luderbreyden, und starb um's Jahr 1309, wo Graf Ludwig d. j. v. Rieneck seine Töchter mit seinen Gütern zu Ramundesburne, einem ausgegangenen Orte im Gerichte Schwarzenfels belehnte [2]).

Man sieht zwar nicht wem das Schloß und Gericht damals gehörte, doch scheint es, als ob beide sich in dem Besitze der Grafen v. Rieneck befunden hätten, und erst von diesen an die Herren v. Hanau, in deren Händen dieselben seit 1340 erscheinen, gekommen seyen [3]).

Graf Ludwig v. Rieneck († 1293) hatte durch seine Gattin Adelheid, der Tochter Alberts Grafen v. Grumbach, der sich v. Rothenfels nannte, eine Hälfte der Vogtei

Schlüchtern erworben, deren andere Hälfte die Herren v. Trimberg besaßen und vererbte diese auf seinen Sohn Ludwig, der 1307 für seine, dem Stifte Würzburg geleisteten, Dienste von dem damaligen Bischofe Andreas das, durch das Aussterben der Herren v. Brandenstein heimgefallene, Schloß Brandenstein erhielt. Sie hatten also bedeutende Besitzungen in der Nähe des Gerichts Schwarzenfels und waren, wie wir schon oben gesehen, auch in diesem selbst begütert. Jene Güter kamen nun sämmtlich an Hanau. Der genannte Graf Ludwig v. Rieneck verkaufte nämlich 1316 Brandenstein und Schlüchtern an Ulrich Herrn v. Hanau, den Sohn seiner Schwester, dessen Vater schon 1296 von Mainz eine Antwartschaft auf die rieneckschen Lehen erhalten hatte.

Ich finde Hanau, wie schon bemerkt, erst im Jahre 1340 im Besitze von Schwarzenfels, wo Ulrich d. j. Herr v. Hanau Otto Küchenmeister zum Amtmann darüber bestellte, dessen Familie schon seit früher auf dem Schlosse Ansitze hatte. Diesem folgte Ritter Frowin v. Hutten, der von 1346 bis 1364 als Amtmann zu Schwarzenfels erscheint. Als solche finden sich ferner 1372 Fritz von der Thann, und 1384 Ludwig v. Hutten.

Im Jahre 1398 gab Ulrich V. Herr v. Hanau seinen beiden nachgebornen Brüdern, Reinhard und Johann, Schwarzenfels ein, von denen Reinhard 1401 dasselbe (nämlich das Amt und die Kellerei), jedoch mit Ausnahme der Gerichte Lorhaupten und Jossa und des Dorfes Oberkalbach, an Karl v. Thüngen verschrieb, an dessen Stelle

1412 Heinrich v. Merlau trat. Später wurde Ulrich v. Hutten Amtmann, und blieb dieses bis zum Jahre 1448; 1466 findet man Hans v. Ebersberg, sowie seit 1484 Johann v. Nordeck zur Rabenau zu Schwarzenfels, bis 1492 Philipp v. Eberstein seine Stelle einnahm, worin derselbe sich noch 1510 findet.

Damals (1492) erhob sich zwischen den v. Hutten und den Grafen v. Hanau eine Fehde, in welcher die letztern Schwarzenfels als einen ihrer Hauptwaffenplätze benutzten, wegen der ich mich jedoch, um Wiederholungen zu ersparen, lediglich auf den **III.** Band dieses Werkes S. 310 — 319 beziehe, wo dieselbe ausführlich erzählt worden ist.

Hiernächst erhielt Ritter Konrad Schott v. Hornberg die Amtmannschaft. Nachdem dieser im Jahre 1511 dieselbe wieder niedergelegt hatte, finden sich noch ferner 1526 Ebert v. Eberstein, und 1528 Hans v. Lauter.

Philipp **III.** v. Hanau, ein Liebhaber von Bauten, erneuerte auch einen großen Theil des Schlosses Schwarzenfels, und wies dasselbe seiner Gattin Helene, einer gebornen Pfalzgräfin, zum Wittwensitze an, die dann auch, nachdem ihr Gemahl 1561 gestorben war, und sie die ersten Jahre zu Steinau gewohnt hatte, dasselbe bezog, und hier am 5. Februar 1579 verschied.

Auch Graf Philipp Ludwig **I.** (reg. v. 1561 — 1580) nahm mehrere Bauten vor. In Folge eines 1604 zwischen dessen beiden Söhnen Philipp Ludwig **II.** und Albrecht getroffenen Vergleichs, erhielt der letztere zu seiner Abfindung unter andern auch das Schloß und Amt Schwar=

zenfels. Dieser nahm hierauf seine Wohnung zu Schwarzenfels und begründete eine eigene, die schwarzenfelsische, Nebenlinie, die sich jedoch nur auf ihn und seinen Sohn beschränkte. Dieser Sohn, Johann Ernst, am 13. Juni 1612 zu Schwarzenfels geboren, erhielt nämlich, nach dem Erlöschen des Hauptstammes, die sämmtlichen hanau-münzenbergischen Besitzungen, starb aber schon, nach einer nur 52 Tage zählenden Regierung, am 12. Januar 1642 im 29. Jahre seines Lebens, und schloß dadurch nicht allein die schwarzenfelsische Linie, sondern zugleich auch den ganzen hanau-münzenbergischen Stamm, dessen letzter männlicher Sprosse er war. Die erledigten Lande gingen an den hanau-lichtenbergischen Stamm und namentlich an dessen Haupt den regierenden Grafen Friedrich Kasimir über, der jedoch Schwarzenfels nur kurze Zeit in Händen behielt. Die hanau-münzenbergische Tochter Amalie Elisabeth, Wittwe des Landgrafen Wilhelm V. von Hessen, hatte nämlich noch ansehnliche Forderungen an die hanau-münzenbergische Verlassenschaft und erhielt dafür von jenem 1643 ausser der Kellerei Naumburg auch das Amt Schwarzenfels verpfändet, wodurch dieses Amt für immer an Hessen-Kassel kam.

Die Zerstörung des Schlosses Schwarzenfels fällt in den dreißigjährigen Krieg, und schon gegen das Ende desselben war es zur fernern Bewohnung durchaus unbrauchbar geworden. So heißt es 1649: „Vndt ist sonstet das Schloß also verwüstet vndt zerfallen, daß menniglich dafür helt, daß eß ohne große Kosten nicht möglich zu repariren vndt doch flickwerk sein würde, alßo vndt man vielieber von neuwen bauwen möchte."

Auch die umliegenden Orte hatten schrecklich gelitten; das Dorf Schwarzenfels war von 18 Familien auf 3, Oberzell von 42 auf 14 und Mottgers von 38 auf 5 Familien herabgekommen.

Zu den ansehnlichsten Burgmannsgeschlechter auf Schwarzenfels gehörten die Küchenmeister und die v. Hutten zu Steckelberg. Beide hatten hier Wohnungen und die erstern führten sogar häufig und zwar schon sehr frühe den Namen des Schlosses; z. B. 1316 **Albrecht Küchenmeister v. Schwarzenfels**[4], und 1327: **Appel Kochenmeister von Schwarzinvils**[5]. Ihr Burglehn bestand in einem Hause in der Burg, und einem Hofe davor.

Auch die v. Hutten finden sich schon seit 1346, wo Frowin v. Hutten Amtmann daselbst war. Ihren Burgsitz beschreiben die Lehnbriefe, als eine Kemnade in der Vorburg bei der Pforte, sowie einen Hof vor dem Schlosse, welcher letztere ihnen in der Fehde von 1492 von den Hanauischen verbrannt wurde. Erst Philipp Daniel v. Hutten verzichtete 1643 auf diese Besitzung. Auch die Hoelin hatten einen Burgsitz im Schlosse, der hinter der hutten'schen Kmnade lag, den jedoch Ulrich Hoelin schon 1490 dem Grafen Philipp v. Hanau verkaufte.

Schwarzenfels hatte schon frühe eine eigene Kapelle, denn schon 305 findet sich als Zeuge: **H. Capellanus in Swarcevels**, und in einem Vergleiche zwischen den v. Hutten und den

Grafen v. Hanau von 1480 wurden wegen der zu dieser Kapelle gehörenden Güter Bestimmungen getroffen.

Mit dem Schlosse Schwarzenfels war ein eigenes Gericht verbunden, zu dem zufolge eines Weisthums von 1453 nachstehende Dörfer gehörten: Sterbfritz, Weichersbach, Vollmerz (ohne 3 Güter), Sannerz, Hutten, Gundhelm, Oberkalbach, Heubach, Zell, Uttrichshausen und die Hälfte von Züntersbach, sowie die ausgegangenen Orte Ramholzborn, Lindenberg, Kressenborn, Wimmersbach, Reibolz und Neuendorf. Damals war auch das Gericht Gronau damit verbunden.

Die Malstätte des Gerichts befand sich auf der hohen First, jenem Bergrücken, der sich am rechten Ufer der Sinn hinzieht und Schwarzenfels von Steckelberg scheidet.

Anmerkungen.

1) Schultes Beitr. zur fränk. Gesch. 45. — 2) S. Bd. III. S. 195 dieses Werkes. — 3) In Lang's Baierns alte Grafschaften S. 271 werden zur Grafschaft Reineck auch Ober-, Mitta- und Untersinn gezählt, ohne daß jedoch die Quellen angegeben werden, aus denen diese Angaben geschöpft sind. — 4) Ludwig Script. Würzbg. 609. — 5) Wenck II. 307. Alles übrige ist aus ungedruckten Nachrichten entlehnt.

XV.

Ziegenberg.

An dem Rande des die Werra und Fulda scheidenden Gebirges, lag ehemals, etwa 1½ Stunde nordwestlich von der niederhessischen Stadt Witzenhausen und ½ Stunde von dem linken Werraufer entfernt, auf einem runden, jetzt mit Buchen bewaldeten und durch freundliche Anlagen verschönerten Hügel die alte Burg Ziegenberg. Aber nur noch wenige Reste sind übrig, und aus diesem Wenigen zu schließen, scheint die Burg von keiner sonderlichen Ausdehnung gewesen zu seyn, denn das Ganze beschränkt sich auf zwei nur noch einige Fuß hohe Thürme, eines runden und eines kleinern vierecten, von denen der erstere gegen Westen, der letztere aber gegen Osten liegt. Beide sind auf das Engste mit einander verbunden und wurden von einer, jetzt nur stückweise in ihren Resten noch sichtbaren, elypsenförmigen Ringmauer umschlungen.

An dem östlichen Fuße des Burgberges liegt das Vorwerk Ziegenberg, so wie westlich in einem tiefen Thalkessel, das durch seine Glashütte bekannte Dorf Ziegenhagen.

Das Schloß Ziegenberg war ehemals der Hauptort einer besondern Herrschaft, welche wir während des 12. und 13. Jahrhunderts in dem Besitze eines eigenen Dynasten-Geschlechts finden, das sich nach seinem Stammsitze, dem Schlosse Ziegenberg, welches wenigstens schon im An-Anfang des 12. Jahrhunderts vorhanden war, Edelherrn (**nobiles viri** oder **domini**) von Ziegenberg nannte. Wie groß diese Herrschaft gewesen, ob sie sich auf die Grenzen des spätern Gerichts Ziegenberg beschränkte, oder eine noch größere Ausdehnung hatte, wie man vermuthen muß, ist bei der Dürftigkeit der Nachrichten, und bei den eigenthümlichen Schicksalen der Herrschaft, welche bei dem Erlöschen der Edelherren bereits völlig zersplitert war, schwer zu entscheiden.

Der erste, welcher uns von den Ziegenbergern bekannt wird, ist Dedo, der sich, wie es scheint, schon 1093 findet. Im Jahre 1116, wo er dem Stifte Helmarshausen 1 Manse zu Göttingen verehrte, nennt er sich **Comes de Zygenberch**, ein Titel, den Dynasten öfterer und auch Dedo's Nachkommen noch einigemal führten, ohne daß man sie deshalb als eigentliche Grafen betrachten darf. Dedo lebte noch 1123, und als er starb, gab seine Gattin Helmburg, welche eine geborne v. Dassel war, in Gemeinschaft mit ihren Söhnen Hermann I. und Sigebodo I. demselben Stifte zu Seelenmessen für ihn 1 Hufe zu Ostuffeln [1]).

Im Jahre 1163 lebten zwei Brüder Sigebodo II. und Gebhard I., von denen der letztere noch 1182 und zwar an dem Hoflager Kaiser Friedrichs zu Erfurt erscheint ²). Wahrscheinlich waren dieses Söhne von Herrmann I. — Im Jahre 1184 findet sich in dem Gefolge des Landgrafen Ludwig von Thüringen Hermann II. ³), den ich für einen Sohn Sigebodo's halte. Noch in der Mitte des 13. Jahrhunderts lebte ein Gebhard v. Ziegenberg, dessen Verwandtschaftsverhältniß sich nicht bestimmen läßt, den man aber wohl als einen Nachkommen jenes schon oben genannten Gebhard's betrachten dürfte. Im Jahre 1247 verzichtete derselbe auf seine Rechte an Gütern zu Mittelzwergen (Middelisten Dwergen) zum Besten des Klosters Hardehausen, und übergab dem Kloster Hilwardshausen Güter zu Rickersen (die Wüstung Rixen unfern Grebenstein), welche sein Vasall Dietrich v. Hümme demselben verkauft hatte ⁴). Im Jahre 1251 bezeichneten ihn die v. Gudenburg und die Wolfe v. Gudenburg als ihren nahen Verwandten.

Im Jahre 1219 findet man als Zeugen: **Hermannus niger advocatus & Hermannus albus & Ghiso fr. ipsius domini in Cighenberg** ⁵). Es ist zwar zweifelhaft, ob die Abreviatur für **frater** oder **fratres** gelesen werden muß, ich möchte mich jedoch für das letztere entscheiden, und glaube dann — natürlich unter Voraussetzung der Richtigkeit der angegeben Lesart — diese drei Brüder, ohne zu viel zu wagen, für Söhne des im Jahre 1184 sich findenden Hermann's betrachten zu können. Alle 3 bildeten besondere Stämme:

1) Hermann der Schwarze läßt sich von Her-

mann dem Weißen nur durch seinen Titel **Vogt** (advocatus) unterscheiden, ein Titel den nur er und sein Sohn führten, wogegen alle übrigen Glieder des ziegenbergischen Geschlechts sich einfach stets als **edele Herren** (nobilis viri, domini) bezeichnen [6]); worauf sich aber dieser Titel gründete, habe ich nicht zu ermitteln vermocht. Man findet Hermann nachher häufig und zwar meistens in dem Gefolge des Herzogs Otto v. Braunschweig [7]). Er hatte Hildegunde, eine Tochter des Grafen Burghard des Weißen von Lutterberg, zur Gattin, und durch diese einen Antheil an den Gütern seines Schwagers erhalten. Schon 1235 gab er in Gemeinschaft mit demselben und dessen übrigen Verwandten mainzische Lehnzehnten zu **Snetingehusen** und **Heningehusen** dem Kloster Amelunxenborn [8]); als er 1241 demselben auch seinen Zehnten zu **Osdagessen** überließ, ersetzte er das Lehn desselben dem Erzstifte Mainz durch 4 Hufen zu Schneen und **Halmdageshusen** [9]). Den Zehnten zu **Bunekenhusen**, den er ebenfalls von Mainz zu Lehn hatte, gab er, auf seines Vasallen von Ballenhausen Bitte, 1241 dem Kloster Lippoldsberg [10]). Zu jenen an ihn gekommenen lutterbergischen Gütern gehörte auch die Hälfte der Vogtei des Klosters Bursfeld, und des über diesem liegenden Bramwaldes, welche beide von Mainz zu Lehn gingen. Diese Güter verkaufte er 1245 dem Erzbischofe Sifried III. von Mainz für die Summe von 200 Mk. S., für deren Zahlung sich eines Theils die Bürger von Fritzlar verbürgten, andern Theils ihm das mainzische **Orvalle** als Pfand eingesetzt wurde. Außerdem erhielt Hermann ein Burgmannslehn zu Gieselwerder (in Insula) und zu diesem Zwecke 50 Mark auf das Dorf Rosbach bei Witzenhausen angewiesen. Hermann mochte jene Hälfte jedoch nur als Pfand für die Mitgift seiner Gattin erhalten haben, so daß den Grafen v. Lutterberg, welche die andere Hälfte besaßen, ein Einlösungsrecht daran blieb, weshalb sich Hermann verbindlich machte, binnen Jahresfrist diese hinsichtlich ihrer Ansprüche zu befriedigen, was denn auch später, jedoch durch den Erzbischof geschehen zu seyn scheint, indem derselbe nicht lange nachher auch die andere Hälfte von Hermanns Schwager, dem Grafen Otto, und zwar für 350 Mk. erkaufte [11]).

Nachdem Hermann noch 1260 seine Hälfte des Patronatrechts über die Kirche zu Elkershausen dem Kloster Mariengarten geschenkt [12]), starb er im Jahre 1262 [13]). Noch auf seinem Todbette vermachte er demselben Kloster auch die Kirche St. Johannes des Täufers zu Dransfeld, ein Vermächtniß, das seine Wittwe sofort nach seinem Hinscheiden vollzog, und seine Erben bestätigten [14]). Er hatte mehrere Kinder. Als seine Wittwe 1263 mit ihrer Tochter Jutta im Kloster Pölde den Schleier nahm, stiftete sie in demselben zugleich durch Uebergabe von 3 Hufen Land zu Ludolphshausen Seelenmessen sowohl für ihren Gatten als ihren Sohn Johann [15]). So war denn nur noch ein Sohn, Hermann, übrig, der schon 1245 an dem Verkaufe der lutterbergischen Güter Antheil nahm und 1262 drei Viertheile des Dorfes Wetenborn mit der Vogtei dem Kloster Mariengarten verkaufte [16]). Aber auch dieser starb

1266, obgleich verehelicht [17]), doch ohne Kinder, und seine Mutter gab für dessen Seelenheil ferner 4 Hufen zu Lippoldshausen dem Kloster Pölde [18]). Außer diesen hatte aber Hermann d. ä. noch zwei Töchter hinterlassen, die seine Erben wurden. Die eine Gisla war an Gottschalk III. von Plesse verehlicht, die andere an Burhard Herrn v. Ziegenberg. Die letzte starb schon 1262, und ihr Bruder Hermann stiftete in Gemeinschaft mit ihrem Gatten durch die Schenkung des noch übrigen Viertheils des Dorfs Wetenborn an das Kloster Mariengarten ein Seelgeräthe für sie [19]).

2) Ich nehme hier Giso zuerst, weil dessen Nachkommen früher, als die seines Bruders Hermann des Weißen erloschen. Giso findet sich ebenfalls in vielen Urkunden dieser Gegend als Zeuge [20]), und wurde Mitbegründer des Klosters Mariengarten [21]). Als nämlich der Probst Bernhard v. Büren 1241 zum Zwecke dieser Stiftung 4 Hufen zu Welderichshausen, dem jetzigen Mariengarten, ankaufte, befreite Giso dieselben von dem Lehnsverbande, welches er in späterer Zeit mit seinen Söhnen Hermann und Giso, sowie seines Bruders Sohne Burghard wiederholt bestätigte [22]).

Nachdem Giso gestorben war, verkauften seine beiden Söhne 1268 ihr Allodium zu Marzhausen mit einer dasigen Mühle dem Kloster Mariengarten [23]), sowie 1275 demselben Kloster und zwar gemeinschaftlich mit ihrem Vetter Burghard ihre Rechte an den Dörfern Hubenrode (Hugenrode) und Hungershausen [24]). In demselben Jahre kamen die Genannten mit Gottschalk Herrn v. Plesse und dessen Söhnen auf der Burg Ziegenberg zusammen, und errichteten am 28. September einen Vertrag, worin sie überein kamen, daß nur mit aller Willen über diese Burg verfügt werden sollte [25]). Hierauf starb Hermann um's Jahr 1278. Sein Bruder Giso war zuerst mit einer Schwester des Ritters Johann v. Helfenberg verehelicht gewesen, und schritt nach deren Tode mit Bertha, der Tochter Widekinds Herrn v. Naumburg und Wittwe Bertholds Grafen v. Felsberg zu einer zweiten Ehe [26]). Wie es scheint auf die erstere Verbindung begründet, machte Giso Ansprüche auf einen Zehnten zu Landsberg, zwischen Volkmarsen und Wolfhagen, den das Stift Fritzlar ehemals durch die Grafen v. Waldeck erhalten hatte. Erst nachdem die letztern die Rechtmäßigkeit des fritzlarischen Besitzes beurkundet hatten, entsagte endlich 1287 Giso mit seiner Gattin und seinen Söhnen den erhobenen Ansprüchen [27]).

Giso besaß nur ein Drittheil am Schlosse Ziegenberg, welches er von der Abtei Fulda zu Lehn trug. Diesen Theil verkaufte er 1302, in Uebereinstimmung mit seinen Söhnen, dem jungen Landgrafen Otto, dem Sohne des Landgrafen Heinrich I. Ob ihn äußere ungünstige Zustände dazu genöthigt, oder ob Otto — dem in der väterlichen Scheidung Oberhessen bestimmt worden, der aber, unzufrieden mit dieser Theilung, als Aeltester größere Ansprüche machte, und weder mit dem Vater noch seinem Bruder in friedlichen Verhältnissen, ja eben damals wieder mit beiden in Feindschaft lebte, und dem deshalb ein fester Sitz an der niederhessischen Grenze von augenscheinlicher Wichtigkeit seyn mußte, — ihn zu dem Verkaufe durch vortheilhafte Anerbietungen verleitet habe, wissen wir nicht, und es ist möglich, daß beides sich vereinigte. Denn Giso's Lage war wenigstens damals von der Art, daß er, sowohl wegen der allgemeinen Unsicherheit, als auch in Betracht seiner eigenen Feinde (**propter tam generalem malum statum terrae, quam propter quosdam speciales graves inimicos nostros**), es nicht wagte, die Resignation seines Lehns und die Uebertragung desselben an den Landgrafen persönlich, wie dieses Sitte war, bei den Lehnsherrn vorzunehmen [28]).

Jener Verkauf geschah am 2. Juni 1302; am 19. März 1303 lebte sowohl Giso, als sein Sohn Hermann nicht mehr, und auch der zweite Sohn Johann, der an dem letztgenanten Tage den Verkauf der Güter zu Hungershausen an das Kloster Mariengarten bestätigte [29]), verschwindet seitdem. Beide Söhne Giso's waren schon 1288 mündig, wo sie den Verkauf der Güter zu Marzhausen genehmigten [30]).

3) Hermann der Weiße, der sich mit dieser Bezeichnung auch 1226 findet, lebte bis gegen die Mitte des 13. Jahrhunderts [31]) und hinterließ einen Sohn Namens Burghard, der schon 1241 genannt wird [32]), und 1260 die fuldischen Lehen seines Vaters erneuerte, wozu, wie eine andere Urkunde zeigt, auch die Wüstung Ottersbach, am Weißner, gehörte [33]). Burghard hatte eine Tochter seines Oheims Hermann des Vogts zur Hausfrau, welche er jedoch schon 1262 verlor. Als vier Jahre später (1266) auch sein Schwager Hermann starb, wurde er mit Gott-

schalk III. Herrn v. Plesse, der ebenfalls eine Schwester desselben hatte, der Erbe von dessen Hinterlassenschaft. In Folge dieser gemeinsamen Erbschaft findet man beide meist neben einander. So verkauften sie 1268 3 Hufen zu Osterschneen und ein Allodium in Steinhof dem Kloster Nörthen [34]); bestätigten 1269 dem Kloster Mariengarten den Besitz des Dorfes Wetenborn, der Kirche zu Dransfeld und zweier Hufen zu Welderichshausen [35]); befreiten 1285 Güter zu Großenschneen und Heldageshusen, welche dem Kloster Mariengarten verkauft worden waren, von der Lehnsverbindlichkeit [36]); und gaben 1290 und 1295 demselben ein Gut zu Großenschneen, das **praedium Hermanni Advocati de Zegenberg** genannt [37]). Burghard besaß auch vom Stifte Kaufungen Güter zu Wickenrode und Hohenkirchen, wovon er die erstern 1293 veräußerte [38]).

Während dieser Zeit hatte sich jedoch Gottschalk Herr v. Plesse in harter Bedrängniß befunden, die auch auf das Schloß Ziegenberg nicht ohne Einfluß geblieben war. Erzbischof Gerhard von Mainz (1252 — 1259) hatte ihm nämlich die Bewachung des Schlosses Stein, unfern Nörthen, anvertraut, er aber dasselbe sich nach Gerhards Tode durch den Herzog Albrecht v. Braunschweig entreißen lassen. Zwar versuchte Gerhards Nachfolger, der Erzbischof Werner, den Herzog zur Zurückgabe des Schlosses zu bewegen, da aber auch sogar die geistlichen Mittel auf den Herzog ohne Wirkung blieben, wendete sich der Erzbischof endlich gegen den schwächern Theil, gegen Gottschalk, weil dieser das Schloß nicht besser vertheidigt habe, und brach dessen anfänglichen

Widerstand durch Bann und Interdikt, so, daß Gottschalk sich mit seinen drei Söhnen im Jahre 1282 zu den nachstehenden Verbindlichkeiten bequemen mußte: Sie verbürgen sich alles Mögliche zur Wiedereroberung des Schlosses Stein beizutragen, versprechen der mainzischen Kirche gegen alle ihre Feinde unentgeltlich beizustehen, und im Falle der Erzbischof angreifen würde, die Rückerstattung der Kosten nur von dessen Großmuth zu erwarten; die Hälfte ihres Antheils am Schlosse **Ziegenberg**, nebst 100 allodialen Hufen zu **Erthegenhusen, Wustefeld, Herdere** und **Lottere** dem Erzstifte lehnbar zu machen, und endlich 10 Mark zu einem Burglehen anzuweisen [39]).

Burghard, den 1284 Helmold Herr v. Plesse seinen »patruus« nennt [40]), eine Bezeichnung deren Bedeutung ich bei dem ohnehin unbestimmten Sinne der mittelalterlichen Verwandtschaftsnamen um so weniger erklären kann, als Helmold zu dem andern plessischen Stamme gehörte, starb gegen das Ende des 13. Jahrhunderts und hinterließ 3 Kinder **Heinrich, Burghard**, welcher Domherr zu Halberstadt war, und **Benedikte**.

Heinrich, der in den Urkunden seines Vaters schon seit 1269 sich findet, machte 1299, in Folge der durch Konrad Herrn v. Schöneberg an das Kloster Hilwardshausen geschehenen Uebertragung des mainzischen Lehnzehntens zu **Wereldehusen**, einige allodiale Hufen zu **Reden** zu mainzischem Lehen [41]); belehnte im Jahre 1305 die v. Hundelshausen mit einem halben Zehnten zu Harmuthsachsen und Hundelshausen [42]) und traf mit seinem Verwandten

Gottschalk Hr. v. Plesse die Uebereinkunft, die Kirche zu Hermannrode nur gemeinschaftlich zu verleihen ⁴³).

Um dieselbe Zeit scheinen beide auch ihre zwei Drittheile an der Burg Ziegenberg den Landgrafen von Hessen verkauft zu haben. Es geschah dieses entweder an den Landgrafen Heinrich I., und zwar in den letzten Lebensjahren desselben, oder an dessen Sohn Johann, also jedenfalls vor dem Jahre 1311; denn dieser Theil wird später unter den mainzischen Lehen des letztern aufgeführt. Daß der Ankauf erst geschehen, nachdem Landgraf Otto den Antheil Giso's v. Ziegenberg im Jahre 1302 erworben hatte, muß man aus den damaligen Verhältnissen der landgräflichen Familie schließen. Otto lag nämlich gerade in diesem Jahre wieder mit seinem Vater und Bruder im Streite und wie diese sicher, wären sie schon damals in dem Besitze von Ziegenberg gewesen, den Ankauf durch Otto vereitelt hätten, so würde unter den obwaltenden Verhältnissen der Mitbesitz dieses von seinem Landestheile so fern gelegenen Schlosses für Otto ohne Werth gewesen seyn; und ich glaube sogar annehmen zu dürfen, daß erst der ottoische Ankauf den alten Landgrafen oder dessen Sohn bewogen habe, sich um die Erwerbung des andern Theils des Schlosses zu bemühen, um dadurch die Bedeutung des ottoischen Besitzes zu neutralisiren.

Heinrich hatte keine Kinder und als er starb, übergaben seine beiden Geschwister durch eine im Kloster Stein am 31. Oktober 1316 ausgestellte Urkunde seine hinterlassenen Güter den Söhnen ihres Ohms Gottschalk Herrn v.

Plesse[44]). Dennoch ging ein Theil dieser Güter an jene Benedikte über, welche sich kurz nach jener Cession an Luppold v. Hanstein verehelicht hatte; denn schon 1317 genehmigte Luppold eine Verfügung der Brüder Heinrich und Konrad v. June über Lehngüter, welche diese vordem von Heinrich v. Ziegenberg gehabt, jetzt aber von ihm hätten [45]).

So weit die spärlichen Nachrichten ein Urtheil gestatten, waren die ziegenbergischen Besitzungen schon vor dem Verkaufe der Burg und deren Zubehörungen an die Landgrafen sehr geschmolzen, und das was nach Heinrichs Tode auf die v. Plesse und v. Hanstein kam, mag sich insbesondere auf die Reste ihrer Aktivlehen beschränkt haben. Es läßt sich nicht einmal der Umfang der Cent bezeichnen, welche ehemals zur Burg gehörte, denn die Orte, welche man später zum Gerichte Ziegenberg zählte, sind zum Theil erst von den Landgrafen mit demselben vereinigt worden. So kann man z. B. die Dörfer Ermschwerd, Stiedenrode und Blickershausen mit Sicherheit als ehemals ziegenbergisch betrachten; dennoch gehörten dieselben, das letzte jedoch nur zur Hälfte, im Anfange des 14. Jahrhunderts den v. Rüsteberg, welche sie 1329 von Neuem von der Abtei Fulda zu Lehn empfingen. Später kamen dieselben auf unbekannte Weise an den schon oben genannten Luppold v. Hanstein und dessen Bruder Heinrich, deren Söhne sie 1350 an die v. Berlepsch verkauften, von welchen sie erst später an die Landgrafen gelangten.

Obgleich der Stamm der Herren v. Ziegenberg erloschen war, findet sich doch noch lange nachher ein

Geschlecht unter gleichem Namen und gleichem Wappen, dessen Entstehung ich mir, bei seiner völligen Theilnahmlosigkeit an den Interessen der Familie der Dynasten, nur durch die Annahme eines oder mehrerer unächten Sprößlinge der Herren erklären kann.

Schon 1250 findet man zwei Brüder Bertram und Florentin v. Ziegenberg; Hermann Vogt v. Ziegenberg erklärt nämlich, daß diese zum Besten des Klosters Amelunxenborn auf Güter zu Sidemanshausen verzichtet hätten [46]).

Später lebte Widekind v. Ziegenberg. Man findet ihn zuerst 1273 zu Hofgeismar, und zwar mitten unter Niederadlichen, als Zeuge [47]); 1277 begab er sich gegen das Kloster Hardehausen seiner lehnsherrlichen Rechte auf eine Hufe zu Mittelzwergen (**Middelsten Duergen**). Er war ein naher Verwandter (consangineus) Konrads Herrn v. Schöneberg, der sogar sein Erbe geworden zu seyn scheint; denn Konrad kam über seine Hinterlassenschaft mit der Stadt Hofgeismar in Streit und Fehde, welche 1281 gesühnt wurden.

Im Jahre 1329 versetzten die v. Hanstein an Henning v. Ziegenberg, Knecht, und dessen Hausfrau Jutta, den halben Theil ihrer Zehnten zu Allmerode und Stiedenrode.

Im Jahre 1355 erklärte Hans v. Ziegenberg, wohnhaft zu Witzenhausen, und seine Hausfrau Else, daß der Landgraf das Leibgedinge, welches Else auf den vierten Theil des Dorfes Rosbach hätte, gelöst habe.

Heinrich v. Ziegenberg hatte in dem Kriege von 1385 ꝛc. für den Landgrafen Hermann gefochten, und erhielt 1387 seine Besoldung.

Im Jahre 1405 versetzte Burghard v. Ziegenberg seinem Oheime, Hans v. Atzenhausen, Güter zu Allmerode, Ellerode und im Brückenthale. —

Das Wappen der Herren v. Ziegenberge bestand in einem Flügel. Dasselbe Wappen führten auch die zuletzt genannten v. Ziegenberg, von denen das Siegel des unter 1405 bemerkten Burghard auch den Helm zeigt, der mit einer Krone und zwei Büffelhörnern geziert ist.

Der Erwerb des Schlosses Ziegenberg durch die Landgrafen ist bereits oben erzählt worden. Als Landgraf Johann 1311 ohne Söhne starb, ging mit seinem Landestheile (Niederhessen) auch sein Antheil an dem Schlosse Ziegenberg auf seinen Stiefbruder, Otto, über, unter dem das Hessenland wieder ganz vereinigt wurde.

Gleich so vielen andern Schlössern, wurde auch der Ziegenberg von den Landgrafen nicht im unmittelbaren Besitze behalten, sondern verpfändet. Die ersten bekannten Pfandinhaber finden sich 1324 und waren Konrads v. Berlepsch Söhne Dietrich, Konrad und Hermann. Nachdem von diesen Konrad gestorben war, verpfändete Landgraf Heinrich II. im Jahre 1328, kurz nach seinem Regierungsantritte, dasselbe von Neuem an jene Brüder Dietrich und Hermann und deren Neffen Hermann, sowie Johann v. Sain und Ernst v. Grohnde für 780 Mark Silber.

Im Jahre 1331 verschrieben die v. Berlepsch mit Einwilligung des Landgrafen einen Antheil des Schlosses an den Ritter Johann v. Schlutwingsdorf und dessen Sohn Johann für 100 Mk. Silber, eine Summe, welche im folgenden Jahre auf 140 Mk. mit der Bestimmung erhöht wurde, daß wenn der jüngere Hermann v. Berlepsch des Ritters Johann v. Schlutwingsdorf Tochter zur Ehe nehmen würde, er dann von jener Summe 90 Mark als Brautschatz erhalten sollte.

Im Jahre 1334 wurden die v. Berlepsch den Herzogen Otto und Magnus v. Braunschweig feind und befehdeten dieselben von Ziegenberg aus. Da die Herzöge jedoch mit dem Landgrafen in einem Frieden standen, in welchem der Landgraf auch den Ziegenberg mit eingeschlossen hatte, so kamen sie mit demselben in Unterhandlungen, und die Friedensrichter erkannten dem Landgrafen die Verpflichtung zu, den Herzögen gegen die v. Berlepsch beizustehen, sofern diese die Friedbrüche nicht kehrten. Am 27. Oktober 1334 vereinigten sich deshalb die Herzöge und die Landgrafen Heinrich II. und Ludwig zur gemeinsamen Bekämpfung der v. Berlepsch und bestimmten dabei, daß für den Fall sie vor den Ziegenberg ziehen und das Schloß erobern würden, dasselbe zwar den Landgrafen bleiben, diese aber den Herzögen 100 Mk. S. für die Kriegskosten zahlen sollten. Dagegen sollten die Gefangenen getheilt werden, und keiner sich ohne des andern Wissen in eine Sühne einlassen.

Erst nach langer Fehde wurde endlich wenigstens Dietrich (Thilo) zur Unterwerfung gezwungen. Am 21. Mai

1335 gelobte derselbe, sich dem landgräflichen Dienste nimmer zu entfremden, und binnen bestimmter Frist sein, vom Erzstifte Mainz genommenes, Burglehn aufzusagen, sowie auch seinen Bruder Hermann zu denselben Gelübden zu bewegen, und wenn dieser sich nicht hierzu verstehen wollte, dann dessen Antheil am Ziegenberg in Besitz zu nehmen.

Wie es scheint, fügte sich später auch Hermann, denn er sowohl, wie sein Bruder finden sich noch ferner im Besitze ihres Antheils am Ziegenberge und behielten gleichwie auch ihre Söhne hier ihre Wohnung. Als 1348 der Landgraf Hermann's Söhnen die Dörfer Laubach und Hohenloh für etwa 157 Mk. verschrieb, erklärten jene daß ihnen der Landgraf diese Summe von dem Schlosse Ziegenberg schuldig sey, und sie auch auf alle Ansprüche, welche sie wegen ihres Ohms Thilo in Bezug auf dasselbe gemacht, verzichtet hätten. Doch waren sie hiermit noch nicht ganz abgefunden, und bezeichnen sich noch 1370 als auf dem Ziegenberge wohnhaft.

Im Jahre 1351 ersuchten Thilo's Söhne den Landgrafen „den Hobeschen Luten" Hans und Albrecht Gebrüdern v. Gladebeck 60 Mk. S. von der Summe zu verschreiben, welche sie (die v. B.) an dem Schlosse Ziegenberg hätten. Auch erhielten sie 1371 2 Hufen Land im Burghaine unter dem Schlosse Ziegenberg verpfändet. Erst im Jahre 1408 ging ihr Besitz auf Ziegenberg verloren; nachdem nämlich der Stamm auf Berlepsch im Jahre 1399 erloschen war, hatte sich Thilo in den Besitz von dessen Lehen, und namentlich auch in den des Schloſſes Berlepſch geſetzt, ungeachtet dieſe in Folge der zwiſchen beiden Stämmen getroffenen Lottheilung dem Lehnsherren heimgefallen waren; ſo daß der Landgraf Hermann, als alle Vorſtellungen bei Thilo vergeblich blieben, endlich 1408 mit Heeresmacht auszog, und nicht nur Berlepſch eroberte, ſondern auch die berlepſch'ſchen Burgſitze auf Ziegenberg an ſich nahm.

Im Jahre 1353 erhielten Lotz v. Leimbach und ſein Sohn Otto einen Theil des Ziegenbergs für 200 Mk. S. verſchrieben, wovon ſie 50 Mk. S. verbauen ſollten.

Im Jahre 1357 wurden Heinrich v. Hanſtein und ſeine Söhne Burgmannen auf Ziegenberg, gleichwie 1370 Ditzel v. Buttlar.

Später 1379, wurden Hermann v. Gladebeck und Heinrich v. Rüſteberg zu Amtleuten über Eſchwege, Allendorf, Witzenhauſen und Ziegenberg beſtellt.

Nachdem Landgraf Hermann 1381 ein Fünftheil des Schloſſes an Heinrich v. Kreuzburg verſchrieben, verpfändete er eine Hälfte deſſelben und zwar noch in demſelben Jahre für 250 Mk. an Udo v. Grohnde, die nach deſſen kurz nachher erfolgtem Tode (1382) an deſſen Wittwe Adelheid (Schweſter Stebe Dickebier's) und deren Tochter Hille, und der letztern Gatte, Arnold v. Rüſteberg, überging, die bis 1385 in dieſem Beſitze blieben. In dieſem Jahre wurde am 25. November, das ganze Schloß mit ſeinen Zubehörungen an Hans und Hermann, Gebrüder v. Kolmatſch, und Hildebrand und Dietrich v. Uslar, Vater und Sohn, für 700 Mk. eingegeben, und, in Berücksichtigung des Krieges, der von Neuem mit Braunschweig auszubrechen drohte, dabei festgesetzt, daß die genannten Ritter dem Herzoge Otto gegen den Landgrafen helfen möchten, ohne daß dadurch ihre Gelübde verletzt seyn sollten; nur sollten sie vom Ziegenberge dem Landgrafen keinen Schaden zufügen, vielmehr dieses Schloß getreulich bewahren; wenn aber der Landgraf zur Führung des Krieges seine Amtleute und Diener auf dasselbe lege, sollte er auch ihr Gesinde beköstigen ꝛc.

Später verpfändete Landgraf Hermann den Ziegenberg an Hans v. Roringen d. ä. und dessen Eidam, Hans Recke, und sein Nachfolger, Landgraf Ludwig, als jene ihm das Pfandgeld kündigten, und er das Schloß, weil er ohne Geld war, nicht in fremde Hände kommen lassen wollte, dasselbe im Jahre 1414 an seinen Schwager, den Herzog Heinrich v. Braunschweig und dessen Gemahlin Margrethe, seine Schwester, für die Summe von 1298 fl. Nachdem diese 1417 wieder abgelöst waren, wurde 1420 Burghard v. Bovenden auf den Zeitraum von 3 Jahren zum Amtmanne zu Ziegenberg bestellt. Darauf wurde das Schloß 1436 an Hans Recke und Ernst v. Uslar für 1000 Goldfl.; 1444 für 1300 fl. an Hermann v. Bischofshausen und dessen Söhne Ernst und Hermann, und 1451 an Georg v. Buttlar verpfändet, von dem es 1464 Hans v. Stockhausen an sich löste, der, wie es scheint, Heinrich v. Bodenhausen in die Gemeinschaft der Pfandschaft mit aufnahm, dieselbe aber schon 1466 dem Landgrafen kündigte, in Folge dessen das Schloß zuerst an Ritter Werner v. Hanstein und 1472 an Hans v. Bischofshausen überging.

Im Jahre 1466 hatte Landgraf Ludwig II. den Ziegenberg an die Grafen v. Mansfeld zu rechtem Mannlehen eingegeben, doch schon 1482 fand Landgraf Heinrich III. dieselben mit 2700 fl. wieder von ihren deshalbigen Rechten ab.

Nachdem Hans v. Bischofshausen gestorben und das Schloß von dessen Wittwe wieder losgekauft worden war, wurde dasselbe endlich 1486 für 1900 fl. an Georg v. Buttlar und seine Söhne, Georg und Oswald, auf den Zeitraum von 20 Jahren mit der Bestimmung verpfändet, daß sie 200 fl. an demselben verbauen sollten. Doch noch ehe diese Zeit abgelaufen war, traf Georg mit dem Landgrafen eine Uebereinkunft und erhielt gegen Verzichtleistung auf seinen Pfandschilling das Schloß Ziegenberg mit dem dazu gehörigen Gerichte im Jahre 1494 zu Mannlehen. Seitdem blieb dasselbe bei seiner Familie.

Nachdem Ditmar v. Adelepsen, Landdrost zu Mohrungen und Rath des Herzogs Erich v. Braunschweig, im Anfange November 1498 des Landgrafen Feind geworden war, hatte auch das Gericht Ziegenberg von der sich entspinnenden Fehde zu leiden. Kaum war nämlich der Landgraf von einem Zuge vor Adelepsen zurückgekehrt (14. Dezember) als Ditmar, ihm gleichsam auf dem Fuße folgend, schon am 18. Dezember das Dorf Simmershausen, bei Kassel, überfiel, und nachdem er es geplündert und angezündet, über Bonaförde ins Gericht Ziegenberg sich wendete, wo er zwar dem Schlosse selbst keinen Schaden zufügen konnte, dagegen aber sowohl das Dorf Blickershausen, als das Vorwerk Ziegenberg plünderte und in Brand steckte.

Damals wohnte Oswald von Buttlar, der Sohn des ersten Lehnerwerbers auf dem Ziegenberge. Während derselbe ohne Söhne starb, hinterließ sein Bruder Georg deren zwei, Erasmus (n. 1495 † 1541) und Georg, von denen der erstere durch seine Hausfrau einen Antheil an Elberberg erhielt und so den Grund zu dem späteren Erwerb des Ganzen legte. Erasmus soll der letzte Bewohner des Schlosses gewesen seyn. Er hatte nämlich an der Stadt Erfurt 600 fl. zu fordern, für die er jährlich 6 pCt. Zinsen verlangte, wo hingegen der Stadtrath nur 4 zu geben bereit war. Erasmus begann deshalb die Stadt zu befehden, und schadete derselben durch seine schauderhaften Verwüstungen an 6000 fl. Am 31. Oktober 1517 nahm er der Stadt vor Vargula 500 Schafe, und mißhandelte auf eine grausame Weise Alle, auf die er stieß. Am 14. September 1519 erschien er mit 50 Reitern Abends vor dem Dorfe Kühnhausen und zündete durch Feuerschießen 4 Höfe an; als aber die umliegenden Dörfer zur Hülfe herbeieilten, wendete er sich unter dem Schutze der Nacht gegen das beinahe ganz verlassene Dorf Tiefthal und brannte hier, nachdem er es geplündert hatte, 11 Häuser nieder. Auf die Nachricht von diesen Vorfällen, griffen zwar 1000 Bürger von Erfurt schnell zu den Waffen und verfolgten ihn, konnten ihn aber nicht mehr erreichen. Am 16. Januar 1520 versuchte er das Dorf Dachwig in Brand zu schießen, ein gut unterhaltenes Musketenfeuer der Bauern trieb ihn jedoch in die Flucht, so daß nur ein Haus eingeäschert wurde. Kurz vor Ostern d. J. brannte er im Dorfe Schellenburg 8. Häuser nieder, gleichwie am 6. Januar 1521 zu Vargula 6 Höfe, wobei er zugleich das Dorf plünderte und mehrere Personen ermordete. Ja er drang sogar bis in die Thore Erfurts vor, und führte einen Bürger gefangen mit fort, der sich ihm mit 50 fl. lösen mußte. [48])

Für alle diese Verwüstungen und Unthaten läßt ihn nun aber eine Sage bitter büßen. Sein erwachtes Gewissen habe ihm nicht nur im Leben den Frieden der Seele verscheucht, sondern der Fluch seiner Thaten sei ihm auch über das Leben hinaus gefolgt und habe ihm die Ruhe des Grabes nicht finden lassen. Sein irrender Geist habe die Gemächer seines Schlosses durchwandelt, und alles Lebendige verscheuchend, endlich auch seinen Sohn gezwungen, dasselbe zu verlassen. Seitdem habe dasselbe öde und leer gestanden, und sey mit immer rascherem Schritte seinem Verfalle entgegengeeilt [49]).

Erasmus hinterließ drei Söhne, Jost Oswald (n. 1534 † 1597), Oswald († vor 1571) und Heimbrod (n. 1541 † 15..). Diese theilten sich in ihre Wohnungen Ziegenberg, Ermschwerd, Stiedenrode und Laubach. Nachdem aber Oswald in oranischen Diensten kinderlos gestorben war, trafen seine beiden Brüder am 31. März 1571 eine neue Theilung, und stifteten in ihren Nachkommen zwei Linien nämlich Jost Oswald die zu Ziegenberg, Heimbrod aber die zu Ermschwerd. Des letztern Enkel Karl, der 1647 den Schreiber eines seiner Vettern erschoß, und zum Schwerte verurtheilt, mit 6000 Thalern sich das Leben erkaufte, erwarb durch seine Hausfrau, die Erbtochter Kaspars Hund, das Dorf Kirchberg, gleichwie seine Nachkommen, nachdem diese 1813 ihre ermschwerder Güter veräußert, durch Kauf im Jahr 1824 das Schloß Riede. Die ziegenberger Linie theilte sich dagegen seit dem Anfange des vorigen Jahrhunderts wieder in 3 Zweige, in den zu Ziegenberg, den zu Stiedenrode, — einen Hof, den sie 1539 ertauschten, — und den zu Friemen, — ein Dorf im Amte Spangenberg, das Erasmus II. durch seine Hausfrau Sabine von Ratzenberg ererbt hatte. Von diesen starb die ziegenberger Linie 1804, die stiedenröder aber 1810 aus, und nur die zu Friemen, welche nach dem Verkaufe des dasigen Gutes im Jahr 1815 sich wieder auf den alten Sitz zu Ziegenberg zurückzog, blüht noch gegenwärtig.

Das Gericht Ziegenberg, über welches die v. Buttlar ehemals die Gerichtsbarkeit übten, bestand im Jahr 1466 aus dem Schlosse Ziegenberg, zu dem damals ungefähr 170 Aecker Länderei und 6 Aecker Wiesen gehörten, und den Dörfern Ziegenhagen, Blickershausen und Ermschwerd, sowie den in dieser Zeit wüsten Orten Laubach, Hubenrode, Hungershausen, Obernrode, Stiedenrode und Burghain, dem jetzigen Hofe Ziegenberg, von denen nur Hungershausen und Obernrode nicht wieder angebaut worden sind. Damals zählten diese Orte 76, in der Mitte des 16. Jahrhunderts jedoch schon 118 Familien. Mehrere jener Orte sind seitdem an Hannover abgetreten worden.

Auch hatten die von Buttlar (wenigstens im siebenzehnten Jahrhundert) einen Wasserzoll zu Ermschwert.

Anmerkungen.

1) Vergleiche Schraders Dynastenstämme I. 236. Ich habe das Jahr der von Dedo an Helmarshausen gemachten Schenkung deshalb als 1116 angenommen, weil die in der bei Schrader befindlichen Schenkungs-Urkunde angeführte IX. Indiktion darauf hinweist. Daß was Letzner (Kuchenbecker annal. hass. VII. 186 ꝛc.) über die v. Ziegenberg erzählt, ermangelt zum Theil jeder Wahrheit; was aber er (das. S. 185 u. in s. Dasselschen Chr. S. 148) und andere braunschweigische Chronisten (wie Harenberg, Rehtmeier ꝛc.) von der grausamen Ermordung einer Kunigunde v. Ziegenberg durch deren Gatten Bardo v. Sichelstein und des letztern Bestrafung erzählen, findet dagegen eine wenn auch nur theilweise Bestätigung in einem Briefe des Abts Widekind v. Korvei an den Abt zu Alten-Korvei in Frankreich vom J. 1196, worin es unter anderm heißt: „Bardo de Segelsthen apud nos imprisonatus crimina sua defleuit amarissime. (Scheid. Origines Guelficae. III. 556.) — 2) Justi's hess. Denkwürdigkeiten IVa S. 88 und Wenck II. Uk. 115. — 3) Wenck II. Ukbch. S. 117. — 4) Scheid v. Adel. 441. — 5) Orig. Urk. des Klosters Lippoldsberg. — 6) Man betrachtete die Hrn. v. Ziegenberg seither alle als Vögte, ein Irrthum, der die Feststellung der Geschlechtsfolge beinahe unmöglich machte. — 7) Man findet ihn 1228 Gudenus sylloge 591; 1236 Ungeb. Urk.; 1239 Gudenus cod. dipl. I. 554; Origines Guelficae IV. 179 & 181. 1240 Orig. Guelf. IV. praefat. 74; 1241 ibid. 193 u. Meier Antiquit. Plessens. p. 191; 1246 Orig. Guelf. IV. 202 u. Scheid. mant. 486; Geschichtsbeschr. v. Göttingen III. 37 u. Orig. Guelf. IV. 302.; 1248 Schannat Client. fuld. Probat. 199; 1249 Gudenus sylloge 603. — 8) Falke Trad. Corb. p. 900. — 9) Falke l. c. p. 899. — 10) Ungebr. Urk. — 11) Gudenus cod. dipl. I. 590 u. 776. In der letztern Urkunde wird sogar gesagt, daß Graf Otto dem Erzbischofe das Ganze verkauft habe. — 12) Vaterländisches Archiv für Hannover ꝛc. 1826 II. 51. — 13) Letzner ap. Kuchenbecker anal. hass. VII. 186. — 14) Vaterländ. Archiv. a. a. O. —

15) Leukfeld antiquit. Poeldens. p. 73. — 16) Vaterländ. Archiv a. a. O. S. 60. — 17) Letzner a. a. O. Daß er verehelicht war steht man aus dem vaterl. Archiv ꝛc. S. 52. In einer Urkunde von 1241 bei Meier orig. antiquit. Pless. p. 290 erscheint Hermann d. ä. zwar auch noch mit einem Sohne Ludolph, dessen Name jedoch nur auf einem Schreibfehler für Hermann beruhen möchte. — 18) Leukfeld l. c. 74. Die Urkunde ist leider nur in einer Uebersetzung gegeben, in der Hildegunde Hermann ihr Söhnchen nennt. Vergl. die hierauf sich beziehende Bemerkung bei Wenck II. S. 780. — 19) Vaterländ. Archiv. 60. Obgleich Hildegunde nur die v. Plesse als ihre Erben nennt, so zeigt doch sowohl diese Stiftung, als auch das stets gemeinschaftliche Handeln Burghards mit den v. Plesse, daß auch dieser zu Hermanns Erben gehörte. — 20) Ich will nur die gedruckten bezeichnen: 1240 v. Spilcker II. U. S. 74; 1241 zu Hofgeismar, Wolfs Gesch. d. Eichsfelds Ukbch. I. S. 22; 1242 zu Giselwerder, Spangenbergs vaterl. Archiv. 1833. S. 110. — 21) Er wird ausdrücklich als Mitbegründer des Klosters genannt. Spangenbg. 1826 II. S. 48. — 22) Daselbst S. 40. — 23) Daselbst S. 62. — 24) Daselbst S. 65. — 25) „Recongnoscismus (sic) — profitemur omnem actionem seu questionem hinc & inde inter nos habitam sub tali forma esse decisam videlicet quod nos predicti vnanimi consensu omni errore a moto penitus & a wlso fide data promisimus & ad sancta sanctorum firmauimus juramento, quod de castro Cygenberg nichil ordinabimus nisi omnium nostruum consensu & voluntate fuerit ordinatum In vendendo. obligando uel ad manus alterius dimittendo ꝛc. — Acta sunt hec in Cygenberg. Anno domini M. CC. LXX. V. in crastino Michaelis. — 26) Giso's Söhne nennen nämlich 1288 Johann v. Helfenberg ihren Muttersbruder, avunculus. Scheid. S. 88. Hinsichtlich Bertha's f. Gudenus cod. dipl. IV. 953 u. 954. Meine Vermuthung, daß Bertha in erster Ehe den Grafen Berthold v. Felsberg gehabt habe, begründet sich auf nachstehende Thatsachen: 1248 nennt Volkwin, der Bruder Bertha's, Berthold v. Felsberg seinen cognatus (Falke Trad. Corb. 869), Bertha's Kinder aus erster Ehe aber werden 1286 Widefind und Berthold genannt (Gud. c. d. IV. 953 u. 954). Da es nun gebräuchlich war, den Enkel nach dem Großvater zu nennen, so finden wir Widefinds Namen in dem seines Großvaters mütterlicher Seite Widefind Hr. v. Naumburg wieder. — 27) Zeit=

schrift des Vereins für heff. Gesch. und Landesk. II. 34 u. 35. — 28) Schannat Client. fuld. Prob. p. 282. — 29) Scheid a. a. O. S. 60. — 30) Daselbst S. 87. — 31) 1226 Dominus Hermanus albus de Cigenbergk (Ungedr. Urk.); 1233 in einer Urkunde des Herzogs Otto v. Braunschweig (Gud. I. 528); 1239 zu Nordhausen und Heiligenstadt (ibid. 554 & Orig. Guelf. IV. 181); 1241 zu Braunschweig (Orig. Guelf. IV. 193), u. Leukfeld antiq. Poeldens. 50 u. 52); — 32) Meier l. c. 290. Er wird hier zwar Ludolph genannt, was sicher aber ein Schreib= oder Lesefehler ist. — Schannat Cl. Fuld. prob. p. 282. — 34) Wolfs Gesch. d. Petersstifts Nörthen S. 11 u. 12. — 35) Spangenbergs Vaterl. Archiv 1826 II. 60. — 36) Scheid. 86. — 37) Daf. S. 88 u. 72. — 38) Urk. Auszug. — 39) Gudenus cod. dipl. I. 794. — 40) Orig. Urk. — 41) Würdtwein nova subsid. dipl. III. 135. — 42) Urk. Abschr. — 43) Ledderhosens heff. Kirchenstaat Zusätze. — 44) Nos Borchardus de Tzegenberch maioris ecclesie Halberstadensis canonicus una cum dilecta sorore nostra Benedicta recognoscimus — quod quicquid iuris ex morte nostri dilectissimi fratris domini Henrici de Tcegenberch beate memorie, hereditatis tytulo nobis cedere seu in nos eadem de bonis cuiuscumque generis seu conditionis potuit ac potest, in manus seu possessionem nobilium virorum Hermanni & Godescalci de Plesse nepotum nostrorum dilectorum — totaliter donamus ꝛc. — 45) Spangenberg a. a. O. — 46) Falke Tradit. Corb. p. 867. — 47) Gudenus cod. dipl. 752. Von hieran sind beinahe durchaus nur noch ungedruckte Nachrichten benutzt. — 48) Falkensteins Erfurt S. 573 — 49) Handschr. Chr. der Stadt Erfurt.

XVI.

Fürsteneck.

Zwischen den in dem Norden der ehemaligen Abtei Fulda liegenden Orten Eiterfeld und Ober- und Unterufhausen, breitet sich in einer Ausdehnung von etwa $3/4$ Stunden eine Hochebene, das **Wittfeld**, aus, welche an ihrer westlichen Seite durch einen niedrigen Feldrücken begrenzt wird, der nur gegen das Ufer der Wölf steiler abstürzend, auf seiner südlichen, kaum 50 Fuß sich über die Ebene erhebenden Basaltkuppe das Schloß **Fürsteneck** trägt. Dieses Schloß, welches $3/8$ Stunden nördlich von Eiterfeld liegt, und nur noch wenige Spuren des Alterthums zeigt, bildet in seinem Ganzen ein unregelmäßiges längliches Viereck, von etwa 100 Schritt Länge und 50 Schritt Breite. Auf der Südseite läuft eine mit Schießscharten und mit einem Umgang versehene Mauer hin, in welcher sich das äußere Schloßthor befindet. Durch ein zweites Thor, über dem das auf Holz gemalte Wappen des fuldischen Abts v. Buseck angebracht ist, tritt man in den langen geräumigen

Schloßhof, dessen rechte (Ost=) Seite theils durch das große massive Hauptgebäude, an welchem man ebenfalls das bu=seckſche Wappen bemerkt, theils durch Stallungen, die linke (West=) Seite aber ganz durch Oekonomie=Gebäude ge=ſchloſſen wird, an denen ſich neben dem schleifrasſchen Wap=pen zugleich die nachſtehende Inſchrift befindet: **Adelbertus D. G. Abbas Fuldensis S. R. superij Princeps D. Augusta Archicancellarius per Germaniam & Galliam primas. MDCCIX.** Auch an der Nordſeite des Hofes liegen Oekonomie=Gebäude, und neben dieſen, und über dieſelben ſich erhebend, ein geräumiger vierecter Thurm, der der einzige noch übrige Reſt der alten Burg iſt.

Das Waſſer wird auf Eſeln aus der Wölf herauf ge=führt.

Die Ausſicht iſt nicht ſehr groß. Man ſieht Eiterfeld, Gieſenhain, Hauneck, Leipolds, den Gehülfensberg, Schenk=lengsfeld, Landeck, den Sosberg ꝛc.

Fürſteneck[1]) war eine Burg der Abtei Fulda und wird uns zuerſt im J. 1330 bekannt, wo Berthold v. Wie=ſenfeld als Amtmann auf ihr erſcheint[2]), und Heinrich Kranch mit einem daſigen Burgmannslehen belehnt wurde, welches durch Johann v. Odenſachſen erledigt worden war[3]). Wenig ſpäter wurden auch die v. Neckrod (1332), v. Buchenau (1333, 1342 ꝛc.), v. Baumbach (1334), v. Treisfeld (1333), v. Weinsberg (1334), die Schade v. Lei=polds (1354) u. a. als Burgmänner beſtellt, ſo daß es wahrſcheinlich iſt, daß das Schloß noch nicht lange vorhan=

den und wohl erst durch den fuldischen Abt Heinrich VI. erbaut worden war. Mit dem Schlosse war zugleich das Gericht Eiterfeld verbunden, welches deshalb auch das Amt Fürsten eck genannt wurde. Doch nur kurze Zeit behielt die Abtei beide in ihrem unmittelbaren Besitze, indem ihre öfteren Geldverlegenheiten sie nöthigten auch Fürsten eck, wie so viele andere ihrer Schlösser und Gerichte, zu verpfänden. Der erste bekannte Pfandinhaber ist Appel v. Buchenau. Nachdem 1358 die Pfandschaft von diesem abgelöst worden, bieten die Nachrichten eine Lücke bis zum J. 1414, wo sich Otto v. Buchenau in dem pfandschaftlichen Besitze des Schlosses findet, der, wie eine Urkunde vom J. 1425 zeigt, von seinem Vater, dem Ritter Gottschalk, auf ihn und seinen Bruder Gottschalk übergegangen war. Als endlich die Ablösung von den Erben dieser Brüder geschehen, wurde die Pfandschaft im J. 1440 an den Abt Konrad v. Hersfeld gegeben, von dem sie jedoch schon nach wenigen Jahren an Sittich v. Holzheim und Hans von der Thann überging, und so in zwei Hälften getheilt, dieses auch bis in das folgende Jahrhundert blieb. Die holzheimische Hälfte kam schon 1446 an Konrad v. Kolmatsch, hierauf an die v. Merlau und 1479 an Helwig v. Rückershausen, von dessen Erben sie 1485 abgelöst und an Hildebrand v. Steinau amtsweise eingegeben wurde.

Was die andere Hälfte betrifft, so unterstützte deren Inhaber Hans von der Thann 1463 Henne v. Urf, Wigand Holzsabel und Hermann v. Lieberbach, als diese einen Einfall in das hennebergische Amt Kaltennordheim machten und dabei die Dörfer Mittelhausen und Erbenhausen niederbrannten. Als die Grafen v. Henneberg erfuhren, daß Hans ihre Feinde durch 2 Knechte unterstützt habe, griffen sie sofort nach verkündeter Fehde auch seine Besitzungen an. Auch auf Fürsteneck machten sie einen Anschlag, der ihnen jedoch mißglückte, denn als Fürst Heinrich von Henneberg am 29. Dezember d. J. des Abends um 9 Uhr dasselbe heimlich zu ersteigen bereit war, wurde er noch frühe genug entdeckt und genöthigt, von seinem Unternehmen abzustehen. Aber um so zorniger warf er sich nun auf die thannischen Dörfer, deren fünfe in Asche sanken. Hans verklagte hierauf den Fürsten bei dem Bischofe von Würzburg, und bat die Städte Meiningen, Salzungen und Schmalkalden ihren Herrn zu einer billigen Entschädigung zu bewegen, indem er seine Unschuld betheuerte; auch Landgraf Ludwig nahm sich seiner als seines Dieners an. Doch erst den Herzögen v. Sachsen gelang es, die Sache auf einem Tage zu Mühlhausen beizulegen [3]).

Im J. 1470 verkauften Hansens Erben ihre Pfandschaft an Eberhard von Waldenstein, sowie dessen Erben dieselbe 1485 an Hildebrand v. Steinau, gen. Steinrück, der bereits seit einem halben Jahre auch die andere Hälfte als Amtmann inne hatte. Als Hildebrand um's J. 1491 starb, behielten seine Erben die verpfändete Hälfte noch bis zum J. 1492, wo sie sein Schwiegersohn Reinhard v. Boineburg für 800 fl. erhielt, während die andere Hälfte an Hildebrands Söhne Balthasar und Kaspar für eine gleiche Summe eingegeben wurde. Beide Hälften wurden hierauf, die letztere 1506, die erstere 1509, von Asmus v. Baumbach eingelöst, welcher noch 1518 in deren Besitze war, kurz nachher aber von den v. Buchenau abgekauft wurde. Als 1522 Fürsteneck von diesen wieder eingelöst wurde, scheint es nicht wieder verpfändet worden zu seyn, wenigstens finden sich von da an nur noch Amtleute; von diesen zeigen sich von 1533 — 1555 Hartmann v. Boineburg, 1560 Georg Schwerzel, bis zum Jahr 1578 Karl v. Dörnberg, 1579 Eustachius v. Schlitz gen. v. Görz, von 1585 bis 1608 Karl v. Dörnberg ꝛc.

Im Anfange des vorigen Jahrhunderts wurde Fürsteneck beinahe völlig erneuert.

Das Schloß ist gegenwärtig der Renterei Eiterfeld eingeräumt, das dazu gehörende Staatsgut aber zertheilt und in einzelnen Theilen zu Pacht ausgegeben.

Anmerkungen.

1) Bei Fürsteneck muß nicht an Fürst (prinseps), sondern an First, etwas hohes, überhaupt ein fortlaufender Bergrücken, gedacht werden. Der Namen bezeichnet demnach nichts anderes, als die Kuppe eines Bergrückens. — 2) Schannat Probat. Dioc. & Hierarch. fuld. p. 310. u. Schannat Prob. Client. fuld. p. 311. — 3) Spangenbergs henneberg. Chron. v. Heine S. 402 u. 403.

XVII.

Staden.

In einer der schönsten und fruchtbarsten Gegenden der Wetterau, im großherzoglich-hessischen Kreise Büdingen, liegt in einer weiten Ebene an den Ufern der Nidda, das den Grafen von Isenburg-Büdingen zugehörende Städtchen Staden, neben dem sich ehemals eine mächtige Thalburg erhob, die gegenwärtig jedoch bis auf wenige Reste verschwunden ist.

Die Burg lag auf einer durch die Nidda und den von dieser ausgehenden s. g. Mühlgraben gebildeten geräumigen Insel. Wenn man die Brücke jenes Grabens überschritten hat, stößt man zuerst auf einen viereckten Thurm dessen oberer Aufsatz zwar einer neuern Zeit gehört, dessen unterer Theil aber für ein um so höheres Alter spricht. Neben diesem Thurme steht noch ein zur Burg gehöriges Gebäude aus dem sechszehnten Jahrhundert, und erst hinter diesem erreicht man die Trümmer der Burg, von denen jedoch nur noch die alte Umfassungsmauer zum Theil übrig ist, während an der Stätte der Burggebäude jetzt Gemüse gezogen werben. Das Ganze bildet ein weitläuftiges längliches Viereck, das sich auf der Seite der Nidda mit einem Halbkreise schließt, der durch eine besondere mit einer Pforte versehene Mauer von dem übrigen Raume abgeschlossen wird. Auf der Seite nach der Stadt, sowie auf der linken Längenseite des Viereckes fehlen jedoch die Mauern, die nur auf der rechten Seite und um jenen Halbkreis noch erhalten sind, und wenn auch hier vielfach zerfallen, doch meist noch eine Höhe von 12 bis 16 Fuß haben.

Der Begründer des Schlosses Staden war ein Edler (homo liberae conditionis) Wortwin. Er hatte dasselbe auf seinem ihm eigenthümlich zustehenden Boden erbaut (in propriis domate constructum) und machte es nach seiner Vollendung, und zwar in Gemeinschaft mit seiner Gattin Helwig, im J. 1156 zu einem Lehen der fuldischen Kirche [1]. Die bei dieser Gelegenheit aufgestellte Urkunde zeigt zwar nicht, aus welchem Geschlechte der genannte Erbauer stammte, da aber um dieselbe Zeit (1131—1145) zwei Brüder Gerlach und Ortwin Herren v. Büdingen lebten [2], die Namen Wortwin und Ortwin sicher identisch sind, und Staden und Büdingen in ein und derselben Gegend, kaum 3½ Stunde von einander entfernt liegen, so gewinnt es an Wahrscheinlichkeit, daß jener Wortwin kein anderer als der erwähnte Ortwin v. Büdingen gewesen sey [3], eine Wahrscheinlichkeit, die um so mehr an Zuverlässigkeit gewinnt, als auch die spätere Geschichte darauf hindeutet.

In einer Urkunde des Erzbischofs Konrad v. Mainz vom J. 1189 findet man **Hartmannus de Butdingen** und **Henricus de Staden** [4]). Wahrscheinlich waren beide Söhne der beiden obengenannten Brüder und zwar Hartmann ein Sohn Gerlach's, Heinrich aber ein Sohn Wortwin's.

Im J. 1233 ertheilte Abt Konrad von Fulda dem Gerlach v. Büdingen und dessen Verwandten [5]) Heinrich und Gerlach Hr. v. Jsenburg seinen lehnsherlichen Konsens zur Veräußerung von Gütern zu Wickstadt an das Kloster Arnsburg, welche als Zubehörungen des Schlosses Staden von der fuldischen Kirche zu Lehn gingen („**quo per castrum in Staden cum reliquis suis attinentiis a nobis et ecclesia nostra iure feodali possident**) [6]). Diese Nachricht zeigt uns also ausser Gerlach, dem Sohne des obengenannten Hartmanns, auch die Gebrüder Gerlach und Heinrich v. Jsenburg als Besitzer von Staden. Auf welche Weise aber die letztern dazu gekommen, ist nicht bekannt.

Während mit Gerlach das büdingische Haus vor dem J. 1247 erlosch, und dessen Antheil an Staden dadurch an die genannten Jsenburger gelangte, trennten sich diese in zwei Stämme, und Gerlach begründete namentlich den zu Limburg, dem in der getroffenen Theilung auch Staden zufiel. Sowohl von 1255 (**ante castrum nostrum Staden**) [7]) als von 1282 (**in castro nostro Staden**) [8]) sind Urkunden vorhanden, welche Gerlach in dem Schlosse zu Staden ausstellte.

Von Gerlach, der sich zuerst Herr v. Limburg nannte, ging Staden an dessen Sohn Johann über, der für das Dorf, welches sich vor dem Schlosse gebildet hatte, im J. 1304 vom Kaiser städtische Freiheiten erwarb [9]).

Als später Johann's Schwestern Staden als angebliches Allod in Anspruch nahmen, beseitigte dieser denselben dadurch, daß er das Lehn 1308 bei dem Abte von Fulda erneute. Zu dem Schloß gehörte damals ausser der Stadt, die diese Urkunde noch villa nennt, auch eine Vorburg oder wie die Urkunde sagt: „exteriorem muntionem que vulgo dicitur Vurburge" [10]).

Johann's Enkel, Johann II., verpfändete 1377 eine Hälfte von Staden dem Landgrafen Hermann v. Hessen und dem Grafen Ruprecht v. Nassau und dessen Gemahlin Anna für 2000 fl. [11]). Was aus der hessischen Pfandschaft geworden, ist mir unbekannt, die nassauische jedoch ging nach Graf Ruprechts Tode an dessen Witwe über, die sich mit Diether VI. Grafen von Katzenelnbogen zum zweiten Male vermählte, und 1403 die Pfandschaft ihrem Stiefsohn Johann III. Grafen v. Katzenelnbogen verkaufte [12]).

Nachdem hierauf Johann Hr. zu Limburg die verpfändeten Theile des Schlosses wieder an sich gelöst hatte, verkaufte derselbe das Ganze am 13. Febr. 1405 mit der Einwilligung der Lehnsherren an eine Zahl Adelicher für 10,500 fl. Die ursprünglichen Käufer waren Sibold Löwe von Steinfurt, Eberhard Weise v. Feuerbach, Eppichen v. Klehen und Henne v. Stockheim. Diese nahmen jedoch sogleich neben einer Anzahl ihrer Standes-Genossen, auch

die Burg Friedberg und Johann v. Isenburg Herrn zu Bü=
dingen in den Kauf mit auf. Schon in dem lehnsherrli=
chen Konsens des Abts v. Fulda vom 18. Februar werden
diese als Mitkäufer aufgeführt. Sämmtliche Käufer, — von
denen jedoch Sibold Löwe seinen Antheil an Henne Vogt v.
Ursel, und Hans v. Stockheim seinen Antheil an seinen
Vater Johann abgetreten hatten, — kamen hierauf überein,
Staden für eine Ganerbschaft zu erklären und errichteten
in dieser Beziehung am 19. März desselben Jahres einen
ganerbschaftlichen Vertrag. Sie theilten das Ganze nach den
Beiträgen der Einzelnen zu dem Kaufgelde in vier Haupt=
theile und zwar folgendergestalt:

Erstes Viertel: Johann v. Isenburg Herr zu Bü=
dingen.

Zweites Viertel: Johann v. Stockheim, und die
Brüder Eberhard und Hermann Weise v. Feuerbach, zur
Hälfte, sowie die andere Hälfte und zwar zu 3 Theilen
($^3/_{32}$ des Ganzen) die Burg Friedberg, und zu 1 Theil
Eitel Weise v. Feuerbach.

Drittes Viertel: Zur Hälfte Hermann v. Karben,
und zur andern Hälfte Gilbrecht Weise v. Feuerbach und
die Brüder Johann und Werner v. Stockheim.

Viertes Viertel: Konrad v. Klehen, Eberhard Löw
v. Steinfurth, Magnus d. ä. v. Düdelsheim, Henne v.
Klehen, Heinrich v. Buches, Ludwig Weise v. Feuerbach,
Hartmann v. Buches d. j., und Henne Vogt v. Ursel zu
gleichen Theilen.

Nur eheliche Söhne, so wurde bestimmt, sollten erben,

wo aber nur Töchter vorhanden seyen, sollten diese von den nächsten Ganerben des betreffenden Viertels und zwar nach Maßgabe des Antheils am Kaufgelde abgekauft werden, und erst wenn die nächsten Ganerben dieses nicht thun wollten, sollten die übrigen dazu berechtigt seyn.

Ein zweiter Vertrag von demselben Tage enthielt die über den Burgfrieden getroffenen Bestimmungen, deren Mittheilung ich jedoch unterlasse, weil sie von den Bestimmungen anderer Burgfrieden nirgends wesentlich abweichen. Die obere Verwaltung der Ganerbschaft sollten vier gewählte f. g. Baumeister besorgen.

Ganerbschaften sind stets reichhaltige Quellen vielfachen Haders gewesen, und es lag deshalb ganz in den gegenseitigen Verhältnissen begründet, wenn auch die Ganerbschaft zu Staden von diesem Krebsschaden des gemeinschaftlichen Wohls nicht befreit blieb. Ich kann mich jedoch nicht dazu verstehen, die einzelnen Streitigkeiten zu erzählen, denn sie sind zu dürrer Natur, als daß ich nicht fürchten müßte, die Geduld des Lesers dadurch zu sehr in Anspruch zu nehmen. Ich bemerke deshalb nur, daß man schon frühe die Ursache des vielen Haders einsah und mehr und mehr die Ueberzeugung gewann, daß nur durch eine Grundtheilung der Ganerbschaft demselben ein Ende gemacht werden könnte. Auf dieses Ziel steuerte nun zwar schon ein 1589 am 15. Sept. zu Frankfurt errichteter Vergleich, doch mit eben so wenigem Erfolge, als ein anderer, welcher am 28. Januar 1592 zu Staden unterzeichnet wurde, denn erst durch einen zu Friedberg am 29. April 1662 errichteten Vertrag wurde eine Theilung zwischen dem isenburgischen Viertel und den übrigen drei Vierteln zu Stande gebracht. Hierdurch wurden die Dörfer Ober- und Nieder-Mockstadt und Heegheim an Isenburg, das Uebrige aber den adelichen Ganerben überwiesen. Inzwischen waren die meisten adelichen Ganerben schon ausgestorben und nur die v. Karben und die Löw v. Steinfurt noch übrig. Als endlich 1729 auch die erstern erloschen, wurde ihr Antheil, welcher $^{13}/_{32}$ betrug, nach Verhältniß vertheilt, so daß Isenburg $^8/_{19}$, die Burg Friedberg $^8/_{19}$ und die Löw $^3/_{19}$ erhielten.

Im J. 1806 kam die Ganerbschaft unter hessische Hoheit und nachdem 1819 der letzte Burggraf der Burggrafschaft Friedberg gestorben war, fiel auch der friedbergische Theil an den Staat. Es waren $^{12}/_{57}$ domanial, $^{13}/_{57}$ gehörten den Grafen v. Isenburg-Büdingen und $^{32}/_{57}$ den Freiherren Löw v. Steinfurt. Die Besitzer der Ganerbschaft theilten sich nun dergestalt, daß der Graf v. Isenburg-Büdingen die Stadt Staden, die Freiherren Löw v. Steinfurt die Dörfer Ober- und Unterflorstadt und Hessen das Dorf Stammheim erhielten.

Das Wappen der Ganerbschaft zeigte den Ritter St. George zu Pferd, wie er den Lindwurm erlegt.

Die Burg selbst liegt jedoch schon lange wüste und fand ihren Untergang im dreißigjährigen Kriege.

Das zu Staden gehörende Gericht besteht aus: 1) der Stadt Staden. (1662: 32 Unterthanen (Familien), 1834: 78 Häuser und 535 Einwohner); 2) Obermockstadt (1662: 25 Unterthanen, 1834: 89 Häuser und 572 Einwohner); 3) Niedermockstadt (1662: 28 Unterth., 1834: 114 Häu-

ſer und 576 Einwohner); 4) Heegheim (1662: 15 Un=
terth.: 1834: 38 Häuſer und 224 Einwoh.); 5) Stamm=
heim (1662: 14 Einwoh., 1834: 99 Häuſer u. 650 E.);
6) Oberflorſtadt (1662: 22 Unterth.; 1834: 46 Häuſer
u. 208 Einwoh.) und 7) Nieder= oder Unterflorſtadt (1662:
39 Unterth., 1834: 157 H. u. 940 Einwoh.).

Im J. 1662 beſtand alſo die Bevölkerung des Gerichts
Staden aus 175 Familien oder, die Familie durchſchnitt=
lich zu 6 Perſonen angeſchlagen, — 1050 Seelen, die ſich
bis zum J. 1834 auf 3705 Seelen vermehrt haben.

Auſſer den genannten Orten beſtanden ehemals noch
zwei andere, die im 15. Jahrhundert ausgegangen zu ſeyn
ſcheinen: Bürr (Birks) bei Florſtadt und Oppoldshauſen
bei Stammheim.

Anmerkungen.

1) Schannat Client. Fuld. Prob, p. 259. — 2) Gudenus cod.
dipl. I. 100. 169. — 3) Schmidt (heſſ. Geſch. II. 118) nimmt die=
ſes mit Beſtimmtheit an, während Eigenbrodt (Archiv für heſſ. Geſch.
u. Alterthumskunde I. 433 ꝛc.) deſſen gar nicht gedenkt. — 4) Gudenus III. 855. — 5) Die Urkunde ſagt: „suis nepotibus" eine
Bezeichnung, die ſich wegen ihrer Vieldeutigkeit nicht feſt beſtim=
men läßt. — 6) Archiv für heſſ. Geſch. u. Alterthumskunde I.
284. — 7) ibid. I. p. 1124. — 8) Gudenus I. p. 793. — 9) Alte Ab=
ſchrift. Datum Francofurt VI. mensis Julij Anno dni. MCCCIIII.
Indictione II. Regni vero nostri Anno VI. — „quod idem oppidum per omnia eisdem libertatibus et juribus gaudeat ac frua-
tur, quibus civitas nostra Francofurium noscitur gaudere." —
10) Schannat Client. Fuld. Prob. p. 313 — 11) Dr. Urk. und
Wenck I. Ufbch. S. 243. — 12) Wenck I. Ufbch. S. 213. Alles
Uebrige iſt aus ungedruckten Nachrichten entnommen.

XVIII.

Homberg.
in Niederhessen.

In den weiten Niederungen der Schwalm lehnt sich — etwa 8 Stunden von Kassel, und 2 Stunden von Fritzlar — die Stadt Homberg an den südlichen Fuß eines hohen weit hin sichtbaren Basaltkegels, dessen Gipfel die wenn auch jetzt beinahe gestaltlosen, doch immer noch großartigen Trümmer des Schlosses Homberg trägt. Während der untere Abhang des auf der Stadtseite sich am tiefsten und bis zu den Ufern der Efze senkenden Berges von Gärten, welche zum Theil erst in neuerer Zeit angerodet sind, bedeckt wird, ist der obere Theil des Abhangs dagegen kahl und nur von wildem Dorngestrüppe überzogen.

Von der ehemaligen Burg zeigen sich ausser den zum größten Theil verschütteten Gräben, nur noch einzelne meist hohe Widerlagsmauern und der Rest eines Gewölbes. Aber wenn auch diese Dürftigkeit der Trümmer kaum die beschwerliche Mühe des Ersteigens der Höhe zu lohnen vermag, so entschädigt dafür doch in um so größerem Maße eine der herrlichsten Aussichten, welche der Gipfel des Berges dem Besucher darbietet. Denn mögen auch gegen Süden und Osten hohe Berge die Aussicht begrenzen und hier nur das Efzethal hinauf der Blick einen etwas freieren Spielraum haben, so entfaltet sich doch gegen Westen und Nordwesten die Landschaft in einer Ausdehnung und Pracht, daß das Auge unwiderstehlich von dem vor ihm aufgerollten herrlichen Bilde gefesselt wird. Während sich im Vorgrunde eine mit Städten und Dörfern besäete Saaten- und Wiesen-Ebene ausdehnt, wird der Hintergrund durch grüne Berge gebildet, die in unendlicher Abstufung, gleich einem Amphitheater, bis zu den Ufern der Diemel und dem waldeckischen Hochlande emporsteigen, und durch ihre meist malerischen Formen und zum Theil mit Trümmer gekrönten Gipfel dem Bilde eine Mannichfaltigkeit verleihen, wie sie nur selten sich wiederfindet. Wir erblicken hier auſſer beinahe hundert Dörfern, auch die Städte und Schlösser Borken, Löwenstein, Landsburg, Falkenberg, Wabern, Fritzlar, Gudensberg, Weidelberg, Waldeck ꝛc.

Ungeachtet die Ufer der Schwalm zu den am frühſten angebauten Landschaften unseres Vaterlandes gehören, indem z. B. die Orte Mardorf, Hebel, Holzhausen, Borken, Singlis, Englis, Verne ꝛc. schon zu den Zeiten des Heidenbekehrers Lullus, also schon im achten Jahrhundert, uns bekannt werden, und zufolge seiner Lage und Gestalt der homberger Schloßberg wie wenige Berge zu der Anlage einer Burg sich eignet, so finden wir Homberg, oder wie es früher genannt wurde, Hohenberg, doch erst gegen das Ende des zwölften Jahrhunderts ¹), wo es uns durch den Namen eines Geschlechtes bekannt wird, der vom ihm, als dem Sitze dieses Geschlechtes entlehnt war.

Der erste, welcher uns von den v. Homberg entgegen tritt, ist Rentwich, der sich von 1162 bis 1192, und zwar stets in der Umgebung der Aebte von Hersfeld findet ²), und Rentwich, Hartmann und Rubhard zu Söhnen gehabt zu haben scheint, welche 1195 und 1197 erscheinen ³), seitdem aber spurlos verschwinden. Neben diesen lebte jedoch noch ein Burghard, den eine Urkunde vom Jahre 1192 neben Rentwich nennt ⁴), ohne jedoch sein Verwandtschafts-Verhältniß zu demselben zu bezeichnen. Dieser Burghard hatte 2 Söhne Volkhard und Hartmann, welche sich von 1219 bis gegen 1237 finden ⁵). Um's J. 1225 verkauften sie die ihnen von ihrem Vater überkommenen vogteilichen Rechte an dem Dorfe Almuthshausen, zwischen Homberg und Wallenstein ⁶), und die ersten ihrer Familie sind, welche als niederadelich erscheinen. Nur von Hartmann sind Nachkommen bekannt, nämlich zwei Söhne Eberhard und Konrad. ⁷). Der letztere lebte noch 1286 und hatte einen Sohn Wilhelm, der aber ohne Nachkommen gestorben zu seyn scheint. Eberhard war dagegen schon 1268 todt, wo seine Wittwe Jutte eine Schenkung von Gütern zu Homberg an das Kloster Haina bestätigte. Seine Söhne waren Heinrich und Eberhard, welche 1277 in Gemeinschaft mit den v. Holzheim zum Besten des Klosters St. Georg, bei Homberg, auf eine halbe Hufe zu Holzhausen verzichteten. Heinrichs Wittwe Odegebe mit ihren Söhnen erwarb 1317 das Dorf Ellingshausen für 50 Pfund Heller von den v. Wallenstein [8]), und verkaufte 1334 ihre Güter zu Hildegerode und Zelle dem Stifte Hersfeld für 30 Pfund Heller. Ihre Söhne waren Johann, Simon und Heinrich. Der erstere, der zu Homberg wohnte, und dem noch 1346 der Landgraf sein dasiges Burglehn besserte, starb ohne Söhne.

Der dritte Sohn, Heinrich starb schon um's Jahr 1336, wo seine Brüder seiner Wittwe Elisabeth v. Hertingshausen Güter zu Adorf, Stolzenbach und Fronhausen (bei Wildungen) als Witthum überwiesen, worauf dieselbe jedoch 1343 wieder verzichtete, nachdem sie sich mit Ludwig v. Bimbach zum zweiten Male verehelicht hatte. Heinrich's gleichnamiger Sohn, verehelicht mit einer Katharine, verkaufte 1379 seine Güter zu Hertwigsdorf an die v. Falkenberg und lebte noch 1389. Auch dieser hinterließ einen Sohn Heinrich, der 1409 auf das Haus in der Stadt Homberg, in welchem Johann v. Homberg gewohnt hatte, und einen Garten daselbst, gegen den Landgrafen Hermann verzichtete, und 1418 im landgräflichen Dienste von den Grafen von Schwarzburg gefangen wurde, aus deren Gefängniß ihn der Landgraf mit 200 fl. löste. Er findet sich seitdem nicht wieder, und scheint ohne Kinder gestorben zu seyn.

Ritter Heinrichs zweiter Sohn Simon, der ein bedeutendes Ansehen besaß und häufig als Bürge und Schiedsrichter des Landgrafen Heinrich II. sich findet, empfing schon 1322 den alnhausischen Hof im Schlosse zu Homberg als Burglehn und erhielt 1331 vom Abte Heinrich v. Fulda die Hälfte des Schlosses Wildeck und der dazu gehörigen Güter, sowie 1332 von dem Abte Ludwig v. Hersfeld das Schloß Wallenstein verpfändet. Im Jahre 1338 und 1339 gab ihm der Landgraf einen Hof vor Homberg und eine Hofstätte im dasigen Schlosse zu Lehen, und verschrieb ihm 1364 für 200 Mk. Silber das Schloß Homberg selbst, nebst dem Zolle und einer jährlichen Rente von 10 Mark. Auch waren ihm die Dörfer Verne und Remsfeld für 187 Mark Silber verpfändet. Simon starb um's Jahr 1373 und hinterließ zwei mit seiner Hausfrau Walpurge erzeugte Söhne Albrecht und Simon, von denen der letzte jedoch schon vor 1380 gestorben war. Als Abt Berthold von Hersfeld in d. J. von Albrecht die von dessen Vater ererbte Pfandschaft an Wallenstein einlösen wollte, kam statt der Ablösung ein neuer Pfandschafts=Vertrag zu Stande, in welchem bestimmt wurde, daß die Pfandschaft so lange dauern sollte, als Albrecht lebte, so daß also der Abt erst nach Albrechts Tode zur Einlösung derselben berechtigt seyn sollte. Im folgenden Jahre löste Hersfeld dagegen die zu Geisa verschriebenen 10 Mk. Renten mit 100 Mark ein. Albrecht lebte noch 1397, wo er ziegenhainischer Erbburgmann wurde, und hatte einen Sohn Simon, der mit Agnes v. Gudenburg verehelicht war, und mit welchem 1427 das Geschlecht der v. Homberg erlosch. Schon im Jahre 1428 gab Landgraf Ludwig die heimgefallenen hessischen Lehen, nämlich ein Burgmannslehn zu Niedenstein nebst 1 Hufe daselbst, die Wüstung Schwasbach, Güter zu Hausen (Wüstung bei Niedenstein) und

Wichdorf, so wie den Emseberg und Sengelberg dem Ritter Reinhard d. ä. v. Dalwigk [9]).

Das Wappen der v. Homberg zeigte zwei neben einander aufrechtstehende Hunde.

Ob dieses anfänglich als dynastisch erscheinende Geschlecht das Schloß Homberg erbaut und besessen habe, ist eine Frage, deren Beantwortung, bei dem Mangel aller darüber sprechenden Nachrichten, lediglich dahin gestellt bleiben muß, wenn man nicht eben den ursprünglichen Dynastenstand der v. Homberg als Beweis für diesen Besitz annehmen will. Im Falle aber die v. Homberg das Schloß einst als Eigenthum wirklich besessen haben, dann erfolgte die Veräußerung desselben an die Landgrafen von Thüringen wahrscheinlich schon im Anfange des dreizehnten Jahrhunderts, wo die v. Homberg die Zeichen ihres freiherrlichen Standes verlieren, und die Landgrafen zuerst in dem Besitze des Schlosses erscheinen; denn schon 1231, 1233 u. 1234 finden wir diese mehrere Male zu Homberg, das sie auch 1234 ausdrücklich als ihnen gehörig bezeichnen [10]). Von den Landgrafen von Thüringen ging Homberg an die Landgrafen von Hessen über, von denen Landgraf Heinrich I. den Bürgern der Stadt erlaubte, den unter dem Schlosse sich hinziehenden s. g. Burghain auszuroden, eine Freiheit, die Landgraf Otto im Jahre 1312 bestätigte [11]).

Von den Amtleuten, welche während dieser Zeit auf dem Schlosse wohnten, findet man 1256 Widekind v. Holzheim und von 1257 — 1270 Ludwig Holzsadel.

Als Landgraf Heinrich II. von Hessen seine Schwester

dem Herzoge Rudolph d. j. von Sachsen zur Gemahlin gab, setzte er 1346 für die Hälfte des versprochenen Brautschatzes, welcher 1000 fl. betrug, das Schloß Homberg als Pfand ein, und gab dasselbe in die Hände der Ritter Rörich v. Eisenbach und Simon v. Homberg, von welchen der letztere das Schloß 1364 als Pfandschaft verschrieben erhielt. Im J. 1356 war Werner v. Falkenberg Amtmann zu Homberg; dem später Ludolph Groppe v. Gudenburg folgte; ferner finden sich in gleicher Eigenschaft 1373 Friedrich v. Felsberg, 1380 Wigand v. Gilsa, 1403 Hans v. Dörnberg, 1434 — 1440 Wolf v. Wolfershausen, 1452 — 1454 Bodo v. Bodenhausen, 1468 — 1470 Sittich v. Holzheim, 1512 Philipp Meisenbug 2c.

Als unter den beiden Landgrafen Ludwig II. und Heinrich III. Hessen in zwei Theile getrennt wurde, stand Homberg anfänglich dem erstern zu, der 1465 und 1466 auf der Burg ein neues Haus erbaute; in einem 1467 errichteten Vertrage wurde jedoch die Burg als ein gemeinschaftliches Besitzthum erklärt, und die Bestimmung getroffen, daß dieselbe zur Aufbewahrung ihres gemeinsamen Archives dienen sollte. Auch schlossen sie einen Burgfrieden [12]). Doch die bald nachher sich von neuem erhebenden Streitigkeiten der beiden landgräflichen Brüder verhinderten eine längere Dauer dieses Verhältnisses, und schon am 22. November 1468 erschien Landgraf Ludwig vor Homberg, und setzte sich wieder in dessen alleinigen Besitz. Später, im J. 1472, erhielt der Bruder jener Landgrafen, der Erzbischof Hermann v. Köln, Homberg zu einer lebenslänglichen Leibzucht übergeben, und begann um's Jahr 1504 einen Neubau des Schlosses, zu dessen Erinnerung er über dem Eingang eine kupferne Tafel befestigen ließ, die außer dem Wappen, die nachstehende Inschrift zeigte: Hermann von Gottes Gnaden, Ertzbischoff zu Colne, des heiligen romschyn Richs durch Italien Ertzkantzler, Kurfürst, Hertzog zu Westvaln und Engern, des Stifts zu Paderborn Administrator, 1508 [13]).

Als kurz nach der Vollendung dieses Baues der Erzbischof verschied (am 27. September 1508), kam Homberg dadurch wieder in den unmittelbaren Besitz der Landgrafen zurück.

Das Schloß Homberg, das gerade in derselben Zeit eine völlige Verjüngung erfuhr, wo die meisten andern Bergschlösser, in Folge des endlich befestigten Landfriedens und der Einführung des Feuergewehres mehr und mehr in ihrer Bedeutung sanken, und zu verfallen begannen, blieb auch für die Folge den Landgrafen noch immer eine ihrer wichtigern Festen. Auch Landgraf Moriz betrachtete das Schloß noch aus diesem Gesichtspunkte, und legte einen so hohen Werth auf dasselbe, daß er einen Kostenaufwand von 25,000 fl. nicht scheute, um es mit Wasser zu versehen, denn er ließ einen mit Quadern ausgemauerten 80 Klafter tiefen Brunnen anlegen, an dem volle drei Jahre (von 1605 — 1607) gearbeitet wurde.

Doch auch für Homberg nahte die Zeit der Zerstörung, und zwar mit jenem Kriege, der mit seiner am Fanatismus entzündeten Brandfackel dreißig Jahre lang

Deutschland durchwüthete und auch unserm hessischen Vaterlande tiefe und lang blutende Wunden schlug. Die meisten Städte und Dörfer sanken, zum Theil sogar mehreremal, in Asche, Jahre hindurch blieben die Fluren unbestellt, und ganze Aemter wurden öde und menschenleer.

Was diesem Kriege einen so zerstörenden Charakter verlieh, war weniger dessen lange Dauer, und die Zahl seiner Schlachten, als jene unglückselige Weise seiner Führung, die ihn zu einem weit verbreiteten kleinen Kriege gestaltete. Jeder Ort, der befestigt war, er mochte auch noch so unbedeutend und noch so fern von der Straße entlegen seyn, wurde festgehalten und mit Besatzung versehen, deren Unterhalt lediglich durch die Umgegend geliefert werden mußte, und die so lange sich hielt, bis eine feindliche Partei sie vertrieb, die dann auf dieselbe Weise wieder sich ihren Unterhalt beschaffte.

Für Homberg begannen die Durchzüge und Einlagerungen schon im Jahre 1623, und bis zum Jahre 1631 betrugen die der Stadt und dem Amte zugefügten Verluste schon die ungeheuere Summe von 515,440 Thaler.

Im Jahre 1636 befehligte auf dem Schlosse der hessische Oberst-Wachtmeister Engelhard Breul, als im Juli der kaiserliche General Feldmarschall Graf Götz mit 13,000 Mann und 16 Geschützen von Fulda heran zog, um über Homberg und Fritzlar in Westfalen einzudringen. Um die starke Besatzung von Homberg nicht im Rücken zu lassen, entschloß sich Götz, dasselbe zu erobern. Schon am 16. Juli nahm er die Stadt im Sturme, während er vom Stellberge aus einige Schüsse gegen die neuen Aussenwerke des Schlosses entsendete. Den folgenden Tag, welches ein Sonntag war, benutzte er zur Errichtung mehrerer Batterien, welche am Mittage des 18. Juli's ihr Feuer gegen das Schloß begannen. Mehr als 600 Schüsse geschahen, ehe dessen Mauern wankten, und zusammenbrechend eine große Bresche öffneten. Die Feinde schickten sich nunmehr zum Sturme an, den Breul jedoch ruhig und mit ächt männlicher Entschlossenheit erwartete. Mit Umsicht hatte derselbe alle Anstalten zu dessen Abwehr getroffen und den Muth seiner Truppen, den die nahende Gefahr zu erschüttern drohte, so zu befeuern gewußt, daß sie begeistert sich die Hände gereicht und geschworen hatten, bis zum letzten Blutstropfen zu fechten. Auch die Edelleute der Umgegend und die Bürger der Stadt, welche sich auf das Schloß begeben hatten, suchte er möglichst zu benutzen, indem er die erstern und von den letztern diejenigen, welche Büchsen hatten, hinter die Schießscharten postirte, die übrigen aber in den Graben und an die Bresche stellte, welche er mit Holz und Sandsäcken schnell wieder geschlossen hatte. So vorbereitet auf jegliche Gefahr, empfing er die Stürmenden und warf dieselben nach einem mörderischen Kampfe wieder zurück. An 600 Feinde, unter denen sich an 20 Hauptleute befanden, bedeckten die Wahlstatt.

Ueberrascht durch einen solchen Widerstand, hob Graf Götz die Belagerung auf und lagerte sich voll Unmuth und

Zorn in der Ebene von Zennern. Als er jedoch erfuhr, daß es den Vertheidigern des Schlosses an Wasser mangelte und sie dieses in der Nacht aus dem auf der Nordseite des Schloßbergs liegenden Brunnen holten, rückte er von Neuem vor, machte den Brunnen durch Aas unbrauchbar, und umlagerte das Schloß auf das Engste. Dennoch würde ihm die Eroberung noch große Anstrengungen gekostet haben, wäre nicht ein Unglück ihm zu Hülfe gekommen. Ein Frauenzimmer stürzte beim Wasserholen in den tiefen Schloßbrunnen, und zerschmetterte ihren Körper auf eine so entsetzliche Weise, daß derselbe nur in Stücken wieder herausgebracht wurde, und jedem fernern Gebrauche des mit Blut verunreinigten Wassers ein Eckel sich zugesellte, den nur Wenige zu überwinden vermochten.

Von Hitze und Durst geplagt, und ohne Hoffnung auf Entsatz, faßte endlich Breul den ihm durch die Noth abgedrungenen Entschluß, die Feste dem Feinde durch Kapitulation zu übergeben. Er trat deshalb mit demselben in Unterhandlungen und erhielt nicht nur für sich und seine Truppen freien Abzug, sondern auch für die Bürger die an der ruhmvollen Vertheidigung Theil genommen hatten, eine Amnestie bewilligt, die jedoch insofern nicht gehalten wurde, als der kaiserliche General-Kommissar und Oberauditeur Müller den Bürgern durch ein zweitägiges Festhalten auf dem Schlosse eine Summe von 2500 Thalern abpreßte.

Gerade 14 Tage nach dem ersten fehlgeschlagenen Sturme, am 3. August, kam das Schloß in die Hände des Grafen

Götz, der es mit einem Regiment Irländer unter dem Obersten Hugo Tirell besetzte, und sich darauf gegen Westfalen wendete.

Tirell verlangte von der Stadt für jede Woche eine Kontribution von 1800 Thalern, eine Forderung die zu groß war, als daß die durch dreizehnjährige Kriegsdrangsale ohnedem schon verarmten Bewohner dieselbe zu befriedigen im Stande gewesen wären. Die meisten Bürger verließen deshalb die Stadt, worüber aber Tirell so sehr erzürnte, daß er den Bürgermeister und den Schultheißen greifen und in Ketten schlagen ließ. Tirell hielt sich vier Monat lang und zog erst im November 1636 wieder ab, nachdem er zuvor sowohl die Stadt als das Schloß den Flammen übergeben hatte. Auch seine beiden Gefangenen führte er bis Dortmund mit, wo er sie endlich nach Zahlung eines ansehnlichen Lösegeldes wieder in Freiheit setzte.

Tirell hatte das Schloß durch das angelegte Feuer so völlig zerstört, daß dasselbe nur noch einen großen Trümmerhaufen bildete, und keinen wohnlichen Raum mehr darbot. Man räumte deshalb sofort nach seinem Abzuge den Schloßbrunnen wieder auf und erbaute in den Ruinen ein Haus, um den Umwohnern mit ihrer Habe eine Zufluchtsstätte zu verschaffen, wenn streifende Parteien die Gegend beunruhigen sollten.

Im Jahre 1640 sank die Stadt von Neuem durch die Kaiserlichen in Asche.

Nachdem sich der kaiserliche General Graf Holzapfel 1647 wieder und zwar ohne Widerstand Hombergs be=

mächtigt hatte, befestigte er die Trümmer des Schlosses durch Anlegung einer Schanze und eines Aufwurfs auf der schwächsten Seite, nach Mardorf hin, und ließ den Oberstlieutenant Jakob Gerard zur Vertheidigung zurück, der die Befestigungen noch durch Pallisaden und einen tiefen Graben verstärkte, und alle Lebensmittel, sowie alles Holz aus der Stadt auf das Schloß schaffen ließ. Gerard hielt sich ein ganzes Vierteljahr und drängte die Bewohner auf mancherlei Weise. Denn wenn er sich auch hütete, das Gebot seines Feldherrn, alle Gewaltthätigkeiten zu unterlassen, geradezu zu überschreiten, so zwang er doch die Bürger und Bauern zu den schwersten Arbeiten auf dem Schlosse und behielt sie hier so lange, bis sie sich durch eine Summe Geldes davon loskauften.

Mit dem Jahr 1648 begannen endlich die Kaiserlichen Hessen zu räumen und nur Homberg und Friedewald behielten sie noch in ihren Händen. Im Januar desselben Jahres setzte sich deshalb der hessische General-Wachtmeister Rabenhaupt gegen beide Orten in Bewegung. Doch Gerard behielt seine volle Entschlossenheit, obgleich seine Vertheidigungs-Mittel auf 100 Mann Fußvolk, 50 Reiter und 3 Geschütze beschränkt waren. Als er die hessische Vorhut bemerkte, zündete er sofort die am Schloßberge liegenden Häuser an und zog sich in seine Befestigungen zurück, den Angriff des nahenden Gegners mit Ruhe erwartend. Am 26. Januar (alten Styls) eröffnete Rabenhaupt sein Feuer mit 6 Mörsern, aus denen er das Schloß mit Steinkugeln und Granaten beschoß, und setzte dasselbe am folgenden

Tage, an dem eine feindliche Kugel dem hessischen Obersten Wiederhold den Schenkel zerschmetterte, mit zwei Zwölfpfündern und etlichen halben und dreiviertels Karthaunen fort. Der Kampf wurde heftiger und die Truppen kamen mehreremale so nahe an einander, daß sie sich mit ihren Piken erreichen konnten. Nachdem das Feuer der Belagerer das Haus und die Hütten der Soldaten zerstört hatte, schützte sich Gerard vor den feindlichen Geschossen unter dem Thore, das er durch Baumstämme noch mehr gesichert hatte. Doch da auch diese von ihm für fest geachteten Mauern dem hessischen Geschütze endlich erlagen, und die Hessen ihn sogar auch aus dem Graben herauswarfen und Minen anzulegen begannen, sah er sich endlich genöthigt zu kapituliren. Es wurde ihm der freie Abzug und zwar mit Gepäck und Ober- und Untergewehr zugestanden, und am 30. Januar der deshalbige Vertrag unterzeichnet. Am folgenden Tage verließ Gerard Homberg, um der Kapitulation gemäß nach Böhmen zu ziehen. Der Vorrath, welchen die Hessen auf dem Schlosse fanden, bestand in: 2 metallnen Vierpfündern, mit der Aufschrift: **Ferdinandus Tertius**, 2 eisernen Vierpfündern, 7 eisernen Doppelhacken, 28 Centnern Pulver, 18 Centnern Lunten, 7 Centnern Musketenkugeln, 40 vierthalbpfündigen eisernen Kugeln, 24 Handgranaten, 50 Pechkränzen, 6 vierpfündigen Stechkartaunen, 20 Morgensternen und 2 Glocken.

Das Schloß H o m b e r g, welches sich beim Beginne des dreißigjährigen Krieges noch stattlich und fest erhob, war also am Schlusse desselben, nur noch ein wüster blutge=

tränkter Haufe von Trümmern. Zwar hatte Landgraf Karl die Idee das Schloß wiederherzustellen, doch da der zu einer deshalbigen Untersuchung 1677 nach Homberg geschickte Oberst Notarius den Raum des Gipfels für zu beschränkt und für zu sehr von andern Bergen beherrscht erklärte, gab Karl diesen Plan wieder auf.

Unter Landgraf Heinrich II. von Hessen, und zwar in der ersten Hälfte des vierzehnten Jahrhunderts bestand die Burgmannenschaft von Homberg aus den nachstehenden Geschlechtern: v. Homberg, Holzsadel, v. Falkenberg, v. Holzheim, v. Löwenstein-Westerburg und v. Urf.

Die Stadt Homberg findet sich als solche zuerst im Jahre 1234 [10]) und wurde unter Landgraf Heinrich II. mit einer Neustadt, der s. g. Freiheit vergrößert; das vor der Stadt gelegene Nonnenkloster St. Georg aber wurde 1269 durch Ditmar Holzsadel, Pfarrer zu Homberg, und Bruder des damaligen Amtsmanns zu Homberg, gestiftet. Im Jahre 1466 zählte die Stadt 240 wehrhafte Bürger, also wenigstens 1680 Bewohner, die sich jedoch schon zur Zeit der Theilung des Hessenlandes unter die Söhne Philipp des Großmüthigen auf 474 Hausgesessene — etwa 2844 Bewohner — vermehrt hatten. Die gegenwärtige Bewohnerzahl beträgt über 3500, in 440 Häusern.

Mit Homberg war eins der größten Aemter Niederhessens verbunden, das aus 6 einzelnen Gerichten bestand:

1) Das Gericht an der Efze, welches zunächst um die Stadt lag; 2) das Gericht auf der Schwalm (Uttershausen, Wabern und Zennern), welches den nördlichsten zwischen der Schwalm und Eder liegenden Theil des Amtes bildete; 3) das Gericht Vernegau, südwestlich von Homberg, um Verne herum; 4) das Gericht am Spieße, jenseits des Vernegaus, längs der ziegenhainischen Grenze; 5) das Gericht des Waldes, welches den ganzen südöstlichen Theil des Amtes umfaßte, den von der einen Seite die Grafschaft Ziegenhain, von der andern Seite das Amt Rotenburg begrenzte; und 6) das Hintergericht, welches sich nordöstlich von Homberg ausdehnte.

Anmerkungen.

1) Weder das in einem von Wenck II. 47. gelieferten Erzerpt einer Urkunde von 1065 vorkommende Hohenburgk, noch das in einer Urkunde von 1146 genannte Hohunburg (Wenck III. 97) beziehen sich, wie Wenck meint, auf Homberg in Niederhessen, sondern auf das an der Ohm. Beide Urkunden lassen hierüber keinen Zweifel, denn in der vom J. 1065, welche mir im Originale vorliegt, heißt es: „X mansos ad locum qui dicitur Hohenburch pertinentes in comitatu Wernheri & in pago Lŏgnahi sitos," sowie in der andern von 1146 „medietatem allodii in Hohenburg, qui nobis attinet — — cum medietate novalis Werplohen dicitur etc." und weisen also selbst, die erste durch die Anführung des Lahngaus, die zweite durch die Nennung des Werflos, welchen Namen ein Strich des Ohmthals bei Kirchhain führt, auf das Bestimmteste auf das an der Ohm liegende Homberg hin. — 2) Wenck III. 76. 78. 79. 84. 85. 86. und II. 119. Müldner antiquit. Göllingens. p. 105. Die Stiftungsurkunde des Klosters Aue bei

Wenck III. 62 ist nicht vom J. 1090, sondern ein ganzes Jahrhundert jünger, wie dieses auch schon der Aussteller Abt Sifried von Hersfeld und die Erwähnung des Kaisers Heinrich VI. zeigt. Wenn die Urkunde nicht in's Jahr 1191 gehört, würde sie in's J. 1193 zu setzen seyn, wofür nämlich die 11. Indiktion spricht. — 3) Wenck III. 90 u. 92. 4) Kuchenbecker anal. hass. XII. 327. — 5) Gudenus cod. dipl. IV. 866, histor. dipl. Unterricht ꝛc. Nr. 42, Kopp v. d. Hr. v. Itter 183, Ledderhosens kl. Schriften III. 195 u. ungedr. Urk. — 6) Wenck III. S. 101. — 7) Ledderhosens kl. Schr. III. 194, Kuchenbecker anal. hass. IX. 157 u. ungedr. Urk. — 8) Wenck III. 185 u. Lennep. Cod. prob. p. 269. — 9) Aus ungedruckten Urkunden. — 10) Gudenus cod. dipl. IV. 879. In oppido nostro Homberg heißt es in dieser Urkunde. — 11) Aus einer alten Abschrift. — quod indaginem nostram circa Hombergense castrum nostrum. — 12) Kopps Bruchstücke zur Gesch. der deutschen Geschichten u. Rechte II. 73. — 13) Winckelmann 253.

XIX.

Burggemünden.

Etwa ⁵/₄ Stunden südlich von Homberg an der Ohm breitet sich zu beiden Seiten des Ohmflusses das alte zum Großherzogthume Hessen gehörige Gericht Burggemünden aus. Nächst dem Einflusse der Felda in die Ohm liegen die beiden Dörfer Niedergemünden und Burggemünden, das erstere rechts an der Felda im Thale, das andere aber links, an einer nicht sonderlich hohen Basaltklippe, die von der linken Thalwand der Ohm vorspringend, sich steil gegen diesen Fluß herniedersenkt, und auf ihrem Gipfel das Schloß Burggemünden trägt.

Dieses Schloß, an dem man nur noch wenige Spuren seines Alterthums bemerkt, bildet in seiner Grundfläche ein Viereck von mittelmäßiger Größe. An dem minder steilen östlichen Abhange zieht sich das eigentliche länglich viereckte Schloßgebäude hin, das aus zwei verschiedenen Gebäuden besteht, von denen das größere zufolge der an ihm angebrachten Jahreszahlen, während der Jahre 1756 und 1757 erneuert worden ist. An dieses reiht sich im rechten Win=

kel ein langes massives Oekonomie=Gebäude, welches die Nordseite schließt. Dieses sind die sämmtlichen unmittelbar zum Schlosse gehörigen Gebäude, denn die Südseite des Hofes wird durch eine einfache Mauer geschlossen, während die Westseite, wo sich ehemals die Zugbrücke befand, jetzt ganz offen ist.

Die Befestigungen des Schlosses bestanden in einem breiten in den Felsen gehauenen Wassergraben und einer an dessen äußerm Rande hinlaufenden Mauer, welche westlich und nördlich sogar doppelt gewesen zu seyn scheint. Doch nur auf der Nordseite sind Graben und Mauer noch erhalten. Diese Befestigungen wurden durch die sumpfigen Ufer der Ohm vermehrt, welche den östlichen Fuß des Schloßbergs berühren.

Auf dem südlichen Gipfel des Burgbergs, und zwar da, wo dessen Abhänge am steilsten sind, erhebt sich neben dem Schlosse die kleine Kirche, welche früher sicher von den Befestigungen mit eingeschlossen wurde.

Die Aussicht ist zwar ungemein freundlich, aber auch eben so beschränkt, weil die Thalwände den Burgberg bei weitem übersteigen. Das Ohmthal aufwärts sieht man bis zum schenkischen Hofe die Sorge, und dasselbe abwärts, wo das enge Thal sich durch den Einfluß der Felda in die Ohm etwas weitet, ein Haus von Niedergemünden.

Der Name der beiden Orte Gemünden bezieht sich auf ihre Lage an der Mündung der Felda in die Ohm, gleichwie von der hier vorüberziehenden uralten Straße, welche Fulda mit Amöneburg verknüpfte, Burg= oder Ober=

gemünden auch häufig Gemünden an der Straße genannt wurde. Es ist wohl nicht zu bezweifeln, daß Niedergemünden von beiden Orten der ältere sey; denn während seiner schon die Register des fuldischen Mönchs Eberhard gedenken (Giselbrecht tradidit St. Bonifatio bona sua in loco Gemunde nuncupato unam capturam, quam fluvius Feltcruccha — die jetzige Felda — transmeat)[1]), findet man Burggemünden dagegen erst in der letzten Hälfte des dreizehnten Jahrhunderts (1283). Schon damals gehörte Burggemünden mit den übrigen Dörfern des Gerichts den Grafen von Ziegenhain und es ist möglich, daß die Burg erst in dieser Zeit durch den Grafen Gottfried V. v. Ziegenhain, den Eidam des Landgrafen Heinrich I. von Hessen, erbaut worden war. Gewißheit hierüber läßt sich freilich nicht geben, aber die damaligen Ereignisse scheinen dafür zu sprechen.

Landgraf Heinrich eroberte damals die Burg und brach sie nieder. Als der Landgraf sich hierauf mit seinem Schwiegersohne wieder aussöhnte, welches zu Marburg am 29. Juni 1283 geschah, verzichtete Graf Gottfried auf alle Ansprüche, welche er wegen Gemündens Zerstörung etwa machen könnte [2]).

Bekanntlich wurde die Anlage neuer Burgen von den Nachbarn stets mit Eifersucht und Mißtrauen betrachtet, und in der Regel alles aufgeboten, um solche Neubauten zu verhindern, so daß, wenn alle andere Mittel fruchtlos geblieben waren, man häufig zu dem letzten Mittel, zu dem Schwerte griff, und die Feste gewaltsam zerstörte. Verwandtschaftliche Banden, auch sogar die nächsten, wurden dabei selten berücksichtigt. In Bezug auf die Burg zu Ge= münden war nun Niemand näher, als eben der Landgraf betheiligt, weil durch sie die Verbindung zwischen Homberg und Grünberg unterbrochen wurde. Dieses, und daß die Worte des Vertrages: „han ver zygen — vf vnsern lieben Herren, vnsern swer, Lantgreuen Heynri= chen fon Hessen vmme allez daz werrendes was zwischen vns (dem Grafen) vnd bi namen vmme daz, daz erz hv̊s zu Gemůnden an der Straze brach" mehr auf die Zerstörung der Burg, als auf eine einzeln stehende Feindseligkeit, denn auf eine Fehde deuten, in welcher von beiden Seiten sich geschadet worden, da we= der von Genossen und Gefangenen, noch auch von Schäden die Rede ist, auf welche der Landgraf ebenfalls zu verzich= ten gehabt hätte, — macht es mir wahrscheinlich, daß die Burg Gemünden erst jüngst vom Grafen v. Ziegenhain erbaut und vom Landgrafen nur deshalb zerstört worden sey, weil dieser sie als eine neue Anlage zwischen seinen Gerichten nicht dulden wollte.

Ein ganzes Vierteljahrhundert blieb Gemünden in seinen Trümmern liegen, bis Landgraf Otto 1309 mit sei= ner Schwester Mathilde, der Wittwe jenes Grafen Gott= fried v. Ziegenhain, und deren Sohne, dem Grafen Jo= hann ein Schutz= und Trutzbündniß errichtete, in welchem er auch in den Wiederaufbau der Burg einwilligte: „zv wilcher zit, oder wanne vnser swester oder Johan ir svn, vnser nebe, oder anders ir erben die burg zv gemvnden an der straze, die van vnsers vater wegen zv storet vnd zv brochen wart, wollen oder mogent wider gebvwen, daz das mit vnserme gvten willen sal sin, vnd ovch en beholfen solen wesen mit allem deme daz wir vermogen wider alle die, die en den bw weren wolden etc." sind die Worte des Vertrages ³).

Mit dem Wiederaufbaue der Burg wurde nun sogleich nach dem Abschlusse dieses Vertrages begonnen, und schon 1311 war dieselbe von Neuem erstanden, denn in diesem Jahre bewitthumte Graf Johann seine Gemahlin Lutgarde unter andern Gütern auch mit der Burg zu Gemünden an der Straße und dem Gericht Niedergemünden ⁴).

Da die Grafen von Ziegenhain das Gericht Gemünden von der Abtei Fulda zu Lehn trugen, so wurde denselben nunmehr auch die Burg lehnbar gemacht ⁵).

Als Graf Gottfried d. j. von Ziegenhein sich 1346 mit dem Erzbischofe Heinrich von Mainz verband, öffnete er demselben unter anderm auch seine Burg zu Gemünden an der Straße.

Später wurde die Burg an den Ritter Johann v. Dernbach verpfändet, der schon 1362 in ihrem Besitze erscheint, und erst nach 1372 wieder davon abgekauft wurde.

Im Jahre 1372 erwirkte Graf Gottfried von Ziegenhain von dem Kaiser Karl IV. ein Privilegium für das Dorf Burggemünden, welches dieser am St. Kilianstage zu Eltvill ausstellte, und wodurch, dem Grafen für das Dorf das Marktrecht, zugleich mit der Befugniß ertheilt wurde, den Ort mit Mauern und Thürmen zu be= festigen, einen Wochenmarkt daselbst anzulegen, und ein Straßengericht mit Stock und Galgen aufzurichten [6]). Die Befestigung des Marktfleckens ist jedoch niemals zur Aus= führung gekommen; wenigstens lassen sich nirgends Spuren ersehen, aus welchen man auf eine ehemalige Ummauerung des Ortes schließen könnte.

Im Jahre 1382 verpfändete Graf Gottfried von Zie= genhain die Burg nebst dem dazu gehörigen Gerichte an Hartmann d. j. und Helwig v. Lerbach (Lauberbach) für 1330 Goldfl. und 13½ Mk. S., eine Pfandschaft, die, nachdem sie 1390 nochmals erneuert worden, im Jahre 1391 auf Johann v. Dernbach genannt Granchen überging. Später erhielt sie unter gleichem Titel Henne Riedesel, bis sie 1450 an Henne Schenk d. ä. zu Schweinsberg und des= sen Eidam Valentin v. Merlau für 1900 fl. übergeben wurde. Als in d. J. mit dem Grafen Johann v. Ziegen= hain dessen Haus erlosch, kam mit dessen andern Besitzun= gen auch Burggemünden an den Landgrafen Ludwig I. von Hessen, dessen Söhne die Burg mit 1220 fl. von Va= lentin v. Merlau wieder einlösten und dieselbe hierauf 1458 an Wiederhold, Heinrich und Henne Rau v. Holzhausen für dieselbe Summe verpfändeten. Die Rau liehen den Land= grafen später noch mehrere Summen, wodurch die Pfandsumme auf 1678 fl. stieg, weshalb Landgraf Heinrich III. 1479 den Pfandvertrag erneuerte. Im Jahre 1517 verglich sich Land= graf Philipp mit Adolph Rau dahin, daß es nur in sei= nem, des Landgrafen, Willen liegen sollte, die Pfandschaft wieder einzulösen. Später hatte sich die Pfandsumme auf 1628 fl. vermindert, wurde aber durch ein neues Darlehen von 622 fl. und mehrere vorgenommene Bauten bald bis zu 2600 fl. wieder erhöht. Als aber endlich Landgraf Philipp die Pfandschaft kündigte, erhoben sich über eine Menge einzelner Stücke Streitigkeiten, die erst durch einen am 3. Mai 1557 zu Marburg abgeschlossenen Vergleich beigelegt wurden.

Seitdem blieb die Burg im unmittelbaren Besitze der Landgrafen, und dient nach ihrer im vorigen Jahrhundert geschehenen Restauration, gegenwärtig zum Sitze des Forstmeisters über den Forstbezirk von Burggemünden.

Burggemünden hatte ehemals eine ziemlich ansehnliche Burgmannschaft; 1349 wurden Hermann v. Löwenstein-Schweinsberg und Konrad v. Falkenberg genannt v. Hebel mit Burgsitzen daselbst belehnt; desgleichen 1387 Volprecht Riedesel, dem ein Haus in der Vorburg angewiesen wurde, und 1423 Hermann Riedesel. Auch die v. Dernbach waren Burgmannen und hatten ihren Sitz ebenfalls in der Vorburg.

Das mit Burggemünden verbundene Gericht bestand aus dem jetzigen Marktflecken Burggemünden, der 1466 nicht mehr als 11 Familien, also kaum 70 Bewohner zählte, die sich jedoch bis jetzt auf mehr als 500 Bewohner, welche in 87 Häusern wohnen, vermehrt haben, aus Nieder= oder Dorfgemünden, Bleidenrod, Elpenrod, Ermenrod, Otterbach und Heimbach, welche beide letztern schon 1466 wüst lagen, den Höfen Sorg und Schmitthof, und den Wüstungen Bilsdorf, Feldkrücken und Horbach. Diese Orte enthielten 1466 nicht mehr als 40 Familien, also etwa 240 Bewohner, wogegen sie jetzt eine Bevölkerung von mehr als 2500 Seelen und an 430 Häuser zählen.

Anmerkungen.

1) Schannat Trad. Fuld. Eberhard. C. 1 Nr. 35. — 2) Wenck III. Ukbch. S. 150. Die für beide Theile ausgefertigten schöngeschriebenen Orginale befinden sich im Staatsarchiv zu Kassel, und gehören zu den ältesten in deutscher Sprache verfaßten, welche dieses Archiv besitzt. — 3) Ungedr. Urkunde. Schon 1302 hatte Landgraf Otto seinem Schwager dasselbe zugesagt: wir (Landgraf Otto) bekennet vorwert me, zcu welcher zciet oder wenne vnser suoger, vnse svester vnd ir erben, die burg zcu gemunde an der straze, die von vns vater wegen zu storet vnd zu brochen wart, wollen wider buwen, daz das mit vnsem guten willen sol sin, vnd vuch en beholfen suln sin mit alle deme daz vermugen wider alle die, die iz weren wollen etc. — 4) Wenck II. Urkbch. S. 270. — 5) Dieses zeigen zwar erst die später an Hessen ertheilten Lehnbriefe S. Wenck III. U. S. 249. — 6) Wenck II. U. S. 445. Das ebenfalls ziegenhainische Gemünden an der Wohra hatte schon weit früher städtische Rechte erhalten. Alles übrige ist aus ungedruckten Quellen genommen.

XX.

Grebenstein.

Zwischen Kassel und Hofgeismar, von ersterem 3³/₄ Stunden, von letzterm 1¹/₂ Stunden entfernt, liegt an der nach Bremen führenden Heerstraße, die niederhessische Landstadt Grebenstein. Von dem am Brande entquellenden Flüßchen Esse durchflossen, wird sie durch dasselbe in zwei Hälften getheilt, welche ehemals die Alt= und Neustadt hießen, jetzt aber die Ober= und die Unterstadt genannt werden.

Von diesen schmiegt sich die letztere an den nordwestlichen Fuß eines kahlen Basaltberges, der in seiner kegelförmigen Gestalt hoch empor ragt und durch seine isolirte Lage die Gegend weithin beherrscht. Auf dem Gipfel dieses Berges liegen die Trümmer der Burg Grebenstein. Der Weg zu denselben führt aus der Unterstadt durch das noch erhaltene und ehemals mit einem eigenen Wächter versehene Burgthor[1]), an dem steilen Abhange des Berges empor, dessen untere Hälfte mit Gärten bedeckt ist, die nach der schon frühe geschehenen Ausrodung des Burghains, angelegt wurden.

Obgleich die Burgstätte den ganzen Gipfel des Berges umfaßt, so ist dieselbe doch ziemlich beschränkt, und wird zu einem ansehnlichen Theile von den Aussenmauern eines Gebäudes bedeckt, das sich uns sogleich als das Hauptgebäude der Burg entgegen stellt. Diese Trümmer, die sich dicht an dem südöstlichen vorzüglich steilen Abhange hinziehen, sind das einzige, was von der Burg noch übrig ist, denn sogar auch die Ringmauern, welche von diesem Gebäude ausgingen, und an dem Rande hinlaufend den ganzen Berggipfel umschlossen, sind so gänzlich verschwunden, daß kaum ihre Grundmauern noch aufzufinden sind.

Dieselbe gleichsam für die Ewigkeit berechnete Festigkeit, welche alle Gebäude des Mittelalters charakterisirt, ist auch jenem Gebäude eigen und seine zum Theil 9 Fuß dicken Mauern scheinen noch Anspruch auf eine Dauer von Jahrhunderten machen zu dürfen. Auch seine Räumlichkeit ist ansehnlich, — 130 Fuß lang und 42 Fuß breit, — und wenn auch das Dach mit allen innern Wänden und Decken verschwunden ist, und sogar auch die Kellergewölbe zusammen gestürzt sind, so heben sich die Mauern doch immer noch an 50 Fuß über die Burgstätte empor, und scheinen sich noch in ihrer ganzen Höhe erhalten zu haben. Aber dessen ungeachtet haben diese Trümmer, aus dem Thale betrachtet, nur wenig Ansprechendes, weil ihre streng regelmäßigen Formen, deren Kälte noch durch einige daneben stehende Pappeln erhöht wird, von keiner Seite eine malerische Ansicht zu bieten vermögen. Um so reizender ist dagegen die Umsicht, denn das Auge überschaut eine Landschaft, die eben so anziehend durch die

Mannichfaltigkeit und den Wechsel der Szenen, als reich an historischen Erinnerungen ist. Während von Osten gegen Norden der weite Reinhardswald durch eine lange grüne Linie die Landschaft einrahmt, öffnet sich in der entgegengesetzten Richtung, gegen Westen und Südwesten, ein um so ausgedehnteres Gemälde voll wechselnder Hügel und Thäler und bewaldeter Bergreihen, und zeigt die stolzen Basaltkuppen des Dörnbergs, des Schartenbergs, der Gudenberge, der Malsburg ꝛc.

Schon ein anderer Forscher [2]) hat den Ursprung von Grebenstein untersucht und denselben bis zu einem hohen Grade von Wahrscheinlichkeit in's Klare gestellt. Es war hiernach der letzte an der Diemel ansässig gewesene Graf des dasselschen Hauses, jener auch nach dem Schlosse Schöneberg genannte Graf Ludolph V. von Dassel, der, nachdem er den größten Theil seines hiesigen Besitzthums, wozu namentlich die Aemter Schartenberg und Schöneberg gehörten, verkauft hatte, auf dem gegenwärtigen Burgberge den **Grafenstein** (**Greuenstein**) erbaute, wie er diese Burg nach seinem Stande schlechtweg benannte. Dieser Bau geschah zwischen den Jahren 1273 und 1279, denn in dem letztern Jahre wird die Burg uns zuerst bekannt. Sowohl Mainz als Paderderborn bemühten sich damals um ihren Erwerb, doch beide vergeblich.

Graf Ludolphs alleiniger Erbe wurde sein einziges Kind, eine Tochter, welche mit dem Grafen Ludwig von Eberstein vermählt war. Durch diese Vermählung kam Ludolphs Verlassenschaft und sonach auch der Grebenstein in ebersteinschen Besitz, worin wir namentlich den letztern zuerst im Jahre 1297 und zwar in den Händen von Ludolphs Enkel, dem Grafen Otto v. Eberstein, wiederfinden.

Nachdem dieser Otto schon 1293 sich mit dem Landgrafen Heinrich I. von Hessen verbunden hatte, schloß er vier Jahre später mit demselben einen weitern Vertrag und verkaufte ihm am 28. August 1297 die Burg **Grebenstein** nebst dem dazu gehörigen Gerichte. Da beide aber von dem Erzstifte Mainz zu Lehen gingen, geschah die Ueberweisung vorerst an mehrere Adeliche, die sie so lange verwahren sollten, bis die lehnsherrliche Bewilligung erwirkt worden sey.

So war **Grebenstein** nun ein hessisches Besitzthum geworden.

Eine Urkunde vom Jahre 1311 gedenkt einer „**nova munitio Greuenstein.**" Daß unter dieser **neuen Feste** nur eine Vergrößerung der Burg, oder der Bau einer Vorburg zu verstehen sey, glaube ich in Ansehung der örtlichen Verhältnisse bezweifeln zu müssen, und halte diese neue Anlage vielmehr für die inzwischen erbaute Stadt, wogegen jene Bezeichnung um so weniger spricht, als damals alle Städte **munitiones** genannt wurden. ²) Ausdrücklich wird die Stadt erst 1324 genannt. Die zwischen der Altstadt und der Burg liegende Neustadt entstand jedoch erst später, um's Jahr 1356.

Als Landgraf Heinrich II. sich 1336 mit seinen beiden nachgebornen Brüdern Ludwig und Hermann wegen deren Abfindung verglich, überwies er denselben außer einer bestimmten Leibzucht, zugleich einige Schlösser zu ihrer Wohnung. Zu diesen gehörten auch Burg und Stadt Grebenstein, wo hierauf insbesondere Landgraf Ludwig seinen Aufenthalt nahm.

Als Ludwig gestorben war, erhoben sich jedoch neue Streitigkeiten, die endlich 1349 dahin vermittelt wurden, daß Landgraf Heinrich seinem Bruder Hermann, der bisher das Schloß Nordeck bewohnt hatte, zu diesem Schlosse auch noch Grebenstein überließ. Seitdem residirte Hermann abwechselnd zu Nordeck und zu Grebenstein, bis beide Schlösser durch seinen Tod, der am 25. April 1370 erfolgte, dem regierenden Landgrafen wieder zurückfielen.

Dieser verschrieb nun sofort Burg, Stadt und Gericht an Heinrich v. Hanstein und dessen Sohn Ditmar, welche die Hälfte dieser Pfandschaft im Jahre 1375 an Friedrich v. Hertingshausen für 300 Mk. Silber abtraten. Die Dauer dieser Pfandverhältnisse vermag ich jedoch nicht anzugeben.

Die zerstörenden Ereignisse, welche der Krieg von 1385 mit sich führte, sind bekannt, und ich erwähne deshalb nur kurz, daß der Erzbischof von Mainz nach der Aufhebung der Belagerung von Kassel, sein Heer gegen Immenhausen und Grebenstein führte, und das erstere zwar eroberte und zerstörte, das letztere aber vergeblich bestürmte. Er lagerte noch hier, als der Frieden am 22. Juli unterzeichnet wurde. In diesem mußte der Landgraf unter andern dem Erzbischofe 20,000 fl. versprechen, und als Bürgschaft für die Zah=

lung die Städte Wolfhagen, Immenhausen und Grebenstein in die Hände Konrad's v. Falkenberg und Friedrichs v. Hertingshausen übergeben.

Doch immer karger wird die Geschichte der folgenden Zeit und beschränkt sich beinahe nur noch auf das Register der Amtleute, welche Grebenstein im Namen der Landgrafen verwalteten. Von diesen sind namentlich folgende bekannt: 1416 und 1417 Wolmerkusen d. ä.; 1426 Eckebrecht v. Schachten; 1428 Werner v. Uffeln, der zugleich auch Rentmeister und Schultheiß war; 1459—1469 Eckebrecht v. Schachten; 1472—1482 Werner v. Elben; 1485—1514 Dietrich v. Schachten und 1528 Georg v. Schachten.

Schon seit dem fünfzehnten Jahrhundert wurde die Burg nur noch selten von den Landgrafen besucht, die, wenn sie nach Grebenstein kamen, in der Regel in einer Herberge ihr Lager nahmen. Es war dieses sogar in den Feldzügen der Fall, welche 1462 gegen Hofgeismar, Schöneberg, Liebenau, Helmarshausen ꝛc., begonnen wurden, obgleich Grebenstein in allen diesen den Hauptstützpunkt der landgräflichen Macht abgab. So kehrte, um ein spezielles Beispiel anzuführen, Landgraf Ludwig II., als er am 1. Juli 1464 aus dem Lager am Desenberg zurückritt, um der in Grebenstein statt findenden Hochzeit Heinrichs v. Schachten beizuwohnen, in Hermann Kramers Hause ein, wo er 2 Nächte verweilte. Er lud hier die sämmtlich anwesenden Frauen und Jungfrauen zum Tanze ein, und bewirthete dieselben mit den verschiedensten Weinen, während er vor den Herbergen und auf dem Markte durch angezündete Fäßer die Stadt erleuchten ließ.

Nur der Amtmann und das Gesinde bewohnten noch die Burg. Das letztere bestand im Jahre 1428 aus 4 Wächtern, 1 Pförtner, 1 Kellner, 1 Koch, 1 Küchenjungen, 1 Bäcker, 1 Bödiger, und 1 Eseltreiber, von denen der letztere das nöthige Wasser zur Burg zu führen hatte. Später unter dem Amtmann Werner v. Elben (1472), bestand dasselbe aus 3 reisigen Knechten, 1 reisigen Knaben welche den Amtmann zu begleiten hatten, aus 1 Kellner, 1 Pförtner und 2 Wächtern.

Zu den Burgmannen des Schlosses gehörten die Familien der Groppe v. Gudenburg, der Hase, v. Schachten, v. Uffeln, v. Hastenbeck, v. Grifte, v. Völkershausen ꝛc.

Der gegenwärtig noch vorhandene Bau soll durch den Erzbischof Hermann von Köln, einem gebornen Landgrafen von Hessen, erneuert worden seyn. Diese Nachricht, welche Dilich und Winkelmann [4]) geben, scheint mir jedoch in Bezug auf jenen Fürsten zweifelhaft, weil ich es mir nicht zu erklären vermag, wodurch derselbe in ein so nahes Verhältniß zu Grebenstein gekommen seyn sollte.

Wie uns die bei Dilich und Merian erhaltenen Ansichten von Grebenstein zeigen, waren sowohl das Schloß, als die dasselbe umschließende Mauer im siebenzehnten Jahrhundert noch wohlerhalten, und da jenes am Ende desselben Jahrhunderts noch als Fruchtspeicher, — eine Bestimmung, welche es schon vor 1540 hatte — benutzt wurde, scheint dessen völliger Verfall erst im vorigen Jahrhundert statt gefunden zu haben, und durch zunehmende Baufälligkeit herbeigeführt worden zu seyn.

Daß das Schloß eine s. g. Vorburg hatte, ersieht man aus einer Urkunde vom Jahre 1426 [5]), wo diese aber gelegen, vermag ich nicht zu bestimmen, wenn dieselbe nicht mit jenem landgräflichen Hofe („hoeb vnd hoebestad") identisch ist, den eine Urkunde vom J. 1370 als in der Neustadt liegend bezeichnet [6]). Dieser Hof war sicher das zum Schlosse gehörende Vorwerk, von dem noch Rechnungen aus dem fünfzehnten Jahrhundert vorhanden sind. Dieses Vorwerk war um's Jahr 1428 mit einem Hofmann, einer Meierin („Meygerschen"), einer Magd, vier Ackerknechten, einem Hirten und einem Schweinehirten („Swine") besetzt. Im Jahre 1466 brannte dasselbe ab, wurde aber sogleich wieder aufgebaut.

Auch der südöstlich von der Burg in einem freundlichen Wiesenthale liegende Hof Kressenborn stand ehemals mit derselben in naher Beziehung, indem hier in einem Kressengarten die zur Hofhaltung nöthige Kresse gezogen wurde. Schon 1340 gaben die Landgrafen Ludwig und Hermann diesen Hof, der damals Breitenborn hieß, einem grebensteiner Bürger unter der Bedingung zu Erblehen, daß er die Schloßküche mit der benöthigten Kresse versorge [7]). Später aber (1365) schenkte der Landgraf Hermann die Lehnschaft des Kressengartens („ortum nasturtii") der Pfarrkirche zu Grebenstein, jedoch unter dem Vorbehalte, daß der damit Belehnte auch fernerhin zur Lieferung der Kresse auf das Schloß verpflichtet seyn sollte [8]). Genaueres über diese Verpflichtung gibt eine Notiz vom Jahre 1465, welche hier wörtlich folgen möge: **It. das genante Slosz hait auch die fryheit, wan myne gnedigen Heren ader die Iren gein Grebensteyn komen, so vil kressens, so man behubet zu essin, vsz dem borne mag eyn Koch dar jnn hoelen vnd sust vbir jare so der offen vnd feyl ist; dar gein gibt man ztwen Kressen luden iglich des sontages eyn molczijt XL. Hofbroit vnd vor III pfenn. gr. behir Ine beyden.**

Die Stadt Grebenstein, welche um's Jahr 1530 einen bedeutenden Brand erlitt, und 1637 am 12. Mai durch die Kroaten 242 Wohnhäuser verlor, zählte im Jahre 1465 300 Bürger, von denen 120 wehrhaft waren. Im J. 1569 hatte sie dagegen 379, und in den 1580ger Jahren 431 Hausgesessene. Später sank jedoch die Bevölkerung wieder und betrug 1787 nicht mehr als 1655 Seelen, eine Zahl, die seitdem sich jedoch beinahe um das Doppelte vermehrt hat, und gegenwärtig 2500 beträgt.

Das ehemals zu Grebenstein gehörende Gericht, umfaßte die folgenden Dörfer: Kalden, Hohenkirchen, Hombressen, Westuffeln, im 15. Jahrhundert erst zu einem Achttheil hessisch, und Holzhausen, in der Mitte des 15. Jahrhunderts von neuem angerodet; sowie die 1455 unbebaut und wüste liegenden Orte Ubenhausen, Ost- oder Burguffeln, Schachten und Frankenhausen. Noch größer war jedoch die Zahl der wüsten Orte, welche dieses auch jetzt noch sind. Dahin gehören unter andern Helboldessen, Richardessen (Rixen), Ober- und Unterhaldessen, Reinhardessen, Altenfeld, Kirchstroford, Altenstroford, Lebbecke ꝛc.

Anmerkungen.

1) Dieses durch einen Thurm gedeckte Thor war städtisch, und der von der Stadt bestellte Wächter erhielt für das Oeffnen desselben jährlich von dem landgräflichen Rentmeister 8 Albus. — 2) S. Falckenheiners Abhandlung über die Burg und Stadt Grebenstein in der Zeitschrift des Vereins für hessische Geschichte und Landeskunde, B. I. S. 177 ꝛc., auf welche ich mich im Allgemeinen beziehe. — 3) Beispiele solcher Bezeichnungen habe ich in der vorerwähnten Zeitschrift. Bd. II. S. 23 gegeben. — 4) Dilich. 174. Winkelmann. 311. — 5) S. die vorerwähnte Zeitschrift I. 198. — 6) Daselbst S. 29. — 7) Martins hist. topogr. Nachr. von Niederhessen II. 52. — 8) Wenck III. Ufbch. 212.

XXI.

Morsberg.

In dem kurhessischen Kreise Hünfeld erhebt sich zwischen Haselstein, Malges, Großentaft und Raßdorf, in der Nähe des fuldischen Wallfahrtsorts Gehülfensberg, dicht über der von Fulda nach Vach führenden Hauptstraße, ein runder dichtbewaldeteter Basaltberg, auf dem ehemals das Schloß Morsberg lag. Da jedoch vor etwa zehn Jahren die letzten spärlichen Trümmer weggebrochen wurden, um das Material zum Straßenbaue zu verwenden, erblickt man gegenwärtig kaum noch eine Spur des vormaligen Schlosses.

Das Schloß Morsberg findet sich zuerst im Anfange des 13. Jahrhunderts, wo es uns durch den Namen eines Geschlechts bekannt wird, das hier seinen Sitz hatte. Wahrscheinlich besaß dasselbe das Schloß als fuldisches Lehen.

Der erste der v. Morsberg, welchen die Urkunden nennen, ist Heinrich, der 1214 sich in einer Angelegenheit des nahen Klosters Raßdorf an dem Hofe des Kaisers

Friedrich II. zu Hagenau befand ¹). Vermuthlich waren Heinrich und Eckhard seine Söhne, von denen der erstere, der sich bereits 1235 im Gefolge des fuldischen Abts Konrad findet ²), im J. 1238 mit der Einwilligung seiner Hausfrau und seiner Kinder 4 fuldische Lehnshufen zu Ingmarstadt dem Kloster Kreuzberg für 100 Mk. Silber verkaufte ³). Im J. 1240 stiftete derselbe im Kloster Raßdorf ein Seelgeräthe für seine Mutter Judith. In der darüber ausgefertigten Urkunde finden sich mehrere Burgmannen des Morsbergs als Zeugen: **Tragebodo dictus de Borsah, Ertmarus, Wigandus Scefil, Hertnidus, Milites Castellani de Morsberc** ⁴). Heinrich war zugleich Vogt (advocatus) des genannten Stiftes ⁵), scheint aber diese Eigenschaft mehr zu seinem eigenen, als zu des Stiftes Besten benutzt zu haben, indem er sogar Güter desselben eigenmächtig in seinen Besitz zog. Dieses war unter andern mit zwei Hufen der Fall, welche er jedoch auf die dringenden Vorstellungen seiner Verwandten, die ihn an das Heil seiner Seele erinnerten, 1247 durch drei Höfe ersetzte ⁶). Auch zu **Olestet** hatte er Güter des Klosters an sich gerissen, für die seine Wittwe Bertha, eine geborne Schenkin von Vargula, um seines Seelenwohles willen, 1254 dem Kloster alle ihre Güter zu Raßdorf zur Entschädigung überwies ⁷).

Eckhard findet sich nur einmal und zwar 1258 ⁸).

Der letzte dieser Familie scheint Heinrich gewesen zu seyn, der 1274 Mönch im Kloster Schlüchtern war ⁹).

Nach dem Aussterben der v. Morsberg schweigt auch die Geschichte über das Schloß, und so unbekannt es ist, wer die v. Morsberg beerbte, ebenso unbekannt sind auch die spätern Schicksale des Schlosses. Denn wenn auch 1343 Güter erwähnt werden, welche, zum „Rode unter dem Morsberg" lagen, so läßt sich doch höchstens nur die Vermuthung darauf begründen, daß das Schloß schon damals verwüstet gewesen seyn möchte.

Anmerkungen.

1) Schannat Prob, Dioec. & Hierarch. Fuld. 271. — 2) Spangenbergs Henneberg. Chr. von Heim III. 76. u. histor. dipl. Unterricht Nr. 48. — 3) Or. Urk. — 4) Schannat l. c. 276. — 5) ibid. — 6) ibid. p. 278. — 7) ibid. p. 281. — 8) Schannat Buch. vet. 367. — Wenck Ufbch. II. S. 207. — 10) Schannat Prob. Client. Fuld. p. 327.

Georg Landaus Wüste Ortschaften

Georg Landaus „Historisch-topographische Beschreibung der wüsten Ortschaften im Kurfürstenthum Hessen" gilt als das Standardwerk der Wüstungsforschung. Man bezeichnet das Buch sogar als die „Wüstungsbibel", denn es ist die einzige umfassende Bestandsaufnahme des Kurfürstentums Hessen sowie einiger angrenzender Gebiete, d.h., es enthält alle Wüstungen von Bad Karlshafen bis Hanau.

Das umfangreiche Stichwortverzeichnis ermöglicht es, alle gesuchten wüsten Ortschaften sofort aufzufinden.

Nicht nur von Historikern und Archäologen werden die „Wüsten Ortschaften" immer wieder herangezogen. Auch Heimatforscher, Geographen und Genealogen greifen auf dieses Nachschlagewerk als unverzichtbar zurück, gibt es doch nichts Vergleichbares, was an die geschlossene Vollständigkeit und Ausführlichkeit dieser Untersuchung heranreicht. Obwohl Landau in den meisten Fällen Fundstellen anmerkt, wird er vielfach selbst wie eine Quelle zitiert. Der Hinweis: „Das steht im Landau!" verbürgt dabei eine im allgemeinen zweifelsfreie historische Authentizität.

„Die gesamte Wüstungsforschung hat insbesondere in ihren Anfängen ganz entscheidende Impulse aus Hessen empfangen (...). Georg Landau hatte in allen Urkunden und Handschriften verstreute historische Daten sowie die im Volksmund überlieferten Nachrichten über alte Dorfstätten gesammelt (...). Landaus Sammlung ist 1858 als Supplementband der Zeitschrift des Vereins für hessische Geschichte und Landeskunde erschienen; sie ist seit langem vergriffen und gehört zu den gesuchtesten Werken der geschichtlichen Landeskunde."

Scharlau, Kurt, Die hessische Wüstungsforschung vor neuen Aufgaben, in: Zeitschr. des Vereins für hess. Geschichte und Landeskunde, Bd. 65/66, 1954/55, S. 72-90, S. 72.

FAKSIMILE-NACHDRUCK
432 Seiten, Format: 22,5 cm x 15,5 cm, Fadenheftung
Preis: 99,00 DM zzgl. Versandkosten
Zu beziehen bei: Historische Edition Dieter Carl GbR
Obervellmarsche Str. 60, 34246 Vellmar – Tel. 0561/ 82 66 04

Georg Landaus Kurfürstenthum

Der Name Kurhessen steht nicht allein für die Zeit von 1803 bis 1866. Es verbindet sich heute mit dieser Bezeichnung meist die geschichtliche Erscheinung von Hessen-Kassel, welche die Zeitspanne seit dem Tode Philipps des Großmütigen im Jahre 1567 umfasst bis zur Beendigung der staatlichen Souveränität des Kurstaates im Jahre 1866 durch die preußische Annexion. Seit neustem bildet „Kurhessens Beitrag für das heutige Hessen" einen neuen Schwerpunkt der Hessischen Landeszentrale für politische Bildung. Wer sich jedoch umfassend informieren will, ist nach wie vor auf Landau angewiesen, dessen grundlegendes Werk unübertroffen bleibt.

Das „Erste Buch" mit der Überschrift „Kurhessen im Allgemeinen" enthält die politische Geschichte, die Lage und Ausdehnung des Landes, Volksstämme und Bevölkerung, Gewerbe und Handel sowie Staatskunde. Im „Zweiten Buch", dem umfangreicheren Teil, folgt die „Besondere Beschreibung von Kurhessen", aufgeteilt in Provinzen und Justizämter, Städte und Dörfer. Dem trägt ein Stichwortverzeichnis mit weit über tausend Eintragungen Rechnung. Wilhelm Niemeyer faßt zusammen:

„Wenn wir den modernen Begriff der geschichtlichen Landeskunde mit Untersuchung und Darstellung aller historischen Formkräfte unserer engeren und weiteren Umgebung ohne Bindung an bestimmte Grenzen definieren und gleichzeitig eine starke Berücksichtigung von Rechts- und Verfassungsgeschichte, Wirtschafts- und Sozialgeschichte sowie Siedlungsgeschichte und Kulturgeschichte im engeren Sinne verlangen, so haben wir damit auch das Lebenswerk Georg Landaus in seiner ganzen Vielfalt umschrieben."

Wilhelm Niemeyer, Wilhelm: Georg Landau, (1807-1865)/ Archivar und Historiker, in: Lebensbilder aus Kurhessen und Waldeck 1830-1930, Bd. 6, hrsg. v. Ingeborg Schnack, Veröff. d. Hist. Komm. f. Kurhessen u. Waldeck 20, S. 177-187, 185 f.

FAKSIMILE-NACHDRUCK

672 Seiten, Format: 22,5 cm x 15,5 cm, Fadenheftung
Preis: 129,00 DM zzgl. Versandkosten
Zu beziehen bei: Historische Edition Dieter Carl GbR
Obervellmarsche Str. 60, 34246 Vellmar – Tel. 0561/ 82 66 04

Georg Landaus Hessengau

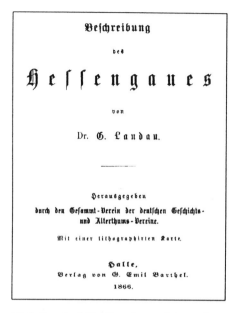

Hierzu greifen Historiker und Heimatforscher, wenn es um die frühe hessische Geschichte geht, denn Georg Landau bietet auf den ersten Blick alle wesentlichen Ergebnisse des Studiums der ungedruckten Quellen.

Der „Hessengau" ist das Nachschlagewerk für die Ersterwähnungen und insgesamt ein Handbuch über die mittelalterlichen Verhältnisse mit besonderem Bezug auf die Ortsgeschichte und deren regionale Hintergründe.

Ein Standardwerk, das ständig greifbar sein muß für jeden, der sich mit hessischer Geschichte beschäftigt.

Einleitend erklärt Landau, wie aus dem germanischen Stammesverband der Chatten im Mittelalter die Hessen wurden: "Das (...) geschilderte Gebiet tritt uns in den ältesten Urkunden als der Gau oder das Land der Hessen entgegen." Er konkretisiert, wie sich der „Übergang der Grafschaft in eine Landesherrschaft" vollzog. Im Hauptteil folgt – präzise nach der Einteilung in Gerichte oder Pfarreien – zuerst die Darstellung der geschichtlichen Entwicklung der jeweiligen Teilgebiete. Das umfangreiche „Orts-Register" ermöglicht es, jeden einzelnen Ort sofort aufzufinden. Ein „Register über den Besitz" enthält neben Abteien und Klöstern den gesamten niederhessischen Uradel, dessen Grundherrschaft so sehr schnell überblickt werden kann. Und schließlich folgt ein „Register über die Gewässer und Gebirge".
Hinzu kommt die große ausfaltbare Karte des Hessengaues.

Der Historiker Heinrich Leo: *„Hätten wir überall so vortreffliche Vorarbeiten, wie die Gaubeschreibungen Landau's, so wäre es natürlich leicht, durch Auszüge aus ihnen eine anreichend tüchtige Geographie Deutschlands im Mittelalter herzustellen."*

FAKSIMILE-NACHDRUCK
280 Seiten, Format: 22,5 cm x 15,5 cm, Fadenheftung
Preis: 84,00 DM zzgl. Versandkosten
Zu beziehen bei: Historische Edition Dieter Carl GbR
Obervellmarsche Str. 60, 34246 Vellmar – Tel. 0561/ 82 66 04